中国社会科学院
经济研究所

经济所人文库

何建章集

中国社会科学院经济研究所学术委员会 组编

中国社会科学出版社

图书在版编目（CIP）数据

何建章集/中国社会科学院经济研究所学术委员会组编.
—北京：中国社会科学出版社，2019.1
（经济所人文库）
ISBN 978 – 7 – 5203 – 3566 – 9

Ⅰ.①何… Ⅱ.①中… Ⅲ.①经济学—文集 Ⅳ.①F0 – 53

中国版本图书馆 CIP 数据核字（2018）第 254343 号

出 版 人	赵剑英
责任编辑	王　曦
责任校对	孙洪波
责任印制	戴　宽
出　　版	中国社会科学出版社
社　　址	北京鼓楼西大街甲 158 号
邮　　编	100720
网　　址	http：//www.csspw.cn
发 行 部	010 – 84083685
门 市 部	010 – 84029450
经　　销	新华书店及其他书店
印刷装订	北京君升印刷有限公司
版　　次	2019 年 1 月第 1 版
印　　次	2019 年 1 月第 1 次印刷
开　　本	710×1000　1/16
印　　张	18.75
字　　数	253 千字
定　　价	99.00 元

凡购买中国社会科学出版社图书，如有质量问题请与本社营销中心联系调换
电话：010 – 84083683
版权所有　侵权必究

中国社会科学院经济研究所
学术委员会

主　任　高培勇

委　员　(按姓氏笔画排序)

　　　　龙登高　朱　玲　刘树成　刘霞辉
　　　　杨春学　张　平　张晓晶　陈彦斌
　　　　赵学军　胡乐明　胡家勇　徐建生
　　　　高培勇　常　欣　裴长洪　魏　众

总　序

　　作为中国近代以来最早成立的国家级经济研究机构，中国社会科学院经济研究所的历史，至少可上溯至1929年于北平组建的社会调查所。1934年，社会调查所与中央研究院社会科学研究所合并，称社会科学研究所，所址分居南京、北平两地。1937年，随着抗战全面爆发，社会科学研究所辗转于广西桂林、四川李庄等地，抗战胜利后返回南京。1950年，社会科学研究所由中国科学院接收，更名为中国科学院社会研究所。1952年，所址迁往北京。1953年，更名为中国科学院经济研究所，简称"经济所"。1977年，作为中国社会科学院成立之初的14家研究单位之一，更名为中国社会科学院经济研究所，仍沿用"经济所"简称。

　　从1929年算起，迄今经济所已经走过了90年的风雨历程，先后跨越了中央研究院、中国科学院、中国社会科学院三个发展时期。经过90年的探索和实践，今天的经济所，已经发展成为以重大经济理论和现实问题为主攻方向、以"两学—两史"（理论经济学、应用经济学和经济史、经济思想史）为主要研究领域的综合性经济学研究机构。

　　90年来，我们一直最为看重并引为自豪的一点是，几代经济所人孜孜以求、薪火相传，在为国家经济建设和经济理论发展作出了杰出贡献的同时，也涌现出一大批富有重要影响力的著名学者。他们始终坚持为人民做学问的坚定立场，始终坚求求真务实、脚踏实地的优良学风，始终坚持慎独自励、言必有据的学术品格。他们是经济所人的突出代表，他们的学术成就和治学经验是经济所最宝贵的财富。

抚今怀昔，述往思来，在经济所迎来建所90周年之际，我们编选出版《经济所人文库》（以下简称《文库》），既是对历代经济所人的纪念和致敬，也是对当代经济所人的鞭策和勉励。

《文库》的编选，由中国社会科学院经济研究所学术委员会负总责，在多方征求意见、反复讨论的基础上，最终确定入选作者和编选方案。

《文库》第一辑凡40种，所选作者包括历史上的中央研究院院士、中华人民共和国成立后的中国科学院学部委员、中国社会科学院学部委员、中国社会科学院荣誉学部委员、历任经济所所长以及其他学界公认的学术泰斗和资深学者。在坚持学术标准的前提下，同时考虑他们与经济所的关联。入选作者中的绝大部分，都在经济所度过了其学术生涯最重要的阶段。

《文库》所选文章，皆为入选作者最具代表性的论著。选文以论文为主，适当兼顾个人专著中的重要篇章。选文尽量侧重作者在经济所工作期间发表的学术成果，对于少数在中华人民共和国成立之前已成名的学者，以及调离经济所后又有大量论著发表的学者，选择范围适度放宽。为好中选优，每部文集控制在30万字以内。此外，考虑到编选体例的统一和阅读的便利，所选文章皆为中文著述，未收入以外文发表的作品。

《文库》每部文集的编选者，大部分为经济所各学科领域的中青年学者，其中很多都是作者的学生或再传弟子，也有部分系作者本人。这样的安排，有助于确保所选文章更准确地体现作者的理论贡献和学术观点。对编选者而言，这既是一次重温经济所所史、领略前辈学人风范的宝贵机会，也是激励自己踵武先贤、在学术研究道路上砥砺前行的强大动力。

《文库》选文涉及多个历史时期，时间跨度较大，因而立意、观点、视野等难免具有时代烙印和历史局限性。以现在的眼光来看，某些文章的理论观点或许已经过时，研究范式和研究方法或许已经陈旧，但为尊重作者、尊重历史起见，选入《文库》时仍保持原貌而未加改动。

《文库》的编选工作还将继续。随着时间的推移，我们还会将更多经济所人的优秀成果呈现给读者。

尽管我们为《文库》的编选付出了巨大努力，但由于时间紧迫，工作量浩繁，加之编选者个人的学术旨趣、偏好各不相同，《文库》在选文取舍上难免存在不妥之处，敬祈读者见谅。

入选《文库》的作者，有不少都曾出版过个人文集、选集甚至全集，这为我们此次编选提供了重要的选文来源和参考资料。《文库》能够顺利出版，离不开中国社会科学出版社领导和编辑人员的鼎力襄助。在此一并致谢！

一部经济所史，就是一部经济所人以自己的研究成果报效祖国和人民的历史，也是一部中国经济学人和中国经济学成长与发展历史的缩影。《文库》标示着经济所90年来曾经达到的学术高度。站在巨人的肩膀上，才能看得更远，走得更稳。借此机会，希望每一位经济所人在感受经济所90年荣光的同时，将《文库》作为继续前行的新起点和铺路石，为新时代的中国经济建设和中国经济学发展作出新的更大的贡献！

是为序。

于 2019 年元月

编者说明

《经济所人文库》所选文章时间跨度较大,其间,由于我国的语言文字发展变化较大,致使不同历史时期作者发表的文章,在语言文字规范方面存在较大差异。为了尽可能地保持作者个人的语言习惯、尊重历史,因此有必要声明以下几点编辑原则:

一、除对明显的错别字加以改正外,异形字、通假字等尽量保持原貌。

二、引文与原文不完全相符者,保持作者引文原貌。

三、原文引用的参考文献版本、年份等不详者,除能够明确考证的版本、年份予以补全外,其他文献保持原貌。

四、对外文译名与今译名不同者,保持原文用法。

五、对原文中数据可能有误的,除明显的错误且能够考证或重新计算者予以改正外,一律保持原貌。

六、对个别文字因原书刊印刷原因,无法辨认者,以方围号□表示。

作者小传

何建章，男，1926年2月生于广东省南海县，1958年进入经济所工作。

何建章1949年毕业于上海复旦大学政治系，同年加入中国共产党；1950—1957年在北京外国语学院任教，担任讲师、政治经济学教研组主任，其中于1954年毕业于中国人民大学马列主义研究班，系统学习了马克思主义政治经济学；1958—1978年在中国科学院经济研究所从事研究工作，曾协助孙冶方编写《社会主义经济论》提纲；1978—1984年任国家计委经济研究所副所长、研究员，曾协助薛暮桥编写《中国社会主义经济问题研究》一书；1985—1988年任中国社会科学院社会学研究所所长、研究员；1991—1994年任中国社会科学院经济研究所所长、研究员。

何建章先生长期从事政治经济学社会主义部分的研究，学术造诣深厚，成果丰硕。专著有《论社会主义经济中的生产价格》（1981）、《社会主义经济的商品和价值问题探索》（1982）、《建设中国特色的社会主义经济体制》（1985）等。担任主编的书籍有《中国计划管理问题》（1986）、《经济体制改革与社会变迁》（1986）、《中国社会主义的理论与实践》（1987）。此外，在公开报刊和内部刊物上发表论文近百篇。

从1959年到1964年，何建章先生是孙冶方在学术上的重要助手。孙冶方这位老一辈杰出的马克思主义经济学家，以勇于向错误的传统观念挑战、不避艰险、不计荣辱、创建自己的经济理论体系而闻名于世。在孙冶方的带领和鼓励下，何建章在这段时间里发表了一系列有创新见解的文章：如《论社会主义生产目的和企业经济核算》（1962）、《关于社会主义企业经济核算的内容问题》（1962，与桂世镛、赵效民合著）、《试论社会主义经济中的生产价格》（1964，与张卓元合著）等。其中《试论社会主义经济中的生产价格》一文影响甚大。虽然文章发表的当时受到批评，但何建章先生始终坚持自己的观点。受此影响，何建章先生在"四清"运动中被当作"鼓吹资本主义的利润挂帅""把资本主义经济的范畴套到社会主义经济中来"的"修正主义理论"，受到内部和公开的批判。"文化大革命"中，何建章先生再次被作为"孙冶方一伙""反革命修正主义份子"被揪出来，1970年随中国科学院原哲学社会科学学部下放河南农村干校，1972年又随同回京集中搞"清查（五一六）"运动。1976年，国家计委成立经济研究所，何建章先生参与研究所的筹备工作，1979年，被正式调到国家计委经济研究所担任副所长。1979—1984年，何建章先生以极大热情投身于改革开放的浪潮之中。他借助国家计委经济研究所的有利工作条件，搜集和研究了大量实际材料，围绕经济体制改革，发表了一系列理论联系实际的、有重大现实意义的文章，如《我国社会主义经济中的商品货币关系和经济体制改革的方向》（1979）、《加速社会主义现代化建设必须重视价值规律的作用》（1979，与张卓元合著）、《当前我国经济效果低的主要原因何在》（1981，与张卓元合著）等。其中最富新意的是上面列举的第一篇，该文从社会主义阶段还存在个人的和集体的经济利益为出发点，得出社会主义经济仍然是商品经济的认识，而且指出计划经济与商品经济并不是互相排斥的。这一观点在当时颇具新意。该文还提出应承认国有企业是商品生产者的地位，逐步改指令性计划为指导性计划等推进经济体制改革的意见。这些论点在1979年那个时代提出是难能可贵的，此文获得1984年度孙冶方经济科学奖。20世纪90年代以后，何建章先生更多地关注经济体制改革的中心环节——国有经济的改革。我国多种经济成分并存是客观条件决定的，因此，正确处理各经济成分间的关系是搞好国有经济改革的前提条件之一。何建章先生不赞成把公有制经济与非公有制经济对立起来的观点,也不赞成认为国有企业进行股份制改革必然导致化公为私的说法,他重视非公有制经济的健康发展。与此同时,他又坚决反对学术界一些人力图掀起私有化浪潮,把种种不实之词强加在国有经济和国有企业头上。他坚持以公有制为主体的社会主义根本原则,从理论与实践的结合上多次提出巩固和发展国有经济的有益建议。他在这个时期有代表性的文章有:《论我国现阶段的所有制结构》(1992)、《坚定信心深化国有企业改革》(1996)、《正确认识和处理公有制和非公有制的关系》(1999)、《谈"放小"与"扶小"》(2000)。

2004年,何建章先生因病逝世,享年78岁。

目　录

略论《资本论》的体系及其对政治经济学社会主义部分的意义 …… 1
关于社会主义企业经济核算的内容问题 ……………………… 22
社会主义经济中的产品和商品 ………………………………… 39
试论社会主义经济中的生产价格 ……………………………… 55
社会主义经济中资金利润率和生产价格问题 ………………… 71
经济体制改革要求以生产价格作为工业品定价的基础 ……… 93
当前我国经济效果低的主要原因何在 ………………………… 113
再论计划经济与市场调节 ……………………………………… 125
中国社会主义经济的模式 ……………………………………… 137
建立具有中国特色的社会主义经济体制 ……………………… 165
确保经济和社会的协调发展 …………………………………… 185
认真完善和发展承包制 ………………………………………… 193
进一步深化改革和扩大开放 …………………………………… 209
转变政府职能　转换企业机制 ………………………………… 211
论社会主义国有制与市场经济的兼容性 ……………………… 216
坚定信心　深化国有企业改革 ………………………………… 228
关于继续调整和完善所有制结构的几个问题 ………………… 239
正确认识和处理公有制同非公有制的关系 …………………… 254
谈"放小"与"扶小"
　　——学习十五届四中全会《决定》的一点体会 …………… 265
国有经济不能一退了之 ………………………………………… 270
编选者手记 ……………………………………………………… 283

略论《资本论》的体系及其对政治经济学社会主义部分的意义

一

《资本论》是马克思的主要经济著作。马克思在《资本论》中揭示了资本主义社会产生、发展及其灭亡的客观必然性，用马克思主义政治经济学理论的知识武装全世界无产阶级，引导他们向资本主义制度进行胜利的冲击。《资本论》对于无产阶级革命运动的伟大历史意义，正如恩格斯所指出的：自从资本家和劳动者在地球上出现以来，没有一本书对于劳动者，比当前我们这部书，来得更加重要。

《资本论》的伟大意义还在于它是马克思理论最深刻、最周到和最详细的证实与运用。列宁说："虽说马克思没有遗留下'逻辑'（大写字母的），但他遗留下'资本论'的逻辑，应当充分地利用这种逻辑来解决当前的问题。在'资本论'中，逻辑、辩证法和唯物主义的认识论……都应用于同一门科学。"[①] 所以，我们学习《资本论》的时候，不但要深刻领会它所揭示的各种经济规律，更重要的是要学习马克思分析社会经济现象时所采取的立场、观点和方法，并运用来解决我们所面临的社会主义革命和社会主义建设的各项具体任务。

---

① 《列宁全集》第 38 卷，人民出版社 1959 年版，第 357 页。

作为社会主义国家的经济理论工作者，我们面临的任务之一是：从政治经济学的角度总结社会主义革命和社会主义建设的经验，揭示社会主义社会经济运动的规律，阐明党的总路线以及其他有关方针、政策的科学基础，也就是建立政治经济学的社会主义部分。在这方面遇到的一个问题是：怎样才能全面地、系统地阐明社会主义社会经济运动的规律？也就是说，首先涉及政治经济学社会主义部分的体系问题。在研究政治经济学社会主义部分的体系问题上，我们同样可以从《资本论》中学到许多东西。

大家知道，马克思运用辩证唯物主义对资本主义经济进行了详尽的深刻的分析，在《资本论》中，建立了严整的科学的无产阶级政治经济学资本主义部分的体系。对于我们来说，重要的是探索马克思建立《资本论》体系的科学根据，以便从中得到关于探索政治经济学社会主义部分体系的宝贵的启示。

在这篇文章中，由于作者水平和篇幅的限制，不可能全面探讨《资本论》的体系问题，而只想着重谈谈与《资本论》的"骨骼系统"有关的几个问题，包括《资本论》为什么分为三卷来论述；《资本论》各卷的内部结构的客观依据；《资本论》为什么从商品分析开始等。最后打算根据我对上述几个问题的理解和对社会主义经济的认识，提出关于政治经济学社会主义部分体系的一些不成熟的意见，以就教于同志们。

二

（一）《资本论》为什么分为三卷？

据我的体会，《资本论》之所以分为三卷，那是由它的研究对象的特点和马克思主义的方法论决定的。首先，《资本论》的研究对象是资本主义的生产关系。根据辩证唯物主义的观点，人们的生产关系是由一定的生产力水平决定，并且随着生产力的发展而变化的。因此，要阐明资本主义生产关系运动的规律，必须联系资本主义生产过程，即联系生产力的状况来进行。而资本主义生产过程，用马克思的话来说，就全体考察，是生产过程与流通过程的统一，我们的认识必须正确地反映这个特点①。

其次，与资本主义生产过程的上述特点相适应，在资本主义经济中，人们除了在直接生产过程发生一定的关系以外，在流通过程中又发生特定的联系。例如在直接生产过程中存在着资本家和工人的统治和服从、剥削和被剥削的关系；在流通过程中除了资本家购买工人的劳动力，工人向资本家购买消费品以外，产业资本家之间、产业资本家和商业、借贷资本家之间存在着瓜分工人所创造的剩余价值的关系等等。政治经济学的对象是研究生产关系，归根结底是要说明阶级关系。因此，必须说明资本主义社会生产过程和流通过程中的全部阶级关系。如何说明呢？马克思运用的是抽象法。他说："在经济形态的分析上，既不能用显微镜，也不能用化学反应剂。那必须用抽象力来代替二者。"② 大家知道，生产过程在资本主义经济运动中具有决定作用，生产过程中的关系——产业资本家和产业工人的关系——也是最基本的阶级关系。运用抽象法，要求逐步由抽象到具体、由简单到复杂地阐明资本主义的生产关系。《资本论》第一卷正是首先抓住整个资本运动的决定性环节，而把次要的因素舍象，即首先分析资本的直接生产过程，考察产业工人和产业资本家之间的关系。在揭露了资本主义生产过程的实质——剩余价值的生产和占有以后，在第二卷中才把资本的流通过程加进来，考察资本主义生产企业之间，即产业资本家之间的关系。马克思说："在第一卷，我们研究的，是资本主义生产过程本身当作直接的生产过程所呈现的各种现象。在那里，一切由它外部的事情引

---

① 这里所说的流通，是指独立的生产者之间在直接生产过程之外互相交换其生产物的行为，而这种行为并不是任何经济形态都发生的，例如在自给自足的原始公社、奴隶主和封建庄园内部，虽然人们之间也发生着生产、分配、交换和消费关系，但是他们之间并不互相交换其生产物，没有流通过程。

② 《资本论》第一卷，人民出版社1953年版，第2页。

起的次要的影响,都还是存而不论的。但这个直接的生产过程,未曾完结资本的生活过程。在现实世界内,它必须由流通过程来补足。流通过程便是第二卷研究的对象。"① 值得指出的是,第二卷并不是只谈流通,不谈生产,事实上,马克思在第二卷中是把资本主义的生产过程和流通过程统一起来考察的,马克思说:"第二卷,尤其是第二卷第三篇(在那里,我们是把流通过程,视为社会再生产过程的媒介来考察),指出了资本主义生产过程,就全体考察,是生产过程与流通过程的统一。"② 但是,第二卷只限于对这个统一作广泛的考察,关于资本运动的各个具体形态还是存而不论的。所以,第二卷虽然已然在对资本主义生产过程的分析上上升了一米,但仍然未能完全反映资本主义生产关系的全貌。因此,《资本论》还必须以第三卷来补足。"在这个第三卷,我们所要做的,不能是对于这个统一之广泛的考察了。我们宁可说要在这一卷发现并且说明,资本的运动过程当作一个全体来看所生的各种具体形态。诸资本在它们的现实运动中,便是在这各种具体形态上,对立着的,对于它们,资本在直接生产过程中的姿态以及它在流通过程中的姿态,都只表现为特别的要素。所以,我们在这个第三卷所要说明的各种资本形态,对于资本在社会表面上,在不同资本相互的行动中,在竞争中,在生产代理人通常的意识中所借以出现的形态,是一步一步地更加接近了。"③ 总之,第三卷和第二卷一样,也是把资本主义的生产过程和流通过程统一起来考察。差别在于,第二卷仅限于"对这个统一之广泛考察",而第三卷上升了一步,论证由这个"统一"产生的资本的各种具体形态。可见《资本论》第二、第三卷是由抽象上升到具体的两层阶梯。

综上所述,《资本论》之分为三卷,是马克思根据资本主义生产过程是生产过程和流通过程的统一和资本主义生产关系的逻辑联

---

① 《资本论》第三卷,人民出版社1953年版,第5页。
② 同上。
③ 同上书,第5—6页。

系，运用抽象法，由抽象到具体，由简单到复杂地论述资本主义生产关系而建立起来的结构。这个结构之所以是科学的，是因为它是客观现实的反映。马克思说："由抽象上升为具体的这种方法，仅仅是思维掌握具体而把它当作一个精神上的具体来再生产的方法。"①《资本论》的三卷结构，正是思维掌握资本主义生产过程的全貌而把它当作一个精神上的具体来再生产的典范。

在研究《资本论》的结构问题时，我们时常遇到一些同志提出这样的问题：《资本论》之分为三卷，同马克思所指出的客观经济过程的四个方面（生产、交换、分配、消费）的关系如何？以上的分析也说明了《资本论》之分为三卷，与经济过程的四个方面没有直接联系。那么马克思在《政治经济学批判》中对这些要素及其相互间的关系的学说对于《资本论》有什么意义呢？

大家知道，马克思在论述生产、分配、交换、消费的互相关系以后说："我们所得的结论，并非说生产、分配、交换、消费是同一的东西，而是说，它们构成一个总体的各个环节、一个统一体内部的差别。生产既支配着在生产的对立规定上的自身，同样也支配着其他要素。过程总是从它重新开始。交换与消费不能居于支配地位，那是一望而知的。分配，当作生产物的分配，也是同样。当作生产要素的分配，那么，它本身是生产的一个要素。因此一定的生产，决定一定的消费、分配和交换，以及这些不同的要素相互间的一定的关系。当然生产在其片面形式上也被其他要素决定，……凡是有机的整体总是这种情况。"② 这就是说，必然把生产、分配、交换、消费作为一个统一的整体的各个环节来把握，并且从生产具有支配作用，其他环节对生产具有一定的反作用的观点来认识经济运动的规律。《资本论》正是运用这种观点的光辉范例。例如《资本论》的第一、第二、第三卷都是以生产过程的考察把全书贯串

---

① 《政治经济学批判》，人民出版社1955年版，第163页。
② 同上书，第161—162页。

起来的。第一卷考察资本的直接生产过程,第二卷是把流通过程,视为社会再生产过程的媒介来考察,第三卷则更上升一步,作更具体的分析,但也没有离开生产过程的分析。这就是关于在整个经济运动中具有支配作用的观点的具体运用。同时在每一卷中又都分析了分配、交换和消费关系,以及它们对资本主义生产的反作用。差别在于,在第一卷中,由于考察的对象是产业工人和产业资本家的关系,所以分析也仅限于他们之间的生产、分配、交换和消费关系,而把剥削阶级各个集团之间,以及他们和无产阶级之间的生产、分配、交换和消费关系暂时加以舍象,放到第二、第三卷中去论述。由此可见,马克思关于生产、分配、交换和消费的相互关系的学说的伟大意义,首先并不在于它是作为《资本论》分类的根据,而是在于它作为一种指导思想,说明应该如何具体分析社会经济现象。《资本论》第一、第二、第三卷的论述,都具体体现了上述精神。

(二)《资本论》各卷的内部结构的客观依据

从辩证唯物主义的观点来看,"社会生产过程一般,既是人类生活的物质生存条件的生产过程,又是一个在特殊的历史经济生产关系内进行的过程,它生产并且再生产着这个生产关系本身,这个过程的担负者,他们的物质生存条件和他们的相互关系,那就是,它生产并且再生产着他们的一定的经济社会形式。"① 也就是说,生产过程是物质资料的生产过程和生产关系再生产过程的统一,因此,对于生产关系运动规律的研究也不能离开生产过程来进行。

那么,何谓"社会生产过程一般"呢?我们知道,社会的生产过程不外乎包括这样一些过程:生产资料和劳动力的结合过程,这是任何社会形态的生产过程得以开始的前提;以后就是如何进行生产,用什么方法来发展生产;最后是产品生产出来以后,如何进行分配使生产过程得以继续进行。《资本论》第一卷大体上正是按照这样的线索来展开对资本主义生产关系的实质——剩余价值的生

---

① 《资本论》第三卷,人民出版社1953年版,第1071页。

产和占有——的分析的。

马克思说:"不论生产采取何种社会形态,劳动者与生产资料总是它的因素。但它们在彼此分离的状态中,就只在可能性上是它的因素。为了要有所生产,它们必须互相结合。社会结构的各种不同的经济时代,就是由这种结合依以实行的特殊方法和方式来区别。就当前的情形而论,自由劳动者和他的生产资料的分离,就是所与的出发点。我们已经看见过,两者在资本家手中是怎样结合的,在什么条件下结合的,——那就是当作他的资本之生产的存在方式。"① 第一卷第二篇,就是专门论述劳动力和生产资料在资本家手中是怎样结合的,在什么条件下结合,即揭露资本主义生产关系的实质的。《资本论》的第一卷第三篇(《绝对剩余价值的生产》)和第四篇(《相对剩余价值的生产》)则是根据资本主义生产发展的历史过程来分析资本主义生产关系的变化。马克思论证了,发展生产的一般方法,即增加劳动数量和提高劳动生产率,资本主义劳动生产率增长的过程同时就是无产阶级受剥削程度加强的过程,就是资产阶级对无产阶级的统治日益残暴,无产阶级对资产阶级的隶属关系日益加深的过程。值得特别提出的是,马克思把《协作》《分工与手工制造业》和《机器与大工业》放在《相对剩余价值的生产》中来分析,这不是偶然的。这正说明马克思是密切结合资本主义生产发展的实际过程来分析资本主义生产关系的变化。《相对剩余价值的生产》是资本主义的劳动生产率增长过程在政治经济学理论上的概括。

第五篇可以说是前两篇内容的总结,马克思主要阐明了绝对剩余价值生产与相对剩余价值生产之间的相互关系和联系。

劳动过程的结果是生产物。如果从孤立的过程来看,生产过程是完结了,但是生产过程是一个连续的再生产过程,所以还必须进一步分析生产物生产出来以后如何进行分配,使再生产过程得以继

---

① 《资本论》第二卷,人民出版社1953年版,第20页。

续。第六篇（《工资》）即论述资本主义的必要产品的分配及其形式，第七篇（《资本的积累过程》）说明影响剩余产品分割为所得（资本家个人消费）与资本（资本积累）的因素，资本积累和资本主义固有矛盾的尖锐化，等等。总之，《资本论》第一卷密切结合资本的生产过程和资本主义生产发展历史，科学地论证了资本主义生产关系产生、发展和灭亡的客观必然性。

《资本论》第二卷（《资本的流通过程》）中心是论述个别资本和社会资本的再生产的条件。我们已经讲过，第二卷是把流通作为社会资本的再生产过程的媒介，即把生产过程和流通过程统一起来分析的。只有作这种分析之后才能进一步说明资本生产的总过程的各种具体形态。由于社会资本是个别资本的总和，为了说明社会资本再生产的条件，必须首先说明个别资本运动的过程。第二卷的第一、第二篇（资本的《循环》和《周转》）即为此而设。第三篇分析《社会总资本的再生产与流通》，论述在简单再生产和扩大再生产的条件下社会产品的实现问题，实际上也就是论述社会资本再生产的条件，使我们对资本主义生产过程的认识又上升了一步。

《资本论》第三卷的任务是说明"资本主义生产的总过程"的各种具体形态。在资本主义社会，资本呈现的具体形态是产业资本、商人资本、借贷资本等，体系的安排是以它们在资本主义生产过程中的地位和作用为依据的。首先分析产业资本，是因为商人资本和借贷资本不过是产业资本循环过程中流通阶段职能的独立化形态，应该放在后面论述。第三卷第一至第三篇，即《剩余价值转化为利润、剩余价值率转化为利润率》《利润之转化为平均利润，生产价格的形成》《利润率下降的规律》是论述产业资本的运动发展过程的具体特点的。第四篇分析商品资本和货币资本转化为商品经营资本和货币经营资本（商人资本），同时说明商人资本如何从属于产业资本以及为产业资本循环服务。第五篇（《企业利润分为利息和企业主收入。信贷资本》）说明作为财产的资本和职能资本的分离，资本主义寄生阶级的产生。通过以上的分析，彻底地暴露了产业资本家、商业资本家和借贷资本家的矛盾，以及他们全体作为一个阶级与无产阶级的对抗性矛盾——他们共同瓜分无产阶级所创造的剩余价值。

第六篇是《地租论》。马克思说："考察土地所有权的近代形态，对于我们，是必要的，因为有关的事情，一般地说，就是考察确定的因资本放在农业而起的生产关系和交换关系。不作这种考察，分析便是不完全的。"①

第七篇分析《各种收入及其源泉》，是全卷，也是全书的总结，本篇又以《阶级》一章作为结束，其意义，正如马克思所说的："……因为这三者，工资利润（利息）地租，是三个阶段即土地所有者，资本家，工资劳动者的所得源泉，所以由阶级斗争作为结果。全部粪土的运动和解决，也就是归结在这上面。"② 这就是说，由资本主义经济基础决定的资本主义社会阶级矛盾的尖锐化，必然导致无产阶级革命和无产阶级专政。至此，《资本论》对于资本主义生产关系的产生、发展和灭亡规律的分析说明也就完成了。

综上所述，《资本论》各卷的结构是以资本的实际生产过程，资本主义生产发展的历史过程为依据的。或者说，《资本论》的体系不过是资本主义生产关系发展过程在逻辑上的表现。

（三）《资本论》为什么从商品开始分析

《资本论》第一卷的中心内容是剩余价值的生产。"要知道什么是剩余价值，就要知道什么是价值。"③ 而价值是商品的社会属性，要知道什么是价值，就要知道什么是商品。另外，货币是资本最初的存在形态，要知道什么是资本，就要知道什么是货币，而货币是包含在商品内部的矛盾发展的结果。这些矛盾是：商品的使用价值和价值的矛盾；具体劳动和抽象劳动的矛盾；以及产生劳动两重性的基础——私人劳动和社会劳动的矛盾。这些矛盾发展的结果

---

① 《资本论》第三卷，人民出版社 1953 年版，第 802 页。
② 《资本论》第一卷附录，人民出版社 1953 年版，第 997 页。
③ 《资本论》第二卷编者序，人民出版社 1953 年版，第 20—21 页。

使商品内部的使用价值和价值的矛盾表现为外部的矛盾：商品世界分裂为商品与货币的对立，货币的产生又促进商品经济各种矛盾的尖锐化，促进商品生产者分化为资产者和无产者，无产者被迫把自己的劳动力当作商品来出卖，而剩余价值便由此产生了。总之，商品、货币及其他与商品货币关系有关的范畴是达到剩余价值范畴必经的阶梯，不首先对商品货币关系进行分析，就不可能认识剩余价值生产的秘密。不仅如此，由于资本主义经济是最发达的商品经济制度，包含在商品内部的矛盾贯彻整个资本主义社会经济运动的始终，而且由于资本主义基本矛盾的作用，这些矛盾愈来愈激化。因此，不首先分析商品货币关系，就不能深刻阐明资本主义社会经济运动的规律。

但是，仅仅从逻辑联系上来说明《资本论》为什么从商品分析开始还是远远不够的，还必须进一步说明《资本论》从商品开始分析的根据。关于这一点，恩格斯曾作了最精辟的说明，他说："政治经济学从商品开始，从生产物由个别的人或公社相互交换的那个时机开始。进入交换的生产物是商品。但是它的成为商品，仅仅因为两个人或公社之间有一种关系与这个物、这个生产物结合着，这个关系就是生产者与消费者之间的关系，在这里，两者已经不再合在一人身上了。这里我们立即得到一个特殊事实，它贯穿着整个经济学，在资产阶级经济学者头脑中引起过可怕的混乱，这个事实就是：政治经济学所研究的不是物，而是人与人的关系，最后说来是阶级与阶级的关系；可是这些关系总是与物结合着，作为物出现。如果我们从不同的方面来研究商品，当然，指已经充分发达了的、而不是指在两个原始公社间的原始物物交换中刚在辛苦地发展着的商品，那么，商品就以使用价值和交换价值这双重的观点出现在我们面前……"① 从恩格斯的这一段话中，我的体会是：第一，政治经济学研究的对象是生产关系，可是这些关系总是与物结

---

① 《政治经济学批判》附录二，人民出版社1955年版，第181—182页。

合着的，作为物出现，所以政治经济学不能脱离物来研究生产关系；第二，商品是生产物在特定的生产关系下所具有的社会属性，反映独立的生产者之间最基本的关系，即互相交换自己的生产物的关系，从而它是商品经济的"细胞形态"。资本主义生产是商品生产发展的最高形式，"资本主义生产方式支配着的社会财富，表现为'一个惊人庞大的商品堆积'，一个一个的商品表现为它的原素形态，所以，我们的研究，要从商品的分析开始。"①

那么，《资本论》分析的"商品"应该是哪种社会形态的商品呢？显然，不能直接分析资本主义的商品，因为它反映资本主义复杂的生产关系，这些关系还有待于说明。同时，也不能是"在两个原始公社间的原始的物物交换中刚在辛苦地发展着的商品"，因为那时交换还带有偶然性。显然，分析的对象应该是"已经充分发达了的"，但是又抽象了资本主义复杂关系的商品，在我看来，这是一般的商品，或商品一般，它不是指哪一种具体社会形态下的商品，但是体现在其内部的一般矛盾却适用于说明一切社会形态的商品生产者的最基本的关系。在《资本论》中，这个一般的商品是以简单商品经济中的商品为背景进行分析的。大家知道，简单商品经济和资本主义经济有着共同的前提：生产资料私有制和社会分工，资本主义商品经济正是在封建社会的简单商品生产的基本矛盾发展的基础上，由于生产者的分化而滋长起来的。所以，以简单商品经济的商品为背景，分析体现在商品内部的矛盾及其发展过程，也就是分析资本主义生产关系一切矛盾的萌芽。

综上所述，《资本论》从商品分析开始，是马克思分析资本主义生产关系时所作的高度的抽象，而且同样体现了对辩证唯物主义的具体运用。也就是说，密切结合着"物"来阐明生产关系，并且在叙述过程中逻辑地分析（商品货币关系）完全以历史的发展（简单商品经济矛盾发展的过程）为根据；逐步由简单到复杂地展

---

① 《资本论》第一卷，人民出版社1953年版，第5页。

开对商品货币关系的分析，为进一步阐述更复杂的资本主义生产关系准备理论前提。

三

以上我们粗略地探讨了有关《资本论》体系的几个问题，这对于我们研究政治经济学社会主义部分的体系究竟有什么意义呢？在阐明这个问题以前，先就有关的几个认识问题发表一些意见。

第一，目前是否有条件探讨政治经济学社会主义部分的体系问题呢？大家知道，政治经济学是研究和阐明人类社会各个发展阶段上经济运动规律的科学。对于某一种社会形态的经济活动规律的认识，要以它自身的相当程度的发展为前提。《资本论》就是以资本主义生产方式已经有二百年左右的历史，它所固有的一切矛盾已经充分暴露为前提的。社会主义生产方式的建立和发展的历史过程最多也不过四十多年，社会主义生产关系还处于逐步发展和完善的过程中，现在就来探讨政治经济学社会主义部分的体系问题，是否为时过早呢？

我认为，如果我们现在就想要建立像《资本论》那样严密而完善的政治经济学社会主义部分的科学体系，那么，确实为时尚早。首先，社会主义社会不是一个独立的社会形态，它只是共产主义社会发展的低级阶段。我们现在所谈的政治经济学社会主义部分的体系，实质上应该是指与政治经济学资本主义部分相当的共产主义部分的体系的雏形，它本身不可能是完美无缺的，而必须随着社会主义生产关系的发展及其向共产主义过渡而逐步完善。其次，就政治经济学社会主义经济规律还不能说已经有了很全面、很深刻的认识，因此，为了建立政治经济学社会主义部分的体系，还必须随着社会主义经济的进一步发展，积累更大量的资料和进行更深入、更全面的研究工作。

但是这并不等于说，我们现在根本就没有条件来探讨政治经济学社会主义部分的体系问题。1957年11月在莫斯科召开的社会主义国家共产党和工人党代表会议宣言指出:"苏联和其他社会主义国家的经验,完全证明了马克思列宁主义理论的下述原理的正确性:社会主义革命和社会主义建设的过程,遵循着普遍适用于各个走上社会主义道路的国家的一些主要规律。……这些共同规律是:以马克思列宁主义政党为核心的工人阶级,领导劳动群众进行这种形式或那种形式的无产阶级革命,建立这种形式或那种形式的无产阶专政;建立工人阶级同农民基本群众和其他劳动阶层的联盟;消灭基本生产资料资本主义所有制和建立基本生产资料的公有制;逐步实现农业的社会主义改造;有计划地发展国民经济,以便建成社会主义和共产主义,提高劳动人民的生活水平;进行思想文化领域的社会主义革命,造成忠于工人阶级、劳动人民和社会主义事业的强大的知识分子队伍;消灭民族压迫,建立各民族间的平等和兄弟友谊;保卫社会主义果实,不让它受国内外敌人的侵犯;实行无产阶级的国际主义,同各国工人阶级团结一致。"① 以上就是从苏联和社会主义阵营其他国家的实际经验中总结出来的社会主义革命和社会主义建设的主要规律。社会主义社会中如下的一些经济规律,例如社会主义社会的基本经济规律,国民经济有计划按比例发展的规律,按劳分配规律,劳动生产率不断提高的规律,等等,已逐步为大家所认识。总之,人们对于社会主义生产关系的产生、发展及其逐步向共产主义过渡的一般规律,已经初步有所认识了。

当然,由于社会主义生产关系还处于不断发展和完善的过程中,还有许多经济规律需要研究和说明,而且,即使对已经揭示出来的经济规律以及它们之间的相互联系,我们的认识也还很不充分。所以,对政治经济学社会主义部分体系的探讨,是一项长期的、艰巨的工作,目前只能着重在它的轮廓方面。今后,随着实际经验的积累和认识的逐步深化,目前设想的体系轮廓将会不断充

---

① 《共产党和工人党莫斯科会议宣言》,人民日报出版社1958年版,第9页。

实、修整，逐渐具体和完善起来。

第二，在讨论关于建立政治经济学社会主义部分体系的过程中，有的同志认为，政治经济学的社会主义部分为政治服务的具体表现就是解释党和国家关于社会主义革命和社会主义建设的各项有关政策。因此，它应该以党和国家的有关政策的体系为体系，例如，以党的社会主义革命和社会主义建设的总路线为"红线"，分别阐明总路线的各个基本点及其他有关政策，等等。我认为，政治经济学应该为政治服务的原则是肯定无疑，但是上述具体意见很难实行。首先，党和国家的各项经济政策是以对经济规律的认识为基础，结合当前的政治和经济任务而制定的。我们要很好地解释清楚党的方针政策，就必须很好地能认识客观经济规律，而要很好地认识客观经济规律，又必须借助于系统地阐明经济运动规律的政治经济学。所以，不能用解释政策的"体系"来代替政治经济学的体系。其次，党的各项经济政策都不是简单地根据一个经济规律的要求而制定的。因此，要解释政策，就必须同时解释许多规律，这样在解释不同的政策的时候，前后必然出现许多重复，很难自成"体系"。

当然，这绝不是说，政治经济学同党和国家的政策没有关系，经济理论工作者可以不必认真地学习党的方针政策。恰恰相反，社会主义政治经济学的任务正是要阐明党和国家的各项有关政策的理论基础，问题是如何才能更好地达到这个目的。如果把政治经济学变成解释政策的学问，就会模糊政治经济学的对象，实际上否定了政治经济学独立存在的必要性。斯大林说："政治经济学是研究人们生产关系发展的法则；经济政策则由此作出实际结论，把它们具体化，在这上面建立自己的日常工作。把经济政策的问题堆压在政治经济学上，就是戕害这门学科。"① 我认为这个论断是完全正确的。另一种做法是马克思的《资本论》所提供的典型。列宁说："他（指马克思——引者）专门以生产关系说明该社会形态的结构

---

① 《苏联社会主义经济问题》，人民出版社1953年版，第65页。

和发展,但又随时随地探究适合于这种生产关系的上层建筑,使骨骼有血有肉。'资本论'所以大受欢迎,是由于'德国经济学家'的这一著作把整个资本主义社会形态作为活生生的东西向读者表明出来,将它的生活习惯,将它的生产关系所固有的阶级对抗的具体社会表现,将维护资产阶级统治的资产阶级政治上层建筑,将资产阶级的自由平等之类的思想,将资产阶级的家庭关系都和盘托出。"① 我认为,我们应该以《资本论》为榜样,在政治经济学的社会主义部分通过对社会主义生产关系的分析,充分论证党和国家有关的经济政策的客观依据;同时充分论述由于贯彻这些政策的结果,对于社会主义生产关系和生产力所发生的深远的影响。只有这样,才能一方面使读者掌握社会主义生产关系运动的全貌,另一方面又领会了党和国家有关政策的精神实质。当然,即使在这样做以后,也并不能解决日常的解释政策的任务。因为有些具体政策是会随着具体情况的发展而发展的,而且有些重大的经济政策只有在阐明了社会主义经济运动的规律以后才能加以全面解释。但是无论如何,在掌握了社会主义政治经济学这个理论武器以后,对政策的解释就比较容易进行了。

上面我们主要说明目前已初步具备了对政治经济学社会主义部分的体系进行探索的条件;同时,不能用解释政策的"体系",来代替政治经济学的体系。那么,政治经济学社会主义部分的体系的轮廓应该是怎样的呢?关于这个问题我们可以从《资本论》的体系中得到许多重要的启示。

首先,我们必须以《资本论》为榜样,以辩证唯物主义和历史唯物主义为指导来探索政治经济学的社会主义部分的体系,也就是说,我们必须密切结合社会主义生产过程,即生产力的状况来分析社会主义生产关系的运动及其在条件成熟的时候逐步向共产主义过渡的客观规律性。

---

① 《列宁全集》第一卷,人民出版社 1955 年版,第 121 页。

但是，关于这个问题，也存在着不同的意见。有的同志认为，《资本论》之所以结合物质生产过程来分析资本主义的生产关系，是由于在资本主义制度下存在着商品拜物教，资本主义的生产关系被物所掩盖着，必须透过"物"的分析来揭露资本主义生产关系的实质。在社会主义制度下，商品拜物教消灭了，社会主义生产关系是"一目了然"的，无须经过"迂回曲折"的道路来分析。例如可以直接地阐明社会主义生产关系的性质：全民所有制、集体所有制内部的关系；全民所有制和集体所有制之间的关系；国家、集体和个人之间的关系；等等。

我认为，这种意见也是不能同意的。如前所述，《资本论》之所以结合物质生产过程来分析，根本的原因不是因为资本主义生产关系被物所掩盖，而是根据辩证唯物主义和历史唯物主义的基本原理，密切结合生产过程，即生产力的状况来认识和阐明生产关系发展的规律。这个原理对于分析任何生产关系类型都是适用的，对于社会主义生产关系的分析也不能例外。当然，由于商品拜物教的存在，对资本主义生产关系的分析是增加了困难的。从这方面来说，社会主义社会由于消灭了商品拜物教，对于社会主义生产关系的认识是比较容易了。但是，从另一方面来说，社会主义生产是社会化程度比资本主义更高的生产，人们在生产过程中的关系更加密切，更加复杂，把社会主义生产关系看得简单化的观点是不正确的。要想阐明这种关系的性质及其发展规律，如果不密切结合实际生产过程来进行，那也是不可能分析清楚的。此外，脱离生产过程来阐述生产关系的性质，还可能给人一种印象，似乎这些生产关系的性质不是由一定生产力的水平决定，而是由人们的头脑所赋予的。

其次，马克思把《资本论》分为三卷来论述，看来，政治经济学的社会主义部分也应该包括生产过程、流通过程和社会生产的总过程这几个部分。原因是，"就全体考察"的社会主义社会生产过程，也是生产过程和流通过程的统一。大家知道，在社会主义经济中，除了全民所有制企业和集体所有制企业之间必须通过买卖的形式相互交换自己的生产物以外,全民所有制的各个企业具有相对的独立性,实行经济核算,在它们之间相互交换生产物时也要"计价"算账,各计盈亏。上述的相对独立的企业之间互相交换自己的生产物的行为构成社会主义经济的流通过程,成为社会主义再生产过程的媒介。从而,在社会主义社会中,除了直接从事物质生产的部门和企业以外,还存在着单纯执行流通过程职能的部门和企业,如商业部门和银行等。所以,在社会主义生产关系中,除了包括直接生产过程中人与人的关系以外,还存在着生产企业之间、生产部门和商业部门之间、工商部门和银行之间的关系,等等。显然,对于社会主义生产关系的分析也必须运用抽象法,首先分析直接生产过程中的生产关系,然后把流通过程加进来考察。最后说明生产的总过程(生产过程和流通过程的统一)的各种具体关系,即生产部门、商业部门和银行内部以及它们之间的具体关系,也就是说,生产过程、流通过程和生产的总过程应该成为政治经济学社会主义部分的构成部分。

但是,政治经济学社会主义部分的结构不能仅限于这几个部分。大家知道,对任何一种类型生产关系的分析,首先必须说明该种生产关系是如何产生的。关于资本主义生产关系产生的社会经济条件,《资本论》是在第一卷第一篇《商品与货币》和第二篇《由货币到资本的转化》,以及第七篇第二十四章《所谓原始积累》中阐明的。社会主义的生产关系不可能在旧社会内部产生,而必须经过无产阶级革命和无产阶级专政,消灭基本生产资料资本主义所有制,建立基本生产资料的公有制,逐步实现农业的社会主义改造以后建立起来的。所以,在具体论述社会主义的生产过程之前,有必要设立一个独立的部分论述社会主义生产关系的产生问题。这一部分的主要内容是阐明社会生产关系产生的前提和具体途径。

最后,政治经济学社会主义部分应该学习《资本论》的范例,贯彻逻辑与历史发展的一致的原则,论述社会主义生产关系产生过程这一部分,要求根据大量的历史材料,概括出体现社会主义改造各个时期各种生产关系变化的一些经济范畴，并对它们进行理论分析，力求避免把社会主义政治经济学的这一部分写得与社会主义改造史相类似。

在论述社会主义的生产过程的第二部分，首先遇到的一个问题是，是否应该从社会主义社会的产品与商品开始分析？从逻辑上来看，社会主义生产过程最根本的特征是：有计划地在社会各个部门分配社会劳动，以最少的劳动消耗获得满足社会需要的最多的有用效果。这里所说的"社会劳动"包括物化劳动和活劳动，无论前者和后者都是具体劳动和抽象劳动的统一体。而"最少的劳动消耗"和"最多的有用效果"，则体现价值和使用价值的矛盾，归根结底是抽象劳动和具体劳动矛盾的表现。这些矛盾也是贯彻于社会主义经济发展的全部过程的，离开劳动两重性的分析就无法说明社会主义生产过程的实质。而要了解社会主义的劳动两重性，必须首先分析创造社会主义产品与商品的劳动的性质。在单一的社会主义全民所有制条件下，创造产品与商品的社会主义劳动之所以具有两重性，是由于在社会分工的条件下，企业具有相对独立性。社会对于交给企业使用的社会劳动必须进行考核，力求以最少的劳动消耗取得最大的有用效果。企业之间的交换也必须"计价"算账。从而产生企业的局部劳动和社会劳动的矛盾，产生把具体劳动还原为抽象劳动，作为考核和交换的共同标准的必要性。总之，体现在社会主义产品与商品内部的劳动两重性反映了在生产资料公有制基础上的国家和企业、企业和企业的核算和交换的关系。因此，我认为对社会主义生产过程的分析，也应该从产品与商品开始。从产品与商品开始分析，也就是从社会主义的基本关系开始分析，为进一步阐明社会主义生产关系的发展奠定基础。

上面的分析也说明了，社会主义的产品与商品与旧社会的商品具有许多共同点：都是使用价值和价值、具体劳动和抽象劳动的统一体，这不是偶然的，根本的原因是因为社会主义经济和资本主义经济都是社会化大生产，在社会分工的条件下人们通过生产物来交换自己的劳动。社会主义的产品与商品与旧社会的商品最大的差别在于，它们是在不同的生产关系下生产出来的，体现在它们内部的矛盾产生于不同的基础，反映不同的生产关系。上述的共同点反映了社会主义经济和资本主义经济的历史联系，其差别点则反映了社会主义生产关系是资本主义生产关系的否定。从社会主义的产品与商品开始分析，也就是从社会主义生产关系代替资本主义生产关系以后生产过程的变化开始分析。在这里，逻辑的发展和历史的发展也是一致的。

如前所述，马克思是以社会生产过程一般为根据，结合资本主义生产过程的具体特点来展开对资本主义生产关系的分析的。政治经济学社会主义部分也应遵循这样的途径。对于我们来说，困难在于：认识社会主义生产过程的具体特点和探索正确体现社会主义生产关系特点的范畴。例如，在《资本论》中，马克思以生产资料和劳动力的自由买卖为根据来论述生产资料和劳动力的资本主义结合方式，并以"由货币到资本的转化"来概括这一过程。在社会主义制度下，生产资料和劳动力是根据社会的利益，有计划地结合的。显然，这是以生产资料的社会主义所有制为前提，反映新型的社会主义的生产关系，问题在于，我们用什么范畴来概括这一过程，表现社会主义生产关系的这个特点呢？又如，马克思以资本主义生产发展的三个阶段——协作、分工和机器与大工业——为依据，论述资本主义生产关系的变化，并以相对剩余价值的生产来概括这一过程的实质。在社会主义经济中，在一定时期内也同时存在着简单协作、分工和大机器生产几种形式，但是社会主义生产关系的出发点是大机器而绝不是简单协作，因此就显然不能抄袭《资本论》的例子。

社会主义生产发展过程的特点如何呢？社会主义各国生产发展的过程表明，在社会主义改造取得胜利后，在国民经济主要部门和企业内部建立了新型的社会主义协作关系，并把实行社会主义工业化和国民经济的技术改造提到日程上来，逐步实现机械化、电气化的任务，以后又提出实现自动化的任务。看来，以社会主义协作和国民经济技术改造过程的特点作为论述社会主义生产关系的发展的依据是值得考虑的。另外，关于社会主义的分配过程，除了分配原则与资本主义有根本差别，具有特殊的规律外，现有的一般教科书中常常沿用资本主义的旧范畴，如必要劳动和剩余劳动，必要产品和剩余产品，计时和计件工资、利润、商品税、积累，等等。所以，除了充分论证社会主义分配原则的客观依据以外，创造与社会主义生产关系相适应的范畴也是必需的。

政治经济学社会主义部分的流通过程的任务也应该是把流通过程作为社会再生产过程的媒介，论述社会再生产的条件。关于这个问题，大家都承认马克思在《资本论》第二卷中所论述的再生产理论，除了由于是分析资本主义再生产而使用的一些资本主义特有的范畴以外，其基本原理对于各个社会形态，特别是社会主义社会都是适用的。因此，在社会主义的流通过程中，应该根据社会主义经济的特点论述马克思的再生产理论。当然，这绝不是意味着我们应该完全抄袭《资本论》第二卷，除了不能简单套用资本主义的范畴以外，社会主义流通过程还具有自己的特点，例如企业资金的循环是否也经过三个阶段，采取三种形式？这还是有待于讨论的问题。另外，马克思在《资本论》第二卷第三篇中仅限于论述社会生产两大部类的交换关系和社会产品的实现条件，在政治经济学社会主义部分中，这一部分似乎应该大大扩展，例如进一步分析两大部类内部各主要生产部门（如工业和农业之间；采掘部门和加工部门之间；生产部门和运输部门之间；等等）的比例和交换关系，因为这对于我们更加深入地了解社会主义的生产关系，对于社会主义建设具有实际意义。

社会主义生产的总过程部分应该分析生产部门、商业部门和银行内部的关系，以及它们之间的具体关系。对于这一部分体系的安排，我认为应该以各个部门在社会经济生活中的地位和作用为依据。即首先分析工农业部门内部各生产单位（企业）之间的相互关系及其发展趋势等等；然后分析社会主义商业、银行的性质、职能和形式，以及它们对促进社会主义生产高速度发展的意义。另外，由于社会主义社会各个经济部门之间的关系不是自发发展的，而是受国家计划调节的，所以，还应该专题论述社会主义国民经济计划在这方面的作用。最后，国家财政在再分配各个部门和企业的收入、协调它们的发展方面具有重要作用，似乎也应该在这里论述。

以上是我试图运用马克思在建立《资本论》体系中所运用的方法——辩证唯物主义和历史唯物主义——来探索政治经济学社会主义部分体系的一些初步的设想。很明显，除了第一部分以外，从"骨骼系统"上来看，这个设想基本上和《资本论》是一致的。也就是说，政治经济学社会主义部分中也包括生产过程、流通过程和生产的总过程，而且在每一部分中，我们所依据的"社会生产过程一般"，生产过程和流通过程的一般联系，以及由此决定的生产部门和非生产部门之间的一般联系也基本上和《资本论》雷同。在我看来，这是由于社会主义经济和资本主义经济都是社会化的大生产，在社会化经济中，人们之间的联系具有某种共同的结果。当然，在说明过程中，我也极力注意社会主义的生产关系和资本主义经济关系具有本质的差别（这种差别也决定了社会主义生产过程和整个社会经济运行具有自己的、与资本主义根本不同的特点），强调了不能简单地抄袭《资本论》的体系，并提出一些不成熟的意见。由于我对《资本论》体系的体会还是极其肤浅，对于社会主义社会经济运行的认识更是皮毛，所以，所提出的见解谬误之处一定不少。我的愿望只是把问题提出来，说明《资本论》中蕴藏着无限的精神财富，我们不仅能够从《资本论》学习到关于资本主义经济运动规律的知识和政治经济学的对象、方法方面的知识，而且《资本论》的体系本身对于政治经济学社会主义部分来说，也具有重大的参考意义。

（原载《经济研究》1961年第9期）

关于社会主义企业经济核算的内容问题[*]

社会主义企业是国民经济的基本生产经营单位。合理地管理企业，使企业的生产经营活动获得最好的效果，对于国民经济的发展，具有非常重要的意义。社会主义建设的实践表明：企业经济核算是适合社会主义经济特点的管理企业的良好形式。在一切企业中实行严格的经济核算，是保证以最少的劳动消耗和资金垫支，取得最多的有用效果，全面完成和超额完成国家计划的重要措施。近年来，关于企业经济核算问题，在报纸杂志上已有不少文章进行了探讨和论述。但这是一个很重要的问题，同时也是一个很复杂的问题。直到现在，在有关这方面的若干理论问题上，还存在着各种不同的认识，需要结合我国社会主义建设的实践，对这些问题展开进一步的研究和讨论。在这篇文章中，我们准备根据学习和调查中的粗浅体会，对社会主义企业经济核算（指全民所有制企业经济核算）的内容问题作一些初步的探讨。

一

企业经济核算包括哪些内容，什么是全面的企业经济核算，是一个具有重要理论意义和实践意义的问题。正确地阐明企业经济核算的内容，有助于深刻地理解企业经济核算的实质和意义，明确企业经济核算中的主要指标，以及确定实行和加强企业经济核算的各

---

[*] 合作者：桂世镛、赵效民。

种必要的条件。正因为这样，在许多讨论企业经济核算的文章中，都从不同的方面、在不同的程度上涉及这个问题。有的同志认为，企业经济核算的内容应该包括企业一切生产经营活动的核算，只有对各项生产经营活动都进行核算，才是全面的企业经济核算。也有同志认为，成本核算是企业经济核算的主要内容（或中心内容），因为企业经营活动的效果主要是通过产品的成本水平综合地表现出来的；此外，也要进行资金核算，例如合理地确定流动资金定额，加速资金周转，严格地执行固定资产的维护、修理和保管制度以及提高设备利用率等等。这些意见，从不同的角度阐述了企业经济核算所应该包括的内容，但是在我们看来，还不够全面、不够明确，需要进一步加以研究和探讨。

我们认为，所谓全面的企业经济核算，其含义是指对企业生产经营活动的经济效果进行全面的计算和考核，并且把这种考核同企业的财务状况和合理的物质奖励直接地联系起来。具体来说，全面的企业经济核算应该具备下述两个标志：

第一，这种核算是全面的、综合的核算，而不是片面的、单项的核算。大家知道，企业为了遵照国家计划的规定生产一定的产品，需要从事生产、技术、供销、运输等多方面的活动，企业的这些活动都要进行严格的核算，以便确定哪些活动的成绩较大，效果较好；哪些活动的成绩较小，效果较差。从而找出来，进一步改进工作，提高企业经营活动效果的方向和措施。所以，对企业的各种活动分别实行严格的核算，无疑是十分重要的。但是，只有各种活动的分项核算是不够的，因为它不能综合地反映企业全部经营活动的效果，不能据此而对企业的工作作出综合的评价，并在各个企业之间相互进行比较。而为了作到这一点，就必须对企业的全部活动进行综合的核算。

第二，这种核算是同企业的财务状况和合理的物质奖励有直接联系的。企业经营活动的效果好，它的财务状况也就相应地比较好，得到的物质奖励也会比较多；反之，企业在财务上便会感到比较困难，物质奖励也会相应地减少。这就是说，企业对自己经营活动的效果，负有物质上的责任。实行全面的企业经济核算，可以促使企业主动地改进工作，努力提高生产经营活动的效果。

全面的企业经济核算的这两个标志，相互间有着密切的联系。只有实行综合的核算，才能综合地反映企业经营活动的效果，它是把企业的工作成果同企业的财务状况和物质奖励直接联系起来的前提；而企业的财务状况和物质奖励同其工作成果的直接联系，反过来又会促使企业全面讲求经济效果，改进自己的工作。问题在于企业的综合核算应该包括什么内容，才能全面地而不是片面地反映企业经营活动的效果。我们认为，企业全面的综合的核算，应该包括成本核算和资金核算①两个方面。大家知道，生产过程同时也是生产资料和劳动力的消费过程。任何企业进行生产，都要消耗一定数量的原料、材料、燃料等物化劳动和一定数量的活劳动。生产一种产品所消耗的劳动愈少，同量的劳动就可以生产出愈多愈好的产品，劳动消耗的经济效果也就愈高。因此每个企业都应该把生产中所消耗的劳动同所取得的有用效果进行严格的比较，尽量节约各种劳动耗费，力求以尽可能少的劳动消耗取得尽可能多的有用效果。产品的成本核算正是劳动消耗效果核算的具体形式，它无疑是企业经济核算的一个重要的内容。但是，企业在进行生产的过程中，不仅要消耗一定数量的劳动，而且要占用一定数量的资金。这一方面是因为，为了保证企业生产过程周而复始地进行，必须有各种机器设备及零件、配件，各种原材料、在制品和成品等的储备，另一方面也由于企业在生产中所使用的劳动手段，一般都不是在一个生产周期内就消耗完成的，而是在许多个生产周期中发挥作用。这就决定了占用一定数量的资金，同要消耗一定数量的劳动一样，是企业进行生产的一个不可缺少的条件。企业占用的资金是人类过去的劳

---

① 我们所说的资金核算是指资金占用效果的核算，不是指资金消耗效果的核算，因为后者实际上就是成本核算。

动的结晶。这些资金虽然并没有在一个生产周期中消耗掉，但在它被企业所占用的时期内，社会就不可能再用这些资金去从事其他的生产和建设事业，因此从社会的角度来看，降低生产某种产品所必须占用的资金，就意味着提高了资金运用的效果，用同量的资金可以生产出更多、更好的产品，从而提高了整个社会劳动的经济效果。这就说明，对企业占用资金的经济效果同样要进行严格的核算，讲求资金占用的效果。由此可见，要进行全面的企业经济核算，就既要进行产品的成本核算，又要进行资金核算。只核算成本不核算资金，或者只核算资金不核算成本，都不能全面地反映企业经营活动的效果，因此那不可能是全面的企业经济核算。

二

如前所述，产品的成本核算是企业经济核算的一个重要内容。没有严格的成本核算，就谈不上起码的经济核算。成本核算的实质就是核算企业生产某一种产品的劳动消耗，促使企业以尽可能少的劳动消耗生产尽可能多和好的产品。在高度社会化的社会主义生产中，企业生产的产品不是为了满足自身的需要，而是为了满足社会的需要，社会对企业所提供的产品，是通过社会必要劳动量这个共同的尺度进行统一评价的。因此，社会主义企业产品的劳动消耗同有用效果之间的比较，是以企业生产这种产品的个别劳动消耗量同社会必要劳动量的比较来实现的。产品的社会必要劳动量构成产品价值，其货币表现是产品的价格。而产品的个别劳动消耗量则主要是通过产品成本来表现的[①]。当然，产品的企业成本并不等于生产产品的个别劳动消耗量，它们之间不仅在量上而且在质上都有一定的区别。个别劳动消耗量是由产品生产过程中所消耗的全部物化劳

---

① 这里是指产品的企业成本，而不是产品的部门成本。在社会主义经济中，个别劳动消耗量为什么必然要通过产品的企业成本来反映，是由许多客观的经济条件所决定的。限于篇幅和本文的主题，在这里不打算对这个问题进行专门的探讨。

动和活劳动组成的，其中活劳动消耗部分又可分作必要劳动和剩余劳动两个部分。产品成本只反映个别劳动消耗量的一部分，即物化劳动消耗和作为必要劳动的那一部分活劳动消耗，在产品成本中并不反映作为剩余劳动的那部分活劳动消耗，这就是它们在量上的区别。其次，产品成本也不是对个别劳动消耗量的一个组成部分的直接反映，而是它的货币表现，因此产品成本不仅受生产中的劳动消耗量决定，而且还受工资和价格变动等分配和交换因素的影响。这就是说，产品成本和个别劳动消耗量这两个范畴在质上，即在它们反映的经济内容上也有一定的区别。但是应该指出，产品成本作为个别劳动消耗量中一个重要部分的货币表现，它的变化主要是由生产中劳动消耗量的变化决定的，而劳动消耗量的变化也必然会在产品成本中得到反映。例如企业在生产同量产品中所消耗的原料、材料和燃料等物化劳动增多了，或者活劳动的消耗增多了，都会使产品成本上升；反之，则会降低产品成本。在价格和价值相符、必要劳动和剩余劳动的比例不变的条件下，产品成本的变化就可以相当准确地反映个别劳动消耗量的变化，从而，产品成本同价格的比较，以及由这种比较所决定的企业赢利的大小，也就可以相当准确地反映个别劳动消耗量同社会必要劳动量之间比较的结果。如果企业由于降低成本而获得了比一般水平更高的利润，说明产品的个别劳动消耗量低于社会必要劳动量，企业的工作获得了良好的经济效果；反之，则表示产品的个别劳动消耗量高于社会必要劳动量，说明企业没有取得应有的经济效果。所以，成本核算就是通过计算、比较和考核企业的产品成本和赢利，来核算产品劳动消耗的经济效果，它是企业经济核算的一个不可缺少的组成部分。

成本核算的主要指标是成本利润率。成本利润率是产品成本同利润之间的比例，它可以分别按各种产品来计算，也可以按整个企业的全部产品来计算。企业的实际成本利润率可以进行多种的考核和比较：可以同企业生产这类产品的历史水平比较；可以同计划水平比较；可以同同一部门内的其他企业比较；也可以同整个部门的平均水平比较，等等。通过这些分析比较，可以评价企业在节约各种耗费、降低产品成本方面所取得的成绩，发现仍然存在的缺点，并且找出进一步改进工作、提高劳动经济效果的途径。由于企业实行以收抵支、取得盈利，并根据企业完成国家计划指标的状况，按利润额的一定百分比提取企业奖励基金，企业成本利润率的高低就同企业的财务状况和合理的物质奖励有着直接的联系，从而促使企业全面完成和超额完成国家计划，努力降低成本，向国家提供更多的积累。

应该指出，要正确地考核企业的成本利润率，还需要解决以下两个问题：第一，注意如何使成本利润率能够如实地反映个别劳动的消耗量同社会必要劳动量之间比较的状况；第二，采取一定的方法剔除影响产品成本利润率的各种客观的、不属于企业本身的因素。

前面说过，成本利润率指标的意义，就在于它能够反映企业个别劳动消耗量同社会必要劳动量之间的比较状况。但是，也正如前面所说的，成本利润率要如实地反映这种比较，需要这样两个条件：企业的产品及其消耗的各种生产资料的价格同它们的价值是相适应的；劳动者提供的活劳动中必要劳动部分和剩余劳动部分的比例是不变的。然而，在现实经济生活中很难同时具备这两个条件，企业的产品及其消耗的生产资料的价格，往往不完全同它们的价值相符；劳动者的必要劳动部分同剩余劳动部分的比例，也往往随着各个时期政治经济条件的不同而发生变化。这样，就必然影响成本利润率如实地反映企业个别劳动消耗量同社会必要劳动量之间比较的状况。例如，尽管企业生产这种产品所消耗的生产资料的品种、数量和它们的价值没有变化，或者，尽管企业产品的价值没有变化，但是如果它们的价格变化了，就都会引起成本利润率的变化。显然，这种变化并不能反映个别劳动消耗量同社会必要劳动量之间比较的变化，不能如实反映企业本身工作的成果。因此，当我们运用成本利润率来观察产品劳动消耗的效果的时候，就要自觉地估计到上述这些因素对成本利润率的影响，尽可能地剔除这些因素的影响。

其次，企业经济核算要求企业对自己的经营活动的状况负完全的责任，要求企业本身的工作成果能够独立地表现出来。但是，企业成本利润率的水平及其变化是受着多方面的因素影响的，即使在它如实地反映产品个别劳动消耗量同社会必要劳动量比较的变化的时候，这种变化也不是完全取决于企业本身工作的状况，而往往还同时受各种客观的、不属于企业本身的因素的影响。例如，有些企业由于它们的技术装备水平比较高，具有较高的劳动生产率水平和成本利润率水平；而有一些企业，则由于技术装备水平比较低，只有较低的劳动生产率水平和成本利润率水平。显然成本利润率水平的这种差异，不能反映企业本身工作成果的差别，而只能反映不同企业的技术装备水平的差别。大家知道，社会主义企业的技术装备水平的高低，基本上不是企业自身能够决定的，而主要是由国家的建设计划决定的。又如，同一个企业在不同时期的成本利润率水平，会受到该企业生产的产品品种、规格的变化，原料、材料和燃料等的品种、规格和供应地的变化等因素的影响，而这些因素基本上都不属于企业本身工作的因素。上述这些情况表明：社会主义企业是在国家的集中领导下和同其他企业发生密切的联系中从事生产经营活动的。它的劳动消耗的经济效果，不仅取决于企业本身的工作，而且必然要受企业本身工作以外的种种因素的影响。这样，如实地反映企业劳动消耗的经济效果同独立地表现企业本身工作成果之间就会存在一定的矛盾。因此，为了使成本利润率如实反映企业本身工作的成绩，使企业对其劳动消耗的效果真正负责，就需要剔除各种不属于企业本身工作的因素对成本利润率的影响。

三

成本核算是企业经济核算的一个重要内容，但是只有成本核算还是不够的，甚至是远远不够的。因为成本核算只能反映企业劳动消耗的经济效果,而不能反映企业占用资金的经济效果。为了全面地核算企业的经济效果,还要进行严格的资金核算。

资金核算有着极其重要的国民经济意义。大家知道,增加资金的积累和提高资金的运用效果同样是实现社会扩大再生产的重要途径。在一定时期内,社会扩大再生产能以何种速度发展,既取决于这一时期社会所拥有的资金数量,也取决于这些资金运用的经济效果。资金积累的规模在一定时期内总有一定的限度,它受该时期国民收入的总量及其在消费基金和积累基金之间分配的比例所制约。因此如何合理地使用有限的资金,充分发挥它们的作用,就有着极其重要的意义。作为社会基层生产单位的企业,一方面固然要进行严格的成本核算,力求以最少的劳动消耗生产更多、更好的产品,不断降低成本,为国家提供更多的资金积累;另一方面也必须进行严格的资金核算,占用尽可能少的资金,生产尽可能多的产品,为国家节约资金。资金的节约无异于在不改变积累基金和消费基金的比例的情况下,相对地扩大了资金积累的规模,从而促进社会扩大再生产的进行。特别是随着社会主义建设的不断发展和技术的不断进步,一方面与生产规模的扩大和有机构成的提高成比例,国家投入生产领域的资金,亦即企业所占用的资金愈来愈多;另一方面,企业所占用的资金同它们在一个生产周期内所消耗的资金之间的差别也愈来愈大,从而,严格核算企业占用资金的经济效果,也就具有愈来愈重要的意义。

有的同志虽然也承认讲求占用资金经济效果的必要性,但是他们认为企业占用资金的效果已经在成本核算中得到了反映,因此只要有成本核算就可以了,不必再单独地进行资金核算;而对企业财务状况的考核,可以从成本和成本利润率着眼,无须把它同企业占用资金的多少及其效果的大小联系起来。我们认为,这种看法是值得商榷的。

固然,成本核算同资金核算有着密切的联系,但是成本核算对占用资金效果的反映只是部分的,而且主要是间接的,它不能也不可能代替资金核算。从固定资产利用的方面来说，它同产品成本的直接和间接的联系，一般表现在两个方面。一方面，设备的利用状况影响着劳动生产率，而劳动生产率的高低影响着产品成本的高低；另一方面，固定资产的利用效果通过折旧直接反映在成本中。但是，企业劳动生产率的高低取决于多种因素的影响，由于劳动生产率的变化而引起的产品成本的升降中，并不能明确地指示出固定资产利用的效果来。同时，折旧在产品成本中所占的比重是很小的，通过折旧对产品成本的影响来考核企业固定资产利用效果，其作用是不大的。例如在我国各个工业部门中，除了电力和采掘等少数部门折旧在成本中所占的比重较高以外，大多数部门折旧在成本中的比重都在10%以下。这就是说，在这些工业部门中，即使占用的固定资产数量增加或减少一半，其对产品成本的影响还不到5%。并且，折旧只是对在生产中实际使用的设备提取的，一切在企业中闲置未用或在储备中的设备都不提折旧，它们对产品成本是没有丝毫影响的。此外，企业对固定资产的维护、修理和保管的好坏，也不可能在产品成本中完全反映出来。折旧没有提足而不能再用的固定资产，企业可以提前报废，由此而引起的损失既不会影响产品的成本，也不会影响企业的财务状况。

从流动资金方面来说，情形也是如此。流动资金的占用是通过信贷利息同产品成本相联系的，但是，信贷利息在产品成本中所占的比重比折旧还低，其对产品成本的影响当然就更小了。同时，利息支出只同企业流动资金中的借入部分有关，企业自有资金部分占用的多少，在产品成本中是没有任何直接反映的。因此，企业流动资金的周转速度，原料、材料、在制品和成品等各种储备的多少，对于产品成本的影响是微不足道的。

从上面的分析中可以看出，成本核算同资金核算虽然有着一定的联系，但它们的经济内容是不同的。成本核算是企业生产中资金消耗（即劳动消耗）效果的核算，而资金核算则是企业资金占用效果的核算。一般说来，企业在一个生产周期中所消耗的资金，只是企业占用资金中的一部分，在一定的生产技术水平和社会经济条件下，企业在一个生产周期中所消耗的资金同它所占用的资金之间，在客观上有着一定的比例关系。在一定程度内，资金消耗量的增减会相应地影响资金占用量的增减，例如其他的条件不变，各种物资消耗定额的变化会影响流动资金的占用量；反过来，资金占用量的增减也会相应地影响资金消耗量的增减，例如折旧率等其他条件不变，占用固定资产的多少会通过折旧额影响成本。这就说明，成本核算同资金核算之间有着一定的、客观的联系。但是，消耗资金和占用资金是两个不同的范畴，它们不仅有量的区别而且有质的区别。从量上来看，在一个生产周期中，消耗资金只是占用资金的一个组成部分，它们在一定条件下虽然客观上有一定的正比例关系，但是这个比例并不是机械的、完全可以确定的，而是往往有很大的可变性。而且特别应该指出的是，消耗资金量同占用资金量之间不仅存在着上述这种正比例的关系，更重要的还存在着一种相互消长的关系，企业资金占用量的增多，技术装备水平的提高，往往是企业提高劳动生产率、降低产品成本的重要原因。这就产生了这样一个问题：一方面企业的资金占用量增多了，另一方面企业的产品成本却因此而有了下降，企业以占用社会更多的资金提高技术装备水平和劳动生产率，从而降低产品成本这件事，究竟在什么限度内是合理的，即对提高整个社会劳动的经济效果是有利的呢？显然，只进行成本核算是不可能解决这个问题的。从质上来看，占用资金和消耗资金在生产中所起的作用并不完全一样，消耗资金是保证一个生产周期所必需的，而占用资金则保证着生产和再生产过程连续不断地进行。因此，消耗资金是从一个生产周期出发的，它不能完全反映生产过程不断循环往复的速度这个因素，而占用资金却比较全面地包含着生产和再生产的速度因素。

既然占用资金同消耗资金是两个不同的范畴，反映资金消耗效果的成本核算同反映资金占用效果的资金核算包含着不同的经济内容，从而在客观上也就不存在用成本核算去代替资金核算，或者用资金核算去代替成本核算的可能性。如果像某些同志所主张的那样,只核算成本,不核算资金,只根据成本利润率来评价企业经营活动的成果,决定企业的财务状况和物质奖励,而不把它同企业占用资金的多少和其效果联系起来,那就可能会造成这样的后果:

第一,不能全面地、如实地反映企业经营活动的经济效果。企业尽管一方面在努力降低成本,增加赢利,为国家提供更多的资金积累;另一方面却可以因为固定资产的闲置、损坏和流动资金的积压,浪费大量国家资金,其程度甚至使它在降低成本方面所获得的成绩化为乌有。如果在企业经济核算中只核算成本而不核算资金,这种情况就不能得到如实的反映,不能及时地克服存在的缺点。相反,由于企业的赢利增加,企业还能使自己的财务状况有所改善,并且得到较多的奖励基金。

第二,不能促使企业全面地改进经营管理工作,甚至会鼓励企业"好大求全""喜新厌旧",以积压和浪费资金的办法来完成生产任务和降低成本。企业占用多少资金及其运用效果既然同企业的财务状况和物质奖励没有联系,也就容易使企业忽视资金的节约,不是在各项工作中都精打细算,力求少用资金多办事,而可能是向国家多要资金,不讲求经济效果地去搞各种基本建设,超额储存暂时不需要的物资等等,给社会带来物质财富的积压和浪费。

由此可见,只有成本核算而没有资金核算,就不可能有全面的企业经济核算,资金核算也是企业经济核算的一个不可缺少的组成部分。

四

关于资金核算的重要意义,以及企业进行资金核算的必要性,近来已经为愈来愈多的同志所肯定,但是企业怎样核算资金呢?主张企业要进行资金核算的同志对这个问题的回答,却并不是完全一致的。有的同志认为,企业只要进行资金的定额核算和分项核算就可以了，例如合理地确定各种物资储备定额，核定企业流动资金的定额，以及计算各种设备利用率指标等等，而不需要对企业全部占用资金（包括固定资金和流动资金）的经济效果进行综合的核算。我们认为，这种看法也是值得商榷的。资金的定额核算和分项核算无疑是十分重要的；它是进行全面和综合的资金核算的必要条件。但是，仅仅有了资金的定额核算和分项核算，并不等于就有了严格的、完整的资金核算。因为这种核算不能综合地反映企业占用资金的经济效果，也不能把这种效果同企业的财务状况和物质奖励直接联系起来。因此，为了把资金核算真正纳入企业经济核算的范围之内，还必须对企业全部占用资金的效果进行综合的核算。

我们认为，对企业占用资金效果进行综合核算的主要途径，就是计算、比较和考核企业的资金利润率（它等于企业所占用的全部资金同全部利润之比），把企业所占用的资金同表示企业经营成果的最综合的指标——利润直接联系起来。企业资金利润率的水平主要取决于三个方面的因素：

第一，企业按照国家计划生产和销售的产品数量和质量。在产品价格既定的条件下，产品的数量与质量同企业的资金利润率成正比例的关系。

第二，产品的成本水平。在原料和产品价格以及产品品种等条件不变的情形下，产品成本水平愈低则资金利润率愈高，反之则资金利润率愈低。

第三，企业所占用的全部资金量。在利润总额既定时，企业所占用的资金量同资金利润率成反比例的关系。

因此，企业要提高资金利润率，便必须进行多方面的努力，既要增加生产，提高产品的数量和质量，降低产品成本，又要尽量节约资金，充分发挥现有资金的作用。这样，成本核算便可以同资金核算有机地结合起来，比较全面地反映企业经营活动的成果。

有的同志不同意通过资金利润率来综合地核算企业占用资金的效果，他们所持的理由是：把利润同全部垫支资本相联系的利润率是资本主义经济特有的范畴,在社会主义经济中,资金同利润之间不存在客观必然的联系,不存在资金利润率这个范畴。因此,不能把资本主义经济所特有的范畴硬搬到社会主义经济中来。我们认为,这种看法是不正确的。

大家知道,随着社会主义公有制的确立,消灭了人剥削人的现象,反映资本家对工人的剥削关系的资本主义利润率,也就失去了存在的客观基础。在资本主义条件下,劳动者所创造的剩余价值被资本家无偿地据为己有,它当作垫支总资本在观念上的产儿,取得了利润这个转化形态,从而使资本家剥削工人剩余劳动的关系蒙上了一层神秘的外衣,被歪曲地表现出来。在社会主义条件下情况发生了根本的变化。劳动者共同创造的剩余产品,归代表劳动者的利益的社会所占有,并用来为全体劳动者谋福利,因此没有任何条件要使这种关系被物与物的关系掩盖起来。但是,这并不等于社会主义的资金同利润就不存在任何联系,在社会主义经济中就不存在资金利润率的范畴。社会主义建设的实践证明:在社会主义经济中,资金同利润之间有着密切的联系,资金的数量及其运用效果从多方面影响着利润水平。概括起来,这种联系可以表现在以下两点上:

第一,社会主义资金的物质形态,是各种生产资料和直接生产者为维持、恢复和扩大其劳动能力所必需的生活资料。一定量的资金代表着一定量的生产资料和生活资料。生产资料和生活资料都是人类过去劳动的结晶,它们不能创造物质财富(包括剩余产品),因而不能创造新的价值(包括剩余产品的价值)。但是,它们是人们进行生产、创造物质财富(和价值)的必要条件,在一定条件下,社会投入生产的活劳动总量同社会拥有的生产资料和生活资料之间有一定的依存关系。在劳动者的技术装备水平和消费水平既定的情形下,社会所拥有的资金数量,决定着能够吸收和动员多少劳动者参加生产。如果充分发挥资金的作用,提高资金运用的效果,则同量资金可以吸收更多的劳动参加生产;反之,则同量资金只能吸收较少的劳动者参加生产。或者要吸收同量的劳动者参加生产便需要有更多的资金。在社会主义制度下,由于生产资料公有制的确立和社会生产的迅速发展,逐步消灭了旧社会遗留下来的失业现象,就是社会主义制度较之资本主义制度有无比优越性的具体表现。但是,即使在消灭了失业的社会主义条件下,社会所拥有的资金数量及其运用效果仍然同社会能够投入物质生产领域中的劳动量有着密切联系。一方面,为了使随着人口的增长而每年新增加的劳动力参加生产,社会必须有足够的资金装备他们;另一方面,社会所拥有的资金数量在很大程度上影响着社会劳动力在社会主义的生产劳动和家务劳动之间的分配。因此,社会主义资金本身虽然并不创造物质财富(和价值),但它作为生产所不可缺少的要素,通过同活劳动之间的特定关系,与社会在一定时期内所能生产的物质财富、剩余产品及其价值有着密切的联系。

第二,也是更为重要的,社会主义社会所拥有的资金的数量及其运用效果,对劳动生产率起着极大的影响。在投入物质生产领域的活劳动总量不变的情形下,劳动生产率的提高不仅能够增加使用价值形态的剩余产品数量(这是不言自明的),而且能够增加剩余产品价值的数量,因为在这种情形下,社会新创造的价值总量(即价值形态的国民收入量)虽然没有变化,但由于社会主义制度下劳动生产率的提高速度一般要超过平均工资的增长速度,因而在劳动者新创造的价值总量中,必要产品的价值同剩余产品的价值之间的比例,会随着劳动生产率的提高而发生变化:v 的部分会相对地减少,m 的部分则会相对地增加。这就说明,资金运用效果的提高,可以降低成本、提高盈利,为社会提供更多的积累。

社会主义资金同利润之间的这种联系,无论就整个社会来说或者就某一个企业来说,都是存在的。企业占用资金的数量同企业的生产规模、职工人数和劳动者的技术装备水平都有直接的关系,从而影响着企业的盈利水平。企业对自己占用资金的运用的好坏,也必然通过产品产量、质量和产品成本等因素的变动对企业的利润发生作用,即增加企业的利润或减少企业的利润。因此,社会主义资金同人们运用这些资金所创造的剩余产品之间的联系,是一种客观存在。反映这种联系的资金利润率也是社会主义经济中客观存在的一个范畴。不管人们承认它或者否认它,企业占用资金的数量及其运用的状况,总对利润水平发生着这样或那样的影响。我们的任务,正在于具体分析和研究这种客观的经济关系,自觉地运用资金利润率这个范畴来促进社会生产的发展,以便用更多的社会产品来满足整个社会日益增长的需要。那种不从具体分析社会主义经济的实际情况入手,而简单地用同资本主义经济作抽象类比的方法来否定资金利润率的观点,是不能令人信服的。事实上,社会主义的资金利润率,无论就其反映的经济关系、在生产中所起的作用以及它的运动形式来说,都同资本主义的利润率有着根本的区别。社会主义资金不是人剥削人的手段,而是为劳动者造福的工具,从而社会主义资金利润率所反映的完全不是那种人剥削人的阶级对抗关系,而是人们在生产资料公有制基础上共同劳动、互助合作的关系。在社会主义制度下,利润不是生产的直接目的,资金利润也不起生产调节者的作用,它是保证社会主义生产达到更好地满足社会需要这个根本目的的手段,是社会有计划地运用它来发展国民经济的杠杆。

既然计划和考核企业的资金利润率是社会主义经济的客观要求,那么如何进行这样的计算和考核呢?这是一个很复杂的问题。一般说来,企业的资金利润率可以进行多方面的分析比较,例如可以同企业生产这类产品的前期水平比较,同当期的计划水平比较,同同一部门内其他企业比较,同部门利润率的平均水平比较等等。但是同考核和比较企业的成本利润率一样,这里也存在着如何剔除各种客观因素对企业资金利润率的影响,如实反映企业本身资金运用效果的问题。

大家知道,不同的企业由于产品方向、生产规模、技术水平等一系列生产条件不同,它们的劳动生产率、资金有机构成和资金周转时间各不相同,在价格符合于价值的情况下,它们的资金利润率也是不同的，资金利润率的这种差异是客观的存在，它反映着资金在各种不同类型企业中客观上产生的不同效果，这是社会考虑投资效果的一个重要依据。在保证满足资金需要的前提下，社会怎样运用资金，怎样使生产规模不同、技术水平不同的企业得到合理的结合，从而发挥资金的最大效果，需要考虑到各类企业在客观上存在的不同资金利润率。但是，这种差异对于企业来说是既定的，与企业经济核算无关。企业经济核算所要反映和考核的是企业自身在运用资金方面的效果，而上述资金利润率的差异，在它由企业的产品方向、生产规模和技术水平等原因所引起的限度内，是不取决于企业本身工作的努力程度的。大家知道，社会主义企业的这些因素都是国家统一计划规定的。因此，如果不剔除这种客观因素对资金利润率的影响，不同企业的资金利润率便不能反映它们各自在运用资金方面的成效，便不能作为考核企业经济效果的依据。正是鉴于这一点，有的同志曾建议只在同一部门的同类型企业中考核资金利润率①，这当然是解决问题的一个办法，因为同一部门、同一类型的企业，各种生产条件都差不多，它们之间资金利润率水平的不同，基本上可以看作是由它们工作的努力程度不同造成的。但是采用这种办法不仅缩小了资金核算的范围，影响其作用的充分发挥，而且会使不同部门、不同类型的企业，其财务状况和物质奖励同它们在资金运用方面所作的主观努力程度不适应，以致增加它们之间的矛盾。我们认为，为了解决这些问题，为了使不同企业的资金利润率可以比较，应该剔除各种客观因素对资金利润率的影响。例如可以考虑通过税率的调节、上缴利润任务的调节或采用结算价格等途径，为不同部门和企业规定与其资金占用量相适应的计划盈利水平，从而为比较和考核企业的资金利润率提供一个统一的尺度。

关于资金核算，资金利润率的计算、比较和考核的问题，是一

---

① "……为了运用经济的内部制约关系，促进多快好省、节约资金、提高投资效果，我认为可以分别部门采取对同一类型的企业把资金占用多少作为考核企业盈利水平的依据……"（许毅：《关于经济核算的几个问题》，《经济研究》1958年第4期。）

个极为重要但又极为复杂的问题。我们对这个问题的接触还只刚刚开始,所以把学习中的一些初步体会写在这里,与其说是想全面地论证问题,不如说主要是试图提出问题,以便引起大家的重视和讨论,并得到大家的指教。

(原载《经济研究》1962年第4期)

社会主义经济中的产品和商品

一

社会主义经济中产品的社会性质,是长期以来在学术界有争论的一个问题。到现在为止,关于这个问题的分歧意见,大体上可以归纳为下列三种。

第一种意见是:社会主义经济的全部产品,包括全民所有制经济同集体所有制经济间流通的工农业产品,国营企业间流通的生产资料和国营商店出售给职工的消费品,无论形式上或实质上都是商品。有的同志还认为,共产主义社会的劳动产品也是商品。

第二种意见是:社会主义同商品生产是互不相容的。在社会主义制度下,不但国营企业间交换的生产资料不是商品,而且社会主义公有制的两种形式之间交换的产品、国家"出售"给职工的消费品也不是商品。

第三种意见是:应该根据不同的交换关系判别产品的性质。具体地说,国营企业间交换的生产资料已经不是商品,国家同集体经济单位间交换的产品基本上是商品,国家出售给职工的消费品基本上也还是商品。

从讨论的情况来看,持第一种意见的同志似乎占多数。但是在他们之间,各自的解释又有所不同。

许多同志是从社会主义所有制的两种形式——全民所有制和集体所有制并存来说明社会主义经济的商品性的。他们常常引证马克思的下述一段话作为自己的论据：商品交换是在一个共同体的尽头处，在一共同体与其他共同体，或与其他共同体的成员相接触的地方开始。但物品一经在对外生活上成为商品，它就会由反映作用，以至在对内生活上也成为商品。根据同样的理由，他们认为，由于两种所有制之间的交换是商品交换，这种交换的性质必然反射到全民所有制经济的内部关系中来，使全民所有制经济也具有商品性。① 我们认为，这种看法是值得商榷的。

首先，不能把马克思的上述一段话作为全民所有制经济商品性的论据。马克思在这里所讲的是在原始公社制度末期，原始公社所有制陷于瓦解时期的情况。原始公社间的商品交换促进私有制的产生，促进公社内部社员间商品交换的发展，但是这已经是以私有制为基础的交换，这种交换的发展最终破坏原始公社的公有制。显然，社会主义的全民所有制经济和集体所有制经济之间的交换关系不可能对全民所有制经济的内部关系发生同样的影响。后面我们还要谈到，马克思在《资本论》的另一个地方还谈到，原始公社之间的交换并不能改变原始公社的自然经济性质，并不能使其全部产品都成为商品。

其次，在社会主义制度下，全民所有制经济掌握着国民经济命脉，是国民经济的领导成分。集体所有制经济本身是过渡性的经济，它要逐步提高为全民所有制。作为国民经济领导成分和集体所有制发展方向的全民所有制经济具有自己的发展规律。当然，国民经济是一个统一的整体，各种经济成分之间是处于相互影响之中的。但是，要谈这种相互影响，首先应该分析全民所有制经济对集体经济的影响。在交换关系方面，首先应该分析全民所有制经济内

---

① 例如，丁植柏同志最近在《经济研究》上发表的文章中所持的看法很有代表性。他说，"社会主义全民所有制内部存在商品生产的客观原因何在呢？我们认为，在社会主义公有制的两种形式（全民所有制和集体所有制）并存的情况下，首先要从社会主义公有制的两种形式及其相互关系中找出答案。"（《经济研究》1963 年第 2 期）应该指出，我过去也曾经一度倾向于这种意见。

部的交换关系的性质,以及它对于全民所有制经济同集体所有制经济之间交换关系的影响,然后才能谈得到后者对前者的影响。否则就是本末倒置,忽略了主要的、起主导作用的因素了。

还有些同志从按劳分配、经济核算、社会劳动的差别等方面来论证国营企业间交换关系的商品性。这也是缺乏说服力的。在社会主义阶段,实行按劳分配,并不注定要产生商品货币关系。马克思在《哥达纲领批判》一书中曾经强调在社会主义阶段实行按劳分配的必要性,但是他同时也认为在社会主义阶段商品货币关系将会消亡。在现实经济生活中,例如在集体所有制经济单位中,按劳分配完全可以直接通过实物形式实现,而不借助于商品货币关系。至于企业经济核算,即使到了共产主义的高级阶段,也还是必要的。不能设想,到了共产主义社会,企业与企业之间的关系就像一个工厂内部的车间与车间、工段与工段之间的关系一样,不再像现在国营企业那样实行相对独立的核算了。如果情况真是这样,那就会使企业不能进行合理的经营管理。事实上,参加讨论的许多同志并未否认共产主义社会中企业经济核算的必要性,也未否认共产主义社会商品货币关系将会消亡。因此,把经济核算作为全民所有制经济商品货币关系产生的原因也是不能成立的。同样,社会劳动的差别,即劳动熟练程度、复杂程度的差别和劳动的换算是一个复杂的问题,目前也还没有一个完善的计算方法,不过无论如何不能说,正因为这个问题没有解决,还需要通过市场来间接地计算社会劳动,才有必要保留商品货币关系。这样说就等于把复杂的社会生产关系问题仅仅归结为社会劳动的计算技术问题了。

同上述的种种意见相反,有些同志完全否认社会主义经济中有任何商品经济因素(除农村人民公社社员家庭副业为交换而生产的产品和在农村集市贸易上交换的产品以外),认为商品经济是私有制产生的,随着私有制的消灭而消灭。但是这种说法同实际生活不符,例如在全民所有制经济单位同集体所有制经济单位之间交换的产品、在社会主义世界市场上流通的产品,虽然都是以公有制为基础，但是很难说它们不是商品，不受商品经济的一般规律的制约。而且，从经典作家的著作来看，他们也没有把商品交换仅限于私有制的范围内。马克思就认为商品交换最初是产生于以原始公社集团所有制为基础的公社之间的。

我基本上同意根据不同的交换关系来分析产品的社会性质的意见。但是从现有的文章来看，如何深入分析不同交换关系的性质以及它们相互之间的关系方面，也还可以作进一步的研究。

二

分析社会主义经济中产品的社会性质是一件复杂和困难的工作。原因是，这里不仅有占统治地位的公有制经济，而且有私有制经济的残余或旧的痕迹。在公有制经济中，既有全民所有制经济，又有集体所有制经济。各种经济成分之间又处在彼此相互联系之中，相互影响和相互制约着。因此，如果没有正确的方法，停留在表面的经济现象上观察问题，就会觉得混沌一团，看不见事物的本质联系，得不出正确的结论。

马克思说："……在经济形态的分析上，既不能用显微镜，也不能用化学反应剂。那必须用抽象力来代替二者。"[①] 看来，对社会主义经济的分析也必须是这样。

在社会经济形态的分析上运用抽象法意味着首先要抓住最本质的、具有决定意义的环节，而暂时舍象某些从属的、次要意义的东西。当然，这并不是说后者不重要，不需要研究，而只是考虑，首先应该就把最本质的、具有决定意义的关系弄清楚，然后再把从属的、次要的东西加进来研究，看它们对整个社会关系的运动产生什么影响，它们本身又如何受主导的生产关系所支配和影响。只有这样，我们才能了解整个社会有机体的内部结构，才能认识整个社会

---

① 《资本论》第一卷，人民出版社1953年版，第2页。

经济发展的规律。

根据这样的认识,我们认为在分析社会主义经济中产品的社会性质问题时,首先应该分析全民所有制经济内部企业之间相互关系的特点,而暂时舍象全民所有制经济同集体所有制经济之间、国家同职工之间的交换关系。这样的抽象是不是脱离实际呢?如果分析到此为止,那就是脱离实际的,因为它不能说明复杂的现实经济现象。如果在分析全民所有制经济内部企业间的关系之后,又把社会主义两种公有制经济之间,以及国家同职工之间的经济关系加进来考察,找出它们之间的内在联系,那就不是脱离实际,而是更好地掌握了实际。

社会主义全民所有制企业,即国营企业之间相互关系的特点是什么呢?

第一,所有的国营企业都属于以社会主义国家为代表的同一个所有者。社会主义国家从整个国民经济的需要出发,制订统一的发展国民经济计划,向企业下达生产指标,从而基本上确定了企业之间基本的交换关系。从这个意义上来说,所有的国营企业的劳动都是直接的社会劳动,它们之间的关系不是在交换过程中、在市场上自发地建立起来,而是在交换过程之前,在市场以外由国家计划直接加以规定的。

第二,国营企业具有一定程度的经济上和业务上的独立性,企业在保证完成国家计划和遵守国家规定的规章制度的条件下,有权组织本单位的生产和具体的供应、销售活动。

企业的这种独立性是在社会主义的经济管理中贯彻民主集中制原则的表现。大家知道,社会主义经济是社会分工远比资本主义发达的社会化大生产,是由各具特点(生产对象方面、工艺过程方面等等)的数以千百计的生产单位组成的分工协作体系。对于这样庞大的复杂的社会化生产,要求有高度集中的领导,以便协调各个生产部门的活动,保证整个社会生产有计划按比例高速度地发展。生产资料全民所有制也为建立全面的集中领导奠定了基础。另一方面，由于整个社会的生产的分工极其细致，生产单位为数众多，社会不可能对每一个个别生产单位的日常生产和经营活动都进行直接的组织和管理。唯一正确的办法就是充分发挥民主，有领导地动员全体职工来参加生产管理工作。因为只有他们最了解生产中的具体情况，只有依靠他们才能充分挖掘每个生产单位的全部潜力，能够灵活地、及时地处理日常经济活动中所发生的问题，保证生产的正常进行。在生产资料全民所有制的条件下，职工既是劳动者，又是生产过程的主人，他们也最关心生产的发展。因此，也完全有可能调动他们参加生产管理工作的积极性。

国营企业经济上和业务上的独立性充分地表现在经济核算制上。经济核算制要求企业以自己"销售"产品的收入来补偿生产支出，保证赢利。这就要求企业在让渡自己的产品时要"计价算账"，实行"等价交换"，对自己的经营活动成果独立负责，完成和超额完成国家计划。

第三，国营企业间流通的产品的"价格"是由国家计划直接规定的。在这里，"价格"是计算社会劳动消耗的工具。国营企业产品"价格"的基础是生产产品的社会必要劳动时间。国家借助于"价格"杠杆可以发现落后的企业（个别劳动消耗高于社会必要劳动消耗的企业）和先进的企业（个别劳动消耗低于社会必要劳动消耗的企业），促使落后企业向先进企业看齐，鼓励先进的企业更先进。

同时，国家借助于"价格"杠杆可以了解不同部门不同产品的实际劳动消耗水平，作为在不同部门间分配投资、调整生产的重要依据。大家知道，社会主义和共产主义生产的直接目的是满足社会需要，而满足需要的程度取决于社会拥有的劳动资源和各种具体产品的社会必要劳动量。在社会劳动资源有限而社会劳动生产率比较低，即产品平均的社会必要劳动消耗较大的时候，社会的大部分劳动资源将主要投入基本的生活资料的生产，以便保证最基本的生活需要。反之，则可以多发展其他方面的生产。另外，对于某些方面效用相同、可以互相代替的产品，它们的发展速度就取决于它们各自的社会必要劳动消耗水平，社会将更多地发展社会必要劳动量较低的产品的生产，而缩小甚至取消社会劳动消耗水平较高的产品的生产。所以，社会主义和共产主义社会在编制国民经济发展计划时，不能单单考虑社会需要什么具体产品，还必须考虑这些产品的社会必要劳动消耗水平。恩格斯说："……社会（指社会主义和共产主义社会——引者）也应当知道，某种消费品的生产需要多少劳动。它应当使自己的生产计划适合于生产资料，而劳动力亦特别地包括于生产资料之中。各种消费品的有用效果（它们被相互计较并与它们的制造所必需的劳动量相比较）最后决定着这一计划。"① 马克思也说，在资本主义生产方式废止以后，但社会化的生产维持下去，价值决定就仍然在这个意义上有支配作用：劳动时间的调节和社会劳动在各类生产间的分配，最后，和这各种事项有关的簿记，会比以前任何时候变得重要。这里所说的"劳动量"和"价值决定"是指生产产品的社会必要劳动消耗，它们在现实经济生活中是通过"价格"来体现的。

综上所述，全民所有制经济内部企业间的交换同一般的商品交换具有某些共同点：都是不同经济单位之间的交换；在交换中都要"计价算账"，实行"等价交换"原则，等等。有些同志正是根据这些情况得出全民所有制企业的生产是商品生产的结论。我们认为这是不正确的。

什么是商品生产？商品生产体现什么样的生产关系呢？马克思说，"在商品生产者社会内，一般的社会生产关系是这样形成的：他们把他们的生产物，当作商品，从而当作价值，并在这个物的形态上，把他们的私人劳动，当作等一的人类劳动，来发生相互关系。"列宁也说："所谓商品生产，是指这样一种社会经济组织，在这种组织之下，产品是由个别的、单独的生产者生产的，同时每

---

① 《反杜林论》，人民出版社1956年版，第327页。

一生产者专门制造某一种产品,因而为了满足社会需要,就必须在市场上买卖产品(产品因此变成了商品)。"① 从经典作家的这些观点来看,商品生产的特点是:第一,一方面,作为生产资料和产品的不同所有者,生产者是孤立的,生产是私人的事情。另一方面,在社会分工的条件下,他们又必须互相为对方而生产,他们的劳动又具有社会的性质。解决这种矛盾的唯一途径是在市场上买卖产品,把他们的私人劳动,当作等一的人类劳动,来互相发生关系,把他们的生产物,当作商品,从而当作价值。正是在这个基础上才建立了商品生产者之间的社会联系。所以商品生产体现了生产资料不同所有者之间通过市场、买卖而建立起来的一种特殊的生产关系,这是商品生产最本质的特征。

全民所有制企业之间的关系完全是另外一种崭新的关系。马克思认为:生产的集体性从一开始就使得产品成为集体的、一般的产品。最初,在生产中的交换,不是交换价值的交换,而是由集体需要、集体目的所制约着的行为的交换,这种交换从一开始就把个人的参与纳入产品生产的集体世界中。在交换价值的基础上,劳动只有通过交换才被视为是一般的。在上述的基础上,劳动在交换以前已被视为是一般的了,换句话说,产品交换一般并不是个人参加共同生产所借为媒介的中间行为。恩格斯也说,一旦社会占有生产资料,并以直接社会化的样式来把它们应用于生产之时,每一单独个人的劳动,无论其特殊的有用性是如何的不同,总是一开始就成为社会的劳动。由此可见,根据马克思和恩格斯的意见,"生产的集体性"或"社会占有生产资料"的社会,即以社会主义全民所有制为基础的生产关系区别于"在交换价值的基础上"的生产关系,即商品经济关系的特点在于:个人、企业之间的关系不是通过交换才建立起来,而是在交换以前就确立了,从而个人和企业的劳动是直接的社会劳动。如前所述,国营企业的生产任务是国家计划直接

---

① 《列宁全集》第1卷,人民出版社1955年版,第77页。

规定的，企业之间的供应和销售关系也是事先受国家计划制约的。企业之间的交换，不过是实现既定的计划，即"由集体需要、集体目的所制约着的行为"罢了。而且，应该着重指出的是，马克思和恩格斯在这里拿社会主义全民所有制经济的交换关系同一般的商品经济的交换关系相比，这也说明了他们认为二者有原则差别，不能混淆。

另外，也不能把国营企业间交换产品中的"计价算账"和"等价交换"同一般商品经济的等价交换等同起来。前面已经说过，国营企业产品的"价格"是作为计算社会劳动消耗的工具，企业之间相互交换产品时要"计价算账""等价交换"，其目的，第一，是为了了解某种产品生产上的社会劳动消耗，为社会在各部门之间分配劳动、调整生产提供根据；第二，检查企业完成计划的情况，督促企业以最少的劳动消耗达到最大的经济效果。商品经济中的情况则完全是另外一回事。大家知道，在商品经济条件下，价格是在市场上、在供求关系的影响下形成的。在这里，价格虽然也起着计算社会劳动消耗的作用，但是是自发地在生产者背后进行的，而且极不精确。而更重要的是，价格在供求的影响下自发地波动，起着重新分配国民收入的作用，决定着商品生产者的命运。等价交换也只能通过价格与价值的经常偏离，作为一种客观趋势为自己开辟这条路并且调节着生产资料和劳动力在各部门之间的分配。

综上所述，全民所有制企业间的交换关系同一般的商品交换关系的差别大致可以归纳如下：（一）同一般的商品交换不同，全民所有制企业间的交换不是不同所有者之间的交换，而是同一个所有者所属的不同企业之间的交换；（二）同一般的商品交换相反，全民所有制企业间的交换不是无政府状态的、在市场上自发进行的，而是有计划地、在市场以外自觉地进行的；（三）国营企业产品的"价格"是有计划地规定的，是计算社会劳动消耗的工具，"等价交换"原则被作为管理企业、保证完成计划的手段而加以利用。而在一般的商品经济中，价格是自发形成的，并起着重新分配国民收入的作用，价值规律是生产的调节者。

正是由于存在着这些重大的差别，而且前面已经说明，这些差别是由不同的生产关系决定的，所以用商品货币关系来概括全民所有制企业之间的关系显然是不恰当的。①

三

如前所述，全民所有制经济内部国营企业之间的交换关系已经超越一般的商品货币关系的范围，具有全新的性质。至于国家同集体经济单位之间的交换关系，虽然受到国营企业交换关系一定程度的影响，但是基本上仍属于商品交换关系的范畴。

在国家同集体经济单位的交换中，仍然保留着一般的商品交换所固有的基本特点：首先，这仍然是生产资料和劳动产品的不同所有者之间的交换。从国家方面来说，除了农业税部分以外，国家不能直接调拨属于集体经济单位的产品。为了取得这些产品，必须通过工农业产品的交换途径。从集体经济单位来说，为了取得工业品，也必须向国家提供价值相当的农产品。其次，在国家同集体经济单位的交换中，价格具有两重作用：作为核算产品的社会劳动消耗的工具和作为重新分配国民收入的工具。后一个职能对集体经济单位的收入，从而对它们的生产具有重大的影响。因为集体经济单位不同于国营企业，其生产的发展和本单位成员收入的提高主要取决于自身生产的增长和销售的收入，价格的高低对它们具有直接的物质利害关系。所以，工农业产品的价格水平、等价交换对集体经济单位的生产具有一定程度的调节作用。国家主要是通过工农业产

---

① 于凤村同志在《经济研究》1962年第10期发表的《论商品经济》一文中，完全撇开具体的生产关系的分析，不但认为整个社会主义经济是商品经济，而且认为"共产主义经济是商品经济"，唯一的根据是共产主义社会还存在社会分工，从而劳动和产品都还具有二重性。显然，他忘记了"商品"是反映特定生产关系的经济范畴，离开具体生产关系的分析来谈"商品"就变成概念游戏了。

品的交换、合理的价格政策来影响集体经济的发展，保证农业生产计划和农产品收购计划的完成。所有这一切都说明了，集体所有制经济单位的劳动是间接的社会劳动，它们同国家的关系主要是通过工农业产品的交换建立起来的，从而具有商品交换的性质。

但是，另一方面也应该看到，在社会主义制度下，国家同集体经济单位之间的交换又具有不同于一般商品交换的特点。大家知道，一般的商品交换是自发地进行的，交换的比例（价格）是在市场上和在供求关系的影响下自由形成的。而在社会主义制度下，国营企业的产品和大部分主要农副产品的交换是根据国家计划进行的，价格也是由国家规定的。这些特点是受全民所有制经济内部交换形式影响的结果。

前面已经讲过，国营企业间产品交换的主要特征是，它是有组织有计划的、按照国家规定的价格进行的。这种交换关系要求以国家同集体经济单位之间，即工农业产品之间的交换也具有某种程度的计划性为条件。因为第一，国营企业所需要的很大一部分原材料和职工所需要的粮食以及其他农副产品主要来自集体经济单位；第二，国营企业产品（包括重工业和轻工业产品）以农村为主要市场。如果国家同集体经济单位之间的交换是无政府状态的，价格是自发波动的，那就会使得国营企业之间的交换计划，及生产计划不能顺利实现。因此，国营企业之间生产和交换计划要求限制一般商品交换所固有的无政府状态，要求国家同集体经济单位之间的交换关系也要有一定程度的计划性。在社会主义制度下，这个要求是可以实现的。因为全民所有制经济和集体所有制经济、工人阶级和农民之间的根本利益是一致的，全民所有制经济有计划按比例地高速度地发展是集体经济迅速发展的前提，集体经济本身的发展也要有全民所有制经济的计划领导。而且，国营企业根据国家计划进行生产，为国家提供用来同集体经济单位进行交换的大量的工业品，国家的工业品也是按计划价格同集体经济单位进行交换的，这就使国家拥有雄厚的物质基础来把工农业产品的交换纳入计划轨道。

但是，必须着重指出，不能因为国家同集体经济单位之间的交换也具有计划性、按计划价格进行而忽视它同国营企业之间的交换关系本质上的差别。否认国家同集体经济单位间交换的商品性的看法是不正确的，对实践是不利的。因为这就意味着在实际工作中可以把处理国营企业之间关系的一整套措施、办法直接运用于国家同集体经济单位之间的关系中来，意味着拒绝认识和利用商品经济的一般规律来掌握市场、调节工农业产品之间的交换关系，并进而在一定程度上调节集体所有制经济的生产。所有这些都是不利于活跃工农业产品的交换，不利于促进农业生产的发展，从而也是不利于工业和整个国民经济的发展的。

四

全民所有制经济中，国家同职工之间的交换具有特殊的性质，这里交织着复杂的分配关系和交换关系。国家同职工间的关系首先是分配关系。当职工从事劳动以后，国家支付职工一定数量的报酬，从形式上看，这同劳动力的买卖似乎也没有区别。实际上，在社会主义社会中，职工和生产资料是直接结合的，不发生出卖劳动力的问题。国家支付职工的劳动报酬不是体现交换关系，而是体现分配关系。按照马克思在《哥达纲领批判》一书中的分析，社会付给职工的部分相当于他所提供的全部劳动扣除社会需要以后的余额。或者说，职工的劳动有一部分是为社会而进行的，一部分是为自己而进行的。这里的问题是职工所创造的国民收入中多大的部分归社会支配，多大的部分归职工个人的问题，从全社会来说，属于积累和消费的比例安排问题。如果全部问题到此为止，而且国家分配给职工的不是货币，而是实物，那么就不会发生什么交换问题，而就是简单的分配问题。例如，在粮产区集体所有制的农业经济单位中，很大程度上是实行实物分配，个人和集体之间就不发生商品交换关系。在全民所有制经济中，如果也采用同样的办法，当然也不发生国家同职工之间的交换问题。但是，全民所有制经济内部劳动分工和生产专业化非常发达，职工个人需要也是多样化的，用实物分配的办法不能保证分配的产品在品种、规格上完全符合每个人的特殊需要。如果勉强采用实物分配的办法，客观上将不可避免地产生职工个人之间互相调剂有无、余缺的商品交换行为（正是因为这个缘故，在农村集市贸易上流通的商品，除了一部分是农民家庭副业的产品以外，还有一部分是集体经济单位根据按劳分配原则分配给个人的农副产品）。在全民所有制经济中，这是不能容许的。因为放任职工个人之间商品交换的发展，无疑是开放城市中工业品的"集市贸易"，为价值规律的自发调节作用开辟广阔的场所，造成市场混乱，使职工的生活需要不能得到保证，对生产是极其不利的。

在实际生活中，全民所有制经济的按劳分配是利用货币，通过国家同职工之间商品交换的形式来实现的。在这里又发生了国家同职工之间的交换问题。

国家同职工之间个人消费品的交换过程可以划分为两个阶段。第一个阶段是国家把属于职工全体的全部个人消费品，即根据按劳分配原则预定分配给职工个人的个人消费基金"买"下来。大家知道，在职工所创造的全部国民收入中，分为为社会的部分和为自己的部分。后者表现为个人消费基金，由国家统一掌握，但实质上属于职工全体；如果采取实物分配的办法，它将直接分属于职工个人。国家用发货币工资而不是发实物的办法，从国家方面来说，等于向职工"买"（预定分配给职工的个人消费品），把货币变成商品；从职工全体方面来说，等于向国家"卖"（预定分配给职工的个人消费品），把商品变成货币。第二个阶段是国家把个人消费品卖给职工，从国家方面来说是商品转化为货币，从职工个人方面来说是货币转化为商品。从整个过程来看，国家在这里代替了在实物分配情况下必然发生的千百万职工个人之间的交换行为，起着类似国家在经营农产品业务中所起的"总买主"和"总卖主"的作用。

大家知道，国家从集体经济单位收购农产品，对集体经济单位来说，国家是"总买主"。国家出售农产品给职工，对职工来说，国家是"总卖主"。无论前者或后者，通过交换都改变了产品的所有权，所以仍为商品交换。差别在于，在国家同职工的交换关系中，第一个阶段同分配关系交错在一起，比较隐蔽，形式上不表现为现实的买卖。

国家同职工之间交换的特点在于：第一，它不是不同的生产资料所有者之间的交换，而是全民所有制的职工个人之间通过国家进行的交换（如前所述，国家同职工之间的交换同按劳分配原则具有密切联系。在实物分配的情况下，将发生职工个人之间的商品交换。利用货币进行分配就使得职工个人之间的交换通过国家来集中进行，采取国家同职工之间商品交换的形式），交换的对象仅限于个人消费品。第二，既然国家同职工之间的商品交换同按劳分配原则有着密切联系，而国营企业的生产、分配和交换都是有计划的，这就决定了国家同职工之间商品交换也是有计划的。第三，在国家同职工的商品交换中，既要采取措施，保证按劳分配原则的贯彻，又要认识和掌握商品流通的经济规律，调节商品的供求。在这里，最重要的首先是价格问题，在一般情况下，价格应该以社会必要劳动消耗为基础，使职工持货币可以换取与其所贡献的劳动量相等的消费品。其次是力求保持职工购买力同商品可供量之间的平衡，保证物价稳定。当然，任何平衡都是相对的，特别是消费品的具体品种规格不可能随时随地都能完全满足职工不断增长的需要。在出现不平衡的时候，除了从根本上采取措施——调整生产以外，还应当根据不同种类的消费品对职工生活的重要性不同而采取适当的措施。例如，在商品不足的情况下，对于占广大职工支出大部分的基本生活资料，必须在商品的社会必要劳动消耗量的基础上，按固定价格供应或实行计划供应。至于某些非生活必需品，或者计划供应量以外的基本生活必需品，则可以根据供求情况采取灵活的措施，包括采取暂时地、适当地提高价格的办法以限制需求。无论采取哪种办法，都是由国家在充分调查研究生产和市场情况的基础上确定和有计划地执行，而不是自发地实现的，这也是不同于一般的商品交换的地方。

前面的分析说明，在社会主义制度下，商品货币关系并不是无所不包的。国营企业之间的交换已经超越商品货币关系之外，只有国家同集体经济单位之间的交换以及国家同职工之间的交换才基本上仍然是商品交换。

有些同志不同意这种分析，认为这是割裂了国民经济的统一性。他们认为既然承认后两种交换是商品交换，那么，国营企业生产的全部产品都是商品，理由是：一个国营企业生产的产品可能一部分卖给另一个国营企业，另一部分卖给集体经济单位或个人，如果可以根据不同的交换关系来判别产品的经济形式（商品或非商品），那么同一件产品，究竟是不是商品，完全决定于偶然的原因，决定于卖给谁了。我们认为，持有这种看法的同志可能是不了解，我们研究的是产品的社会经济形式，即它所反映的社会生产关系，这就不能不从它处于什么关系之中，从不同的交换关系中来鉴别它的社会性质。因此，同一产品在一个场合可以是商品，在另一个场合则不是商品，就不是不可理解的了。而且，这也不是社会主义社会特有的现象。马克思在《资本论》中曾举"太古的狭小的印度共同体"为例，指出这种社会的基础，是土地共有，农业与手工业的直接结合，固定的分工。生产物的主要部分，是用来满足共同体自身的直接需要的，不是当作商品。转化为商品的，只是生产物的剩余部分，但就在这个剩余部分中，也还有一部分，到国家手里，才转化为商品。现实生活也有这样的例子。大家知道，集体经济单位的生产包括两部分，一部分是供本单位生产消费（例如种子、饲料等）和生活消费（例如粮食和其他一些农副产品），另一部分是用来交换工业品或自己不能生产而又需要的农副产品。大家都承认，前一部分是自给性生产，后一部分是商品性生产。这也就是说，不能因为集体经济单位有一部分产品是用来同国家或同其他集体经济单位相交换，就应该把它的全部产品称为商品。

当然，看不到国家同集体经济单位的交换、国家同职工的交换对国营企业间交换的影响也是不对的。前两种交换具有商品交换的性质，这就不能不使国营企业间交换的产品具有商品的"外壳"，以至使人模糊了对它的实质的认识。另外，前两种商品交换的规模和结构不能不影响到国营企业的生产结构，从而影响国营企业间的交换，等等。但是，无论如何，国家同集体经济单位之间、国家同职工之间的商品交换不能改变国营企业之间非商品交换的性质。国营企业之间交换的非商品性决定国家同集体经济单位、国家同职工之间商品交换的某些新的特点，使它们不同于一般的商品交换，这样认识问题可能更符合实际情况。

（原载《经济研究》1963 年第 7 期）

试论社会主义经济中的生产价格*

在社会主义经济中,价格应当直接以价值为基础,还是以价值的一定转化形态——"平均社会价值"或生产价格为基础?这是社会主义价格形成中首先遇到的问题。

我们认为,在社会主义制度下,价格应当直接以生产价格为基础。这是由社会主义经济中的物质技术和社会主义生产关系的特点决定的。

社会主义经济中存在生产价格的客观必然性

社会主义经济中生产价格的形成,是受物质技术条件(主要是劳动者的物质技术装备程度,下同)在社会主义生产过程中起着日益重要的作用和社会主义社会化大生产的经济条件制约的。

先分析社会主义经济中物质技术条件对生产价格形成的制约作用。

物质技术条件在社会主义生产过程中的具体作用,主要表现在以下几个方面。

在部门内部不同企业之间,物质技术条件的好坏,直接制约着它们的劳动生产率的高低,制约着同量劳动支出所创造的使用价值是较多还是较少。技术装备较好、劳动生产率较高的劳动者的劳动,是当作加强的劳动来发挥作用的,他们在同量劳动时间内,能

---

* 合作者:张卓元。

创造较多的使用价值。

在不同部门之间，对劳动者物质技术装备程度提高的快慢，则直接制约着该部门的劳动生产率的增长速度。一般说来，工业部门的劳动生产率的增长速度，比农业部门快些。其原因，主要就在于对工业部门的投资较多；工业部门对劳动者的物质技术装备程度，相对来说，比农业部门改善得快些。

从整个国民经济来看，如果物质技术条件较好，那么整个社会劳动生产率水平就较高。如果物质技术条件改善较快，那么整个社会劳动生产率就增长较快，社会产品和国民收入（用不变价格计算）也增长较快；反之，情况也就相反。

物质技术条件，表现在价值形式上，就是产品的资金占用量[①]，或单位产品的资金占用系数。一般说来，物质技术条件的好坏同单位产品资金占用量的大小成正比。所以，问题又可以还原为，在正常条件下，产品资金占用量的大小或高低，在社会主义生产过程中具有重要的作用，它制约着劳动生产率的高低或增长速度的快慢。

产品生产过程中物质技术条件的好坏，即单位产品资金占用量的大小的意义和作用，在部门内部，可以通过价值形成得到应有的评价。因为物质技术条件较好，即单位产品资金占用量较大的企业，由于劳动生产率较高，同量活劳动支出，可以通过创造较多的使用价值，而创造较多的社会价值；反之，则只能创造较少的社会价值。

但是，在整个国民经济范围内，特别是在部门之间，情况就有所不同。在不同部门之间，同量活劳动支出所创造的价值流是相同的。正因为这样，那些物质技术条件较差的部门，即资金有机构成较低和提高速度较慢的部门，或者单位产品资金占用量较低和提高

---

① 说物质技术条件表现为产品的资金占用量，是就其主要方面而言的，即产品的资金占用量主要是由物质技术条件决定的。除此之外，它还受资金构成等因素的制约。

速度较慢的部门，由于同量资金推动的活劳动较多，创造的价值和剩余产品价值也就较多；反之，情况也就相反。因此，在按价值制定价格的情况下，在不同生产部门之间，物质技术条件对社会经济发展的作用，将不能在经济上得到承认。

为了在经济上承认物质技术条件在社会主义经济中的作用，要求价值转化为生产价格，以便通过生产价格使国民经济各部门创造的剩余产品，不是完全按照各部门活劳动耗费的多少，而是按照各部门的物质技术条件即资金占用量的多少，进行分配。这样，物质技术条件较好、资金占用量较多的部门，将获得较多的利润，体现了社会承认这些部门在提高社会劳动生产率方面的贡献。

下面，再分析社会主义社会化大生产对生产价格形成的制约作用。

所谓社会化大生产，通常指劳动和生产是在社会范围内组织起来的（列宁有时亦称之为劳动的社会化），在整个国民经济各部门之间，在每一部门内部各生产单位之间，都发生着纵横交错的、千丝万缕的联系。一个部门或一个企业的生产，总要其他部门或其他企业提供原材料等生产资料；一个部门或一个企业在完成生产某种产品的过程中，通常需要其他部门或其他企业给予工艺加工的协作，提供半制品、零部件等。因此，某一种产品价值的降低，除由本部门内部劳动组织的改善、活劳动利用率的提高等以外，可能是由于使用了本部门特别是别的部门提供廉价的生产资料，或者是效率更高、质量更好和更便宜的生产资料。而某一部门的剩余产品的增加，则除了取决于上述因素外，还取决于生产生活资料部门劳动生产率的提高，使生活资料价值下降，从而使必要劳动时间缩短和剩余劳动时间延长。由此可见，在社会化大生产条件下，任何产品的社会劳动消耗水平，任何部门的必要劳动和剩余劳动的比例，都是直接或间接地同其他生产部门的劳动生产率有关；任何产品社会劳动消耗水平的降低，任何部门剩余产品的增加，都是同其他部门产品社会劳动消耗水平的降低有关的；而全社会劳动生产率的提高，产品社会劳动消耗水平的降低、剩余产品率的提高，则是同全社会所有生产部门物质技术基础的提高、基本建设投资的增加分不开的。这就要求社会在通过价格评价各种产品的时候估计到这种情况。但是在产品按价值定价的时候，是不能做到这一点的。例如，假设某部门的产品原来的社会劳动消耗构成是 75c（假设包括固定资金在内的生产资料的价值一次转移完毕）+ 25v + 25m，资金利润率为 25%。之后，由于消耗的生产资料价值和生活资料价值下降，产品的社会劳动消耗水平也随着发生变化，假定是变成 50c + 15v + 35m，如按价值出售，则资金利润率为 54% 弱。这样，利润率的增加似乎只是该部门节约生产成本的结果，其实，这不过是由整个社会劳动生产率提高所带来的利益在这个部门表现出来而已，或者说，这一部门得到了全社会劳动生产率提高的成果。可见，价格如果直接按价值制定，那么由于社会或其他生产部门改善物质技术条件、增加投资而带来的对产品社会劳动消耗水平的影响，就不能得到应有的反映。为了正确反映这种联系，价格就应当以生产价格为基础。在生产价格中，按全社会的资金总额来分摊全社会的剩余产品价值总额，即在产品成本基础上再加按总资金计算的平均利润，从而具体地承认了社会资金对产品生产的社会劳动消耗的高低和对各部门的剩余产品率的大小所发生的影响。

综上所述，在社会主义经济中，物质技术条件和社会化大生产在生产过程中的作用（这里既包括生产力的因素，也包括某些生产关系的因素，如社会化大生产所体现的部门之间和企业之间的活动交换关系）都要求在价格形成上得到体现。进一步的问题是，社会主义生产关系的其他方面，是否也要求体现这种关系呢？我们的回答是肯定的。

大家知道，生产资料公有制决定了社会主义生产的直接目的是满足社会及其成员的不断增长的需要。为了达到这个目的，必须在生产过程中节约社会劳动，用最少的劳动消耗创造最多的产品。正是在这个意义上，马克思说，时间节约规律是"集体经济的首要规律"。而要节约劳动时间，就必须提高劳动者的物质技术装备程度，最经济地使用生产资金。为此，社会需要了解每一元投资所带来的经济效果，并提高每一元投资的经济效果。这一点反映在价格形成上就要求以生产价格作为制定价格的直接基础。只有这样做才是从全社会的观点来评价各种产品和投资的经济效果，更加符合于投资对发展国民经济的实际作用，否则就会发生投资愈多、物质技术条件愈好、劳动生产率增长速度愈快的部门，经济效果（比较综合地表现在资金利润率上）反而愈小的错觉。应当指出，在社会主义制度下，没有任何客观上的障碍阻止我们自觉地利用生产价格来作为评价产品和投资经济效果的工具，更没有必要拘泥于直接按价值定价，给自己造成某种错觉。①

从国民经济各部门和各企业之间的关系来看，一方面，它们都是建立在生产资料公有制基础上，在国家统一的计划下分工协作，它们的关系是互助合作关系；另一方面，所有的企业都在国家集中领导下实行相对独立的经济核算，要对自己的经营活动效果负责，都有义务以最少的劳动消耗和资金占用完成和超额完成国家计划任务。为了评比经营管理成绩，提高部门和企业的经营管理水平，提高资金使用效果，也要求按生产价格来定价，因为生产价格可以提供一个评价各单位经营管理水平的综合指标——资金利润率。

大家知道，利润是扩大再生产的积累的源泉。每一个社会主义企业都要在严格服从国家计划的前提下，在服从国家调拨分配和按照计划价格出售产品的条件下，通过改善经营管理、革新技术、降低成本、降低费用等办法来取得利润。遵循正当的途径，采取正当的方法，为了人民的利益而创造更多的利润，为了加速社会主义建设而增加更多的积累，是社会主义企业的光荣职责。企业利润越

---

① 顺便指出，有些同志认为按生产价格定价和交换是违反马克思的劳动价值论和等价交换原则的。我们认为这样理解是不对的，生产价格是价值转化形态，按生产价格定价和交换，是价值规律的作用和等价交换在特定条件下的具体表现。

多，意味着企业的经营管理水平愈高，对社会的贡献愈大。不过这也要以按生产价格定价为前提。按生产价格定价就意味着社会保证不同生产部门的等量资金获得等量利润，各个企业实际资金利润率的大小主要取决于自己的经营管理水平，取决于是否充分合理利用自己所占用的资金，以最少的劳动消耗和资金占用生产最多的产品。关于这个问题，我们在后面还要谈到。

总之，我们认为，社会主义生产关系也要求价值转化为生产价格，要求国家在制定价格时直接以生产价格为基础。

下面，我们打算具体分析社会主义生产价格对实际经济生活可能带来的积极作用。同时通过这些分析进一步说明生产价格同社会主义生产关系并不是水火不相容的，相反，它反映了社会主义经济的内在要求。

社会主义经济中利用生产价格有哪些积极作用

在社会主义制度下，利用生产价格，对于整个国民经济的发展，具有重要的积极作用。这主要表现在：

第一，有利于扩大再生产的顺利进行。

大家知道，社会主义生产是不断扩大的，而积累是实现扩大再生产的最重要的源泉。国家在进行扩大再生产投资的时候，不仅要考虑这些投资实现后会增加多少生产能力，增加多少产品，而且要考虑投资实现后将为国家提供多少积累，来满足社会长远的扩大再生产的需要。这就要求国家投资额较大的部门，能够提供较多的剩余产品。也就是说，每一个部门，应当在自己的正常生产经营中，为本身的不断扩大再生产创造资金来源。而利用生产价格，就能使社会在对不同部门生产的不同产品进行估价的时候，保证做到这一点。因为生产价格意味着剩余产品按照不同产品的单位资金占用量进行分配，从而使各个部门、各种产品的生产，能够获得不断扩大再生产的平均的条件，即获得大致相同的资金利润率。当然，在社会主义制度下，每一个部门的扩大再生产并不都是依靠本部门的积累进行的，社会也需要再分配各个部门提供的剩余产品，保证某些重点部门以较快的速度向前发展，保证新的部门的建立和发展等。但是，由生产价格所保证的不同部门提供相同比率（相对于其资金占用量）的剩余产品，却为社会有计划地再分配不同部门的剩余产品，为社会正常的扩大再生产和各部门本身正常的扩大再生产提供了一个合理的基础和出发点，正如在不同部门之间，等量劳动创造等量价值，为社会在不同部门之间重新分配价值或重新分配剩余产品的价值，提供了一个合理的基础和出发点一样。

第二，生产价格能够把生产单位的经济效果同社会的经济效果结合起来，从而有助于人们合理地选择生产和投资方案，提高经济效果。

大家知道，任何生产，不仅要消耗一定的资金，而且要占用一定的资金。消耗资金同占用资金之间存在着辩证的关系：一方面，占用资金多，消耗资金也多（例如固定资产多，在折旧率不变的条件下，转移到产品成本中去的折旧费就多）；消耗资金多，占用资金也多（例如原材料消耗多，占有资金就多）。另一方面，占用资金多，消耗资金少（例如新的机器装备增加，往往能提高劳动效率，节约原材料消耗，降低成本）；消耗资金多，占用资金相对减少（例如在物质技术装备程度较低的企业中，情况往往是这样）。应当指出，在科学技术迅速发展的今天，后一方面的关系表现得日益突出，经常成为主要的方面。这就要求很好地处理资金消耗和占用的矛盾，使之从生产单位的角度来看的经济效果同从社会的角度来看的经济效果密切地结合起来，以便做到用最少的资金消耗和资金占用，获得最大的效果。在这里，生产价格起着重要的积极作用。因为生产价格既考虑了资金消耗的因素，又考虑了资金占用的因素，这样就为从整个国民经济效果的角度评价生产单位的经济活动效果，为社会考虑投资方案提供了一个合理的经济标准。

具体来说，在现代科学技术日益发展的条件下，各种产品的可代用性日益发展。生产同一种产品，建设同一项工程，既可以用这种原材料，也可以用那种原材料；既可以用这种生产方法，也可以用那种生产方法；等等。或者用不同的原材料和不同的方法生产出来的产品和建造的工程可以互相代替。这样，各种产品的价格的高低，对于生产和建设单位为了完成同样的任务来说，在考虑采用哪一种原材料和生产方法，或者生产哪一种产品和建设哪一项工程时，就具有重大的有时甚至是决定性的作用。如果价格定得不够合理，就会使部门和企业的经济效果同社会的经济效果不一致，使社会遭受损失，使社会的经济效果降低。例如，假定企业为生产某种产品可以采用甲乙两种产品为原材料，其中甲种劳动消耗比乙种低20%，但是资金占用量多二倍，再假定社会的投资平均可以得到10%以上的利润。在这种情况下，如果社会对甲乙两种产品的比价规定得不合理，比方说，直接按照它们的劳动消耗把甲种产品的价格规定得比乙低20%，那么，所有生产和建设单位自然都愿意采用甲种产品为原料，而不愿意采用乙种产品为原材料。而为了多生产和供应甲种产品，社会就不得不投入更多的资金，即比生产乙种产品多二倍的资金。从社会经济效果的角度来看，采用甲种产品是不利的，因为采用甲种产品所能节约的20%的开支，低于生产甲种产品所需多投入的资金所能带来的利润。所以，只有按照生产价格来定价，即把甲种产品的价格规定得比乙种产品高，才能真正从经济上鼓励企业采用乙种产品，限制采用甲种产品为原料。可见国家在规定各种产品的价格时，不仅要根据其劳动消耗的多少，也要根据其资金占用的大小，以成本加平均资金利润形成的生产价格作为基础，才能正确处理企业经济效果和社会经济效果之间的关系、国家和企业之间的关系。

与此相联系，在部门内部或企业内部，生产价格可以使人们正确地判断进行这种或那种投资在经济上是否合算，哪一种投资效果最大；在整个国民经济范围内进行投资，也是如此，即运用生产价格可以帮助我们判明资金投在哪些部门或者建立哪些新部门能够带来最大的效果，以便用尽可能少的资金，办更多更有利于整个国民经济发展的事。当然，国家确定投资计划不能仅从经济上是否有利来考虑问题，但是从经济上考虑是否有利，还是一个重要根据，而生产价格正是能够为国家从经济上考虑问题提供了一个合理的标准。

第三，生产价格有利于促进企业、部门和整个国民经济采用新技术，从而有利于技术进步，提高劳动生产率。

采用新技术，进行技术革新，在一般情况下，是和增加投资分不开的。为了促进技术进步，就要对投资采用新技术有正确的合理的社会评价，使各部门、各生产单位认为投资采用新技术在经济上是合算的。而采用生产价格，按照部门成本加平均资金利润来规定价格，可以使不同部门进行投资采用新技术，得到应有的社会评价，使各个生产部门乐于采用新技术，进行技术革新，从而促进技术进步。同时，采用生产价格，也同样能够促使部门内部不同生产单位努力革新技术，提高劳动生产率。

当然，在社会主义社会，国民经济各部门的技术革新是在统一计划指导下进行的，是由国家的技术政策决定的，但是，从经济上鼓励各部门进行技术革新，就能更好地调动各部门的积极性，自觉地努力采用新技术，使技术革新工作具有广大的群众基础，促进技术迅速进步。同时，这也有助于国家技术改革计划的顺利实现和技术政策的顺利贯彻。

第四，生产价格既然排除了各部门资金有机构成和周转速度上的差别对利润率的影响，保证同额资金获得同额利润，就提供了评比不同部门、不同企业经营管理水平的一个综合性指标——资金利润率，从而有利于正确处理不同部门和不同企业之间的关系。

我们认为，在社会主义经济中，不论是部门还是企业，其经济活动效果，比较综合地体现在利润上面，因此，利润是衡量各部门、各企业经营管理水平的比较综合的指标①。但是，由于不同部门、企业的生产规模、产品数量和产值等不同，光用利润的绝对额不能反映它们的经济效果或经营管理水平，而要借助利润的相对水平。而在各种利润水平中，只有资金利润率，即利润与资金之比，能够比较适当地反映不同部门、企业的经济效果和经营管理水平，因为资金利润率基本上排除了不同部门、企业客观条件对经济活动效果的影响，从而为不同部门、企业比较它们的经济活动效果提供均等的条件。

生产价格是保证采用资金利润率来衡量不同部门、企业的经济效果和经营管理水平的前提，因为生产价格就是以按照平均资金利润率分配剩余产品为根本特征的。同时，要充分利用资金利润率为综合指标，也必须以实行生产价格为条件。道理很明显，如果不按照生产价格定价，占用资金较多的产品，价格不高一些（与价值相对而言），占用资金较少的产品，价格不低一些（与价值相对而言），则采用资金利润率来衡量不同部门、企业的经济效果和经营管理水平，也就缺乏根据了。

第五，按生产价格定价，以资金利润率为衡量各部门与企业经济活动效果和经营管理水平的综合指标，有利于促进各部门、各企业努力节约劳动耗费，节约占用的生产资金，既关心提高劳动耗费的效果，又关心提高资金占用的效果，力求消耗最少的劳动和占用最少的资金，来取得最大的经济效果。

任何一个部门、企业，要提高经济活动效果，提高自己的资金利润率，首先要提高本单位劳动耗费的效果。这既取决于本单位按照国家计划生产和销售的产品的数量和质量，在价格既定的条件下，产品的数量和质量同企业的实际利润水平成正比；同时，也取决于产品的成本水平，在原材料和产品的价格以及产品构成不变的

---

① 所谓综合指标，并不是唯一指标，而是在整个指标体系中比较综合性的指标。例如，企业的经济核算指标一般包括产值、产量、质量、品种、劳动生产率、成本和利润等，其中成本和利润是综合性较大的指标。

条件下，产品成本与利润水平成反比例。可见，要提高本单位的经济活动效果，必须努力提高产量，提高劳动生产率，降低成本。

其次，要合理运用资金，提高资金利用的效果。各部门、企业的实际资金利润率水平与其资金占用量成反比。因此，为了提高利润水平，必须合理运用资金；做到尽可能少地占用资金，取得尽可能多的利润。为此就要充分发挥生产设备的效率，合理储备原材料；健全供销工作；加速生产过程；等等。也就是说，要尽可能避免积压资金，尽可能加快资金周转速度，缩短周转时期。①

由此可见，按照生产价格定价，采用资金利润率作为衡量不同部门、企业的经济活动效果和经营管理水平的综合指标，能够更好地调动各个生产单位努力改善经营管理的积极性，能够全面地促使各单位提高经济效果，既带来节约劳动耗费的好处，又带来合理运用资金的好处。

从上面的叙述中，可以看出，生产价格对于社会主义经济的发展有多方面的积极作用。应当承认，生产价格之所以具有这种种积极作用，是由社会主义经济的客观要求所决定的，是由于它体现着社会主义经济的特定本质。所以它是社会主义经济中存在的、反映社会主义特定经济关系的客观经济范畴，因而是人们在组织社会主义经济活动时必须运用的经济杠杆。从另一方面看，生产价格对于社会主义经济具有多方面的积极作用，能够促进社会主义经济的发展，也就说明，生产价格是有利于社会主义经济的东西，而不是像有些同志所说的那样，是与社会主义经济格格不入的。

---

① 有的同志认为，按生产价格定价不但不能鼓励企业节约使用生产资金，反而鼓励企业尽量多占用资金。理由是：占用资金多，按资金平均利润分摊到的利润也多（参阅何桂林、薛仲章、彭贞媛《生产价格不能成为社会主义价格形成的基础》，《经济研究》1964年第4期）。我们认为这是一种误解。实际上，每一个部门都有一个客观形成的单位产品平均资金占用量，单位产品的利润只能与平均资金占用量相适应。超过的部门不能得到社会的承认，即分摊不到利润；相反，还要对社会承担与其多占用的量相适应的资金积累的任务。这对企业显然是不利的。只有在增加资金占用量可以迅速提高劳动生产率，使单位产品成本降低，并且这个降低数大于多占用资金应负的资金积累任务的情况下，增加投资对企业才是有利的。

与不同意见的讨论

在社会主义价格形成基础问题上,还有两种主张:一种认为社会主义价格形成的基础是价值;一种认为是"平均社会价值"(部门平均成本加按社会平均的成本利润率计算的利润)。

持第一种意见的同志的主要理由是,只有按价值定价才符合社会主义经济核算的要求。例如,何桂林等同志说:"为了更好地发挥价格促进经济核算的作用,社会主义价格形成的基础,只能是价值,而不需要任何其他的转化形态。只有符合社会必要劳动消耗的价格,才能使企业和社会真正地了解各种产品的真实的社会劳动消耗,从而比较生产同种产品的不同企业之间的经济效果和各种产品的社会经济效果。"[①] 看来,在何桂林等同志的"经济核算"概念中,只包含消耗劳动(即消耗资金)的核算,而不包括占用劳动(即占用资金)的核算;为经济核算服务的价格只体现已消耗的社会劳动,同占用劳动无关。很难理解,这种价格怎么能够很好地作为"比较……各种产品的社会经济效果"的依据?这种经济核算对社会主义经济的重要意义在哪里?

关键问题在于:在整个国民经济范围内,对各种产品(或各部门产品)的具体评价,如果不考虑其资金占用因素(即生产它们的物质技术条件),是否恰当?如前所述,从部门内部的观点来看,对各种产品的具体评价,可以直接借助价值来进行,但是在社会范围内,即对各种产品作社会评价时,光是运用价值就不行了。价值是部门的范畴,它没有反映国民经济各部门之间的内在的经济联系,特别是在提高劳动生产率、提高经济活动效果方面的联系。在按照价值对各种产品进行评价的条件下,一种产品,如果由于它

---

① 何桂林等:《生产价格不能成为社会主义价格形成的基础》,《经济研究》1964年第4期。

的资金占用量很高，物质技术条件很好，从而生产它的劳动耗费很低，就只给予很低的评价，规定很低的价格；与此相反，一种产品，如果由于它的资金占用量很低，物质技术条件很差，从而生产它的劳动耗费很高，也就给予很高的评价，规定很高的价格。比方说，如果因为农业的技术构成较低，农产品的劳动耗费较高而规定较高的价格；工业的技术构成较高，工业品的劳动耗费较低而规定较低的价格，这样一来，就可能出现农业用不着改进技术也可以获得大量利润，工业则由于利润少而不能满足自己扩大再生产的需要的不合理现象。试问，这从整个国民经济的观点来看是合适的吗？这有利于整个社会、各个部门和企业核算其经济活动的效果吗？

价格直接以价值为基础，意味着不考虑物质技术条件、资金占用量因素在生产过程中的作用，不能把个别经济效果同社会经济效果结合起来，使个别单位的经济核算同整个国民经济的核算结合起来，从而可能导致生产单位（或部门）在努力提高其经济活动效果时，损害了整个社会的经济效果。因此，直接以价值为基础而建立起来的价格体系是无助于组织健全的经济核算，实行严格的经济核算的。

其次，何桂林等同志反对"生产价格论"的重要理由是："……各部门的资金利润率实际上是没有可比性的。如果硬让它们成为可比的（按生产价格定价），那除了使价格不能真实地反映出产品的社会劳动消耗外，对于社会主义经济的发展起不到任何作用。"又说"既然各部门生产的产品不同，资金有机构成和周转时间不同，我们为什么非要比较不同部门的经济效果呢？这种比较的现实意义何在呢？我们很难理解。"我们认为，这些并不能真正成为反对生产价格的理由，相反，倒正好说明按价值定价有一个不可克服的缺点，就是不能用来比较不同部门的经济效果。试问，不能用来评价和比较不同部门的经济效果，作为不同部门比学赶帮的工具的价格，可以说是有科学根据的吗？不仅如此，按价值定价还会把由于投资增加、物质技术条件改善对社会劳动生产率增长的作用看成是负数（表现为利润率下降），以及带来上面所论述的由于忽视资金占用因素而给社会带来的不利后果。

最后，何桂林等同志反对"生产价格论"的又一重要论据是："平均利润和生产价格，完全是资本主义社会生产关系的产物，是资本主义经济特有的范畴"；社会主义企业不是"各自为政、相互竞争的经济集团"，因此，就不会有体现竞争关系的生产价格。但是，如果按照何桂林等同志的逻辑，那么，他们却是在主张把体现比资本主义生产关系更落后的简单商品经济关系的价值，而且也是体现部门内部资本家之间竞争关系的价值（大家知道，在资本主义经济中，价值是由部门内部竞争形成的），作为社会主义价格的基础。这是令人费解的。何桂林等同志可能会说，他们所说的价值已经不是旧的价值范畴，而是体现社会主义生产关系的价值了。那么，对生产价格为什么就不可以这样说呢？为什么社会主义社会不可以运用按其经济内容来说完全不同于资本主义生产价格、为社会主义经济服务的生产价格呢？按照何桂林等同志的逻辑，看来他们在文中所运用的利润甚至成本等范畴，也是不适当的，因为它们也是资本主义的范畴呀！

还要说明，何桂林等同志对于价格要以生产价格为基础的意见的其他一些批评，有些是与这种意见没有必然联系的（如何桂林等同志文中第二节所述的大部分内容），有些在我们前面两节的论述中，实际上已有说明。这里就不一一赘述了。

关于社会主义价格形成的基础，还有一派意见是：以"与成本成比例分配剩余产品的平均社会价值"作为社会主义制度下价格的基础。他们认为，"生产价格是片面强调以企业全部过去劳动为比例来分配利润，价值原始形态论者则对过去劳动完全予以忽略，因而它们都不符合客观经济实际"。[①]

上述意见的中心论点是：在制定价格时要考虑物质技术条件、

---

① 参见邹大凡《论社会主义制度下价格的基础》，《学术月刊》1961年第11期。

产品资金占用量因素，但是又不能过高估计它在社会生产过程中的作用，而只能在一定程度上估计它的作用，因此可以采用按成本中转移价值的大小来重新分配剩余产品的办法。可是，人们马上就会提出这样的问题，这个所谓"一定程度上"估计和承认物质技术条件、产品资金占用因素的作用的根据何在？它反映了哪些客观经济过程的要求？持这种意见的同志并没有对此作出应有的答复或说明，看来也是难以答复和说明的。

我们认为，按照平均社会价值定价，并没有正确地、合理地反映物质技术条件、产品资金占用量在生产过程中的作用。

首先，按照"平均社会价值"定价，在反映物质技术条件、产品资金占用量的作用方面是没有合理的根据的。因为按照这种办法，将根据各种产品成本的高低来重新分配剩余产品。但是，各种产品成本水平的高低，可能出自两种不同的情况：一种是由于消耗的原材料或支付的工资较多——在这种情况下，成本虽然较高，但是产品资金占用量并不一定大，因为原材料等价值是一次转移到新产品中去的，资金周转较快；另一种是由于固定资产折旧额较大——在这种情况下，产品成本虽然不很高，但是产品资金占用量可能较大，因为固定资产的价值是逐步地转移到新产品中去的，资金周转较慢。而我们之所以在制定价格时要考虑物质技术条件、产品资金占用量因素，关键就在于物质技术条件——主要体现为对劳动者的物质技术装备，即固定资金对于劳动生产率的高低或其增长速度的快慢有直接的制约作用。产品资金占用量的大小，主要也是由劳动者的物质技术装备程度的高低决定的。因此，要承认物质技术条件在生产过程中的作用，就要根据产品的资金占用量来分配剩余产品，而不能仅仅按照产品的成本来分配剩余产品。

其次，按照"平均社会价值"来制定价格，也不能充分反映物质技术条件在社会主义生产过程中的作用。因为产品成本中只包含生产资料已经转移过来的价值部分。但是物质技术条件在社会生产过程中的作用，却是全部参加的，而不只限于转移到新产品中去的部分。特别是折旧率一般规定得比较低,因此固定资金中转移到新产品中去的价值较少,折旧额在产品成本中的比重也很低的时候,问题就更加突出。因此,光是根据产品成本来体现物质技术条件的作用,是很不够的。

最后,所谓按照"平均社会价值"来定价,据持这种意见的同志说,并不是意味着采取整个国民经济统一的平均成本利润率来分配剩余产品,而是各个不同部门平均成本利润中的大小,可以是各种各样,很难有一个客观标准。但是这样实际上就等于否定了"平均社会价值"本身,因为这种"社会价值"已经不是平均的、社会的了。而且,既然没有"客观标准",自然也就难于在价格政策上真正做到切合实际、充分发挥价格杠杆对社会主义经济的促进作用。

(原载《经济研究》1964 年第 5 期)

社会主义经济中资金利润率和生产价格问题[*]

在政治经济学社会主义部分，是不是存在资金利润率和生产价格范畴？是不是可以和应该用资金利润率作为评价不同生产部门和企业经济活动效果的标准或综合指标？是不是可以和应该以生产价格作为制定价格（批发价格或出厂价格）的基础？在我国经济学界中，从50年代后期到60年代头几年，一度展开过讨论。可是，1964年以后，先是陈伯达，后是"四人帮"，根本不让这个需要很好探讨的问题在党的"百家争鸣"方针指导下继续讨论下去。打倒"四人帮"后，理论研究得到解放。社会主义现代化建设的实践，要求我们重新深入地研究和讨论这个重大的经济理论问题。

邓小平同志在工会九大的致辞中说："为了提高经济发展速度，就必须大大加强企业的专业化，大大提高全体职工的技术水平并且认真实行培训和考核，大大加强企业的经济核算，大大提高劳动生产率和资金利润率。"这就清楚地揭示了提高资金利润率对提高经济发展速度的重要意义，提出了研究资金利润率问题以及由此带来的生产价格问题（在我们看来，承认资金利润率就不能不同时承认生产价格）的重要性。

本文打算就社会主义经济中资金利润率和生产价格问题，继续阐述我们的看法[①]，批判"四人帮"的谬论，也和一些同志的不同

---

[*] 合作者：邝日安、张卓元。
[①] 本文作者何建章和张卓元在《经济研究》1964年第5期发表的《试论社会主义经济中的生产价格》（署名何建章、张玲）一文中，对资金利润率和生产价格问题提出过初步看法。

意见进行讨论。

一

要论述社会主义经济中的资金利润率和生产价格问题，首先要考察社会主义利润的本质和职能。中心问题是：社会主义利润是不是社会主义企业和部门经济活动效果的综合表现？我们的回答是肯定的。

马克思主义政治经济学的基本原理告诉我们：自从人类社会渡过了漫长的原始公社阶段以后，剩余产品和从剩余产品中形成的积累，是一切社会发展的基础。剩余产品归谁所有，为哪个阶级或社会集团的利益服务，是区别不同社会经济制度的本质特征，是不同社会生产目的的集中表现，资本主义社会剩余产品（剩余价值）归资本家所有，表现着资本家对雇佣劳动的剥削。社会主义剩余产品不归私有者阶级，而归全体劳动人民，为更好地满足劳动人民日益增长的需要服务。

利润是在存在商品货币关系的条件下，剩余产品的货币表现或转化形态。资本主义利润是资本主义社会剩余产品（剩余价值）的货币表现或转化形态，社会主义利润（包括税金，下同）是社会主义社会剩余产品的货币表现或转化形态。社会主义利润归全体劳动者并为他们造福，而资本主义利润归资产阶级。这就表现了社会主义生产和资本主义生产的本质区别。

长期以来，经济学界中流行着一种观点，认为社会主义生产和资本主义生产的根本区别在于，资本主义生产的目的是价值，资本主义生产是价值的生产；而社会主义生产的目的则是使用价值，社会主义生产是使用价值的生产。因此，社会主义生产主要着眼于使用价值的获得，不应强调是否能取得利润，否则就是违背了社会主义方向，不符合社会主义的生产目的。我们认为，这种认识是不全面的。

不错，资本主义生产的目的是价值，是要榨取最大限度的利润。但是，决不能简单地认为，社会主义生产与资本主义生产的根本区别就在于社会主义生产可以不注重抓剩余产品或利润，而只要能获得使用价值就行了。这种观点，不利于在生产过程中努力节约劳动消耗、提高劳动生产率、讲求经济效果。相反，倒为不惜工本、滥用浪费、不讲究经济核算开了方便之门。要实现社会主义生产的持续的高速度的发展，以便更好地满足社会需要，逐步地普遍地提高劳动人民的物质和文化生活水平，就必须逐步增加积累。因为积累是扩大再生产的源泉。这就要求物质生产部门的劳动者，创造更多的剩余产品，提供更多的利润。因此，社会主义企业必须提供利润，同社会主义生产的目的是一致的。

社会主义企业，在其生产经营活动中，必须实行严格的经济核算，讲求经济效果，努力使自己的个别劳动消耗低于社会必要劳动消耗，获得更多的利润。为此，也要保证和提高产品的质量。因为使用价值是价值的物质担当者。没有使用价值的东西就没有价值。不保证一定的产品质量，就不具有同种产品的价值。没有社会的使用价值，就实现不了价值。总之，在产品价值实现的过程中，其质量要受到使用单位或消费者的检验。恩格斯早在1844年就说过：价值是生产费用对效用的关系。后来，他在《反杜林论》中重申："在决定生产问题时，上述的对效用和劳动花费的衡量，正是政治经济学的价值概念在共产主义社会中所能余留的全部东西，这一点我在1844年已经说过了。"[①] 可见，价值本身就包含了要对产品效用的社会评价和衡量。在这个意义上，创造更多的价值，同生产更多更好的使用价值来满足社会需要，是完全一致的。

综上所述，可以看出，社会主义物质生产部门和企业生产的剩余产品价值及其货币表现——利润的多少，具有综合反映这个部门和企业工作的质量的职能，即利润是各生产部门和企业经济活动效

---

① 《马克思恩格斯选集》第三卷，人民出版社1972年版，第348页。

果的综合表现。在正常情况下，一个部门或企业，创造和实现的社会主义利润越多，对国家对社会的贡献越大，就说明它的生产经营搞得好，工作成绩显著。反之，情况也就相反。

"四人帮"荒谬地把价值同使用价值截然对立起来，不分青红皂白地说："为价值而生产、为利润而生产"，是社会主义企业和企业领导人蜕化变质的主要标志。在他们组织编写的《社会主义政治经济学》中，叫嚷：在社会主义制度下，由于实行商品制度，就存在着"为价值而生产、为利润而生的产经济条件"。"这种经济条件，不断地诱使企业和经济部门的管理人员离开社会主义生产目的，走上为价值而生产、为利润而生产的道路。一个企业、一个部门一旦走上这条道路，生产什么，怎样生产以及怎样交换产品，就受价值规律和利润规律的支配了，企业的生产实际上就是按照资本主义原则而不是按照社会主义原则在进行了，社会主义企业实际上已经在蜕化变质。""党内资产阶级，党内走资本主义道路的当权派，就是在追逐利润的过程中形成的。"

"四人帮"及其舆论工具根本不问价值和利润是怎样创造出来、归谁所有和为哪个阶级的利益服务，根本不问是社会主义利润还是资本主义利润，抓住社会主义利润和资本主义利润都是利润这个共同点，就断言凡是抓利润的就是搞资本主义经营。这样他们就把社会主义利润等同于资本主义利润，把劳动人民为社会主义生产剩余产品，等同于雇佣工人为资本家创造剩余价值。难道社会主义企业创造的利润，是落入资本家的腰包了吗？社会主义社会及无产阶级专政的国家，如果没有社会主义企业为其创造利润，就不但不能发展国民经济，连国家机构都将由于没有经费而无法维持下去。

一个企业的生产经营，究竟是按社会主义原则还是按资本主义原则进行，不在于企业是为使用价值不为利润而生产，还是"为价值""为利润"而生产。按照列宁在《对布哈林〈过渡时期的经济〉一书的评论》的意见，其根本标志在于企业的利润归谁所有。归资本家所有，就是按资本主义原则办事；归全体劳动者所有，为劳动人民谋利益,就是坚持了社会主义原则。社会主义企业在生产经营中抓利润,不但不是党内走资本主义道路当权派形成的客观基础,相反,由于能够为社会创造更多的利润,就使社会主义社会具有越来越充分的物质基础,使工人阶级具有更强大的物质力量去战胜资本主义和资产阶级。

社会主义利润是社会主义企业按照国家批准的计划,遵守国家经济政策、财政纪律和法规,通过使生产成果大于生产消耗而取得的。一个社会主义企业,要抓利润,只有通过不断采用新技术,改善和提高经营管理水平,提高劳动生产率,降低成本,才能做到。这样做,完全符合社会主义经济规律的要求。这样的利润抓得越多,就越能保证社会主义生产的高速度发展。如果企业不执行国家计划,不执行合同,不遵守国家经济政策、财政纪律和法规,品种不对路,质量不好,在正常情况下,它就很难实现产品的价值和取得利润,并将受到经济上的制裁。企业违背社会主义方向,通过投机倒把等不正当途径追求利润,那么这种利润就不属于社会主义利润,而且通过不正当手段取得利润的企业,往往同时发生各种不正之风,使利润不能真正归劳动人民所有,而被人中饱私囊。

我们考核一个社会主义企业(如我国现在的全民所有制工业企业)的工作,既要进行全面考核,如当前要考核八项指标;又不能对这八项指标同等对待。由于社会主义利润具有比较全面反映企业经营成果,包括企业产品品种是否对路,质量是好是次,劳动生产率是高是低等,所以它是一个综合性指标,通过它可以表现企业的经济效果。当然,也要看到,由于我们的计划价格是比较稳定的,它很难随时准确地反映产品社会劳动消耗的变化,不同的企业又有其不同的生产经营条件,因此对企业来说,往往有利大利小产品之分。为了保证整个社会主义生产有计划按比例地发展,国家有必要通过对企业产量、品种、质量等使用价值指标的考核,使企业的生产更好地遵循国家计划的要求。而在企业执行国家生产计划这个大前提下,不是别的东西,正是利润,能够综合表现企业的生产经营效果。

二

肯定利润是社会主义企业生产经营状况的综合表现，并没有解决对企业经济效果的考核问题，因为企业有大有小，有用先进技术装备起来的，也有机械化水平不高的。光用利润的绝对量，不能判断企业工作的好坏。一个大的用先进技术装备起来的企业，利润较多，不能就此说明这个企业生产经营搞得好；一个小的机械化水平不高的企业，利润较少，也不能就此说明这个企业生产经营搞得不好。只有利润的相对量，即利润水平或利润率，才能成为判断的标准。

这样就遇到了经济学界长期以来争论不休的问题，即究竟是用工资利润率、成本（产值）利润率还是资金利润率来衡量企业经营管理的效果。我们认为，只有资金利润率才是正确的标准。

社会主义社会要以资金利润率作为评价社会主义企业（从而生产部门）生产经营状况的标准，主要是由生产的物质条件特别是物质技术装备程度和科学技术在生产中发挥日益重要的作用决定的。人类劳动生产效率的高低，既由生产的主观条件即人的因素所决定，也由生产的客观条件特别是其中的物质技术装备程度所决定。在现代化大生产中，劳动者的物质技术装备程度基本上决定了劳动者生产效率的高低。

马克思在分析资本主义生产时说过：社会的劳动生产力作为资本所固有的属性而体现在固定资本里面；这个所谓社会的劳动生产力，首先是科学的力量，其次是在生产过程内部联合起来的社会力量，最后是从直接劳动转移到机器、转移到死的生产力上面去的技巧。去掉资本的属性，这段话的内容适用于社会主义社会。意思很清楚，固定资产，主要是其中的物质技术装备，能够作为社会生产力的物质体现者。

按照马克思在《资本论》中的分析，固定生产基金包括一切劳动手段：（1）生产工具（如发电机、机床、高炉、转炉等）；（2）马克思总称为生产的脉管系统的那些生产资料（如管道、容器、导管、储藏所等）；（3）为完成生产过程所必要的广义的劳动手段（土地、生产用房屋、道路、渠道等），这其中，机器和设备起着重要的作用。例如，在20世纪70年代，英国和法国在全部固定资本投资中，运输设备、机器和其他设备的投资就占了近一半的份额。美国制造业私人企业固定资产总额中，1950年设备部分占47%，建筑物部分占53%；到1975年，设备部分提高到占60%，而建筑物部分下降到占40%。从我国基建投资情况来看，随着生产技术的进步，基建投资中用于设备、工具、器具的购置投资，在总投资中所占的比重也越来越大。以1976年同1950年相比，上述投资在基本建设投资总额中所占的比重几乎增加了一倍，从而对生产的发展起着越来越大的作用。与此同时，建筑安装工程投资在基本建设投资总额中所占的比重则显著下降了。

在同一部门内部，生产同种产品的不同企业，生产的物质条件不同，特别是物质技术装备程度不同，它们的劳动生产率就不同。马克思说过："生产力特别高的劳动起了自乘的劳动的作用，或者说，在同样的时间内，它所创造的价值比同种社会平均劳动要多。"[①] 这里所谓生产力特别高的劳动，往往就是用先进技术装备起来的劳动。这种劳动之所以能够创造更大的价值，是因为"采用改良的生产方式"，具有更高的劳动生产率，能够创造更多的使用价值。

在不同部门之间，劳动生产力提高的快慢，是同生产资料的多少直接相联系的，而这个多少又主要由物质技术装备程度所决定。马克思说："社会劳动生产力在每个特殊生产部门的特殊发展，在程度上是不同的，有的高，有的低，这和一定量劳动所推动的生产

[①] 《马克思恩格斯全集》第23卷，人民出版社1972年版，第354页。

资料量成正比,或者说,和一定数目的工人在工作日已定的情况下所推动的生产资料量成正比,也就是说,和推动一定量生产资料所必需的劳动量成反比。"① 在资本主义社会,一个部门不变资本对可变资本的高位比例,或者叫资本有机构成高,一般地说,就是这个部门劳动生产力具有高位发展或相对高位发展的表示。反之,情况也就相反。例如,资本主义国家在产业革命以后,一直到第二次世界大战前,农业的资本有机构成一般低于工业,因此农业劳动生产力的发展速度一般低于工业。第二次世界大战后,情况发生了变化。一些发达的资本主义国家,几乎都是农业劳动者占用的资本逐步超过工业劳动者,结果就使农业的劳动生产力的发展速度超过工业。1975年8月,美国前总统福特在全美农业博览会上说:"美国农业工人平均的固定资本为九万八千美元,而制造业中仅为五万五千美元。"有人估计,二战后美国农业劳动生产率平均每年提高6个百分点左右,而制造业则不到3个百分点。这方面的基本原理,也适用于社会主义社会。

从整个社会来看,"社会劳动生产率的水平就表现为一个工人在一定时间内,以同样的劳动力强度使之转化为产品的生产资料的相对量。工人用来进行劳动的生产资料的量,随着工人的劳动生产率的增长而增长","使用的机器、役畜、矿物质肥料、排水管等等的量",是劳动生产率增长的条件。② 例如苏联劳动者资金装备程度,1955年比1950年增长50%,同一时期,劳动生产率提高了49%。拿我国来说,从1952年到1977年,全民所有制工业企业劳动者所推动的生产资料的量(表现为资金占用量),增长了两倍稍多一点,而在这期间,劳动生产率也相应提高了一倍半。

马克思主义政治经济学告诉我们,在一般情况下,更高的劳动生产率或劳动生产率的更高发展速度,能够增殖剩余劳动。

---

① 《马克思恩格斯全集》第25卷,人民出版社1974年版,第183页。
② 《马克思恩格斯全集》第23卷,人民出版社1972年版,第682、683页。

在部门内部（生产同种产品），马克思在分析资本主义生产时指出："好比一个工厂主采用了一种尚未普遍采用的新发明，他卖得比他的竞争者便宜，但仍然高于他的商品的个别价值出售，就是说，他把他所使用的劳动的特别高的生产力作为剩余劳动来实现。因此，他实现了一个超额利润。"① 如果去掉资本主义剥削本质，这个原理适用于采用先进技术装备的社会主义企业。

在不同部门之间，用较先进技术装备起来的部门，即资本（资金）有机构成较高的部门，能够较快地提高劳动生产率；如果按不变价格计算，或在价格未随着劳动生产力的增长而相应变动时（价格问题下节再谈），也能随着劳动生产率的提高而获得较多的利润。

在社会主义制度下，一个企业或生产部门，由于物质技术装备程度较高而取得更多的利润，这种利润更多的部分，往往不是由于这个企业或生产部门主观努力的结果，而是（拿社会主义全民所有制企业来说）由于社会分配或国家拿出较多的资金投入这个企业或生产部门的结果。因为在一般情况下，物质技术装备程度较高的企业或部门，其资金有机构成较高，资金占用量较大。资金是社会垫支于再生产的积累的剩余劳动，是劳动人民过去劳动的结晶，是人们进行生产活动必不可少的条件。拿我国现在来说，平均全民所有制工业企业每增加一个劳动者，光是固定资金就要占用一万元多一点。社会用来扩大再生产的垫支资金，在任何时候都是有一定限度的。社会主义社会必须关心和提高资金使用效果，以保证生产多快好省地发展。由于体现物质技术装备程度的资金占用量同劳动生产率的高低及其增长速度有直接的联系，因此就要求那些物质技术装备程度较高，从而资金占用量较高的企业和部门，有责任为社会或国家缴纳更多的利润，要求按其利润量同资金平均占用量的比例，来判定该企业和部门的生产经营状况的优劣。

---

① 《马克思恩格斯全集》第 25 卷，人民出版社 1974 年版，第 265 页。

用资金利润率作为评价企业和生产部门生产经营状况的标准，可以基本上排除不同企业和部门由于占用资金量不同，从而物质技术装备程度不同，对生产经营成果的影响，犹如采用对富矿征收特定的税金来排除富矿和贫矿对人们的生产经营效果的影响一样，这样，在正常生产条件下，就把不同企业和部门置于在经济上同等的地位（上面说过，影响劳动生产率的主要是劳动者的物质技术装备程度），能够比较准确地反映企业和部门的主观努力即生产经营状况，以便于互相比较优劣。资金利润率高的，说明它的生产经营状况较好；资金利润率低的，说明它的生产经营状况较差。

用资金利润率作为评价企业和生产部门生产经营状况的标准，能够促使各个企业和部门合理地使用资金，提高资金利用效果，少花钱，多办事，克服当前一方面盲目争投资，另一方面资金利用不合理、积压浪费严重、资金周转慢的现象，从而大大提高整个社会资金利用的效果。

用资金利润率作为评价企业和生产部门生产经营状况的标准，能够促使各个企业和部门努力挖潜、革新、改造，采用先进技术，提高劳动生产率，提高整个经济活动的效果。挖潜、革新、改造，在许多情况下由于投资少（有的只需投入相当于新建企业的1/3的资金就可以得到相同的生产能力），收效快（包括形成生产能力的时间较短），经验证明是一种多快好省地发展生产的办法。由于走这条路子在许多情况下，能提高资金利润率，就乐于为企业和部门采用。显然，这种办法，不但有利于提高各个企业、部门和整个社会的劳动生产率，而且能够有力地推动我国建设四个现代化的步伐。

总之，用资金利润率作为评价经济活动效果的标准，能够调动各个企业、部门改善生产经营的积极性，把企业、部门的经济利益和整个社会的经济利益密切结合起来，提高经济管理水平，加快国民经济的发展速度。

在过去的讨论中，反对用资金利润率作为评价社会主义企业和生产部门的经济效果标准的，大致有如下几方面的论断，我们拟对它们加以简略的评论。

有的文章说："利润不仅决定于企业的工作质量，同时也决定于许许多多的客观原因，譬如说，原材料供应的质量和供应的距离；取得燃料和电力的条件；生产任务的多少；设备配套情况；等等。绝不像何建章、张玲同志所说，通过资金利润率指标就能'基本上排除了不同部门、企业客观条件对经济活动效果的影响。'……就是在同一企业范围内，生产条件也是不断变化着的。而这些都不是企业本身所能控制得了的。"①

的确，一个企业的利润决定于许许多多的因素。但是，在正常的生产条件下，主要决定于企业主观努力的程度（表现为经营管理状况），和拥有的物质技术装备程度（表现为资金占用量）。《工业三十条》规定，"要搞好企业五定，保证企业有稳定的生产条件。企业五定是：1. 定产品方向和生产规模；2. 定人员机构；3. 定原料、材料、燃料、动力、工具的消耗定额和供应来源；4. 定固定资产和流动资金；5. 定协作关系。"随着通过企业的整顿和搞好"五定"，就有可能做到基本上把一些不正常的生产条件对企业利润的影响排除掉。不能拿不正常的生产条件作为反对资金利润率的理由，否则，就会把不正常的生产条件，看成是社会主义企业固有的，或者是社会主义经济管理必然会带来的或无法克服的。以正常的生产条件为前提，那么，通过资金利润率，是能够基本上排除不同企业（从而部门）客观因素（特别是物质技术条件，对利用优良的自然资源如富矿则要另收特别税金）对经济活动效果的影响的，因此可以比较正确地反映它们的工作质量。

有的文章说："对社会主义企业经营管理实行利润原则，经营管理好坏用利润来评价，占用多少资金就得有多少利润，高于此是经营管理好，低于此即经营管理差，把获取更多的赢利作为促使企

---

① 张纯音等：《生产价格论的实质是取消计划经济》，《经济研究》1964年第10期。

业改善经营管理的力量,这必然要排斥社会主义的计划原则,必然要排斥社会主义国家对企业的计划管理。""由于计划指标的制定考虑了各个企业主客观条件的差别,这种考核,就比任何一种先验的尺子都更为合理。"①

我们认为,上述对资金利润率的指责根据不足。我们主张资金利润率,并不排斥社会主义的计划原则和国家对企业的计划管理。社会主义利润,应是在执行国家计划和遵守国家经济政策、财经纪律和法规下取得的。这里说的计划,主要是生产计划。一个社会主义企业,通过改善经营管理,提高劳动生产率,降低成本,来增加利润,这同社会主义计划原则是不矛盾的。企业如果不执行国家计划,就离开了社会主义方向,就失去了用利润多少来评价其经营状况好坏的前提,也失去了用资金利润率作为评价标准的前提。再说,在经济管理逐步完善、财经纪律严格执行的情况下,企业(从而部门)不执行国家计划,必然破坏合同,必然要承担由此而带来的经济责任,赔偿损失,说不定会使它偷鸡不成反蚀把米。而且,这种资本主义经营方向也容易暴露或被检举出来,能够及时纠正。因此,不能拿个别企业不执行国家计划,盲目经营,作为全盘否定资金利润率的理由。社会主义国家运用的资金利润率,应是计划经济中的资金利润率,它可以成为发展计划经济、加强国民经济计划管理的一个有力工具。

上述文章在反对以资金利润率作为评价经济效果标准的同时,提出要用"考虑了各个企业主客观条件的差别"的计划指标考核的办法,并说这是比较合理的办法。我们不这样看。现在全国工业企业有三十多万个,其中国营的就有八万多个。试问,如果没有一个比较统一的标准,国家(以及地方)怎样对其中每个企业,都去考虑其"主客观条件的差别",来下达不同的具体指标,加以考核呢?这要不是根本办不到,就是容易瞎定一气,很难使数以万计

---

① 戴园晨:《评生产价格和平均资金利润率论》,《经济研究》1964 年第 9 期。

的企业的具体指标定得合理。

有的文章说,"把资金利润率作为衡量企业贡献大小、经营管理水平好坏、经营效果高低的标准,必然会引导企业只注意提高利润率。为了追求利润,必将使每个企业的生产经营活动离开社会主义的利益","其结果必然造成社会主义经济的巨大混乱和破坏。"[①]

上面已经说过,社会主义企业获取利润,完全有利于社会主义,是增加社会主义社会的积累和国家财政收入、高速度发展社会主义经济的根本条件。难道社会主义企业不要获取利润,才是符合社会主义利益吗?实际上,上述认识抹杀了社会主义利润同资本主义利润的根本区别,把利润看成是同社会主义格格不入的东西。谁都知道,在我国社会主义建设的实践中,"造成社会主义经济的巨大混乱和破坏"的,不是宣传资金利润率的结果,而是在林彪、"四人帮"横行的时候,他们到处挥舞"利润挂帅"大棒,打击广大干部和群众,使许多企业和生产部门的利润下降,亏损企业增加,亏损量增大,大大影响了国家财政收入。这就从反面告诉我们社会主义企业(从而部门)必须理直气壮地抓利润,为社会主义建设作出更大的贡献。也说明,用资金利润率作为评价经济效果的标准,会有利于克服林彪、"四人帮"对社会主义经济造成的巨大混乱和破坏,改进我们的经济管理。

三

以资金利润率作为评价经济效果的标准,需要一个基本条件,就是价格(指全民所有制内部批发价格或出厂价格)要以生产价格(在实践中就是按产品部门平均成本加按各部门平均资金利润

[①] 吴树青等:《不能把平均利润和生产价格硬塞到社会主义经济中来》,《光明日报》1964年10月12日。

率乘资金占用量确定的利润额）为基础来制定[①]。如果不以生产价格为基础来定价，实行资金利润率将是一句空话。同时，所谓以利润作为经济效果的综合表现，也是行不通的。

举一个例子，有三个大型机械化冶金企业，企业规模、机械化水平和职工人数差不多，经济管理水平看不出有多大差别，完成国家计划都不错，但是由于生产的产品不同，各种产品的价格高低不同，结果它们某一年的利润总额一个才一千多万元，一个一亿多元，一个五亿多元，高低相差上十倍几十倍，相应的资金利润率也相差很大。在这种情况下，根本不能用利润包括资金利润率作为企业工作质量的综合表现，也很难用利润留成和超计划利润分成的办法来提取企业基金。

在不同部门之间也是如此。有的部门利润量和利润水平很高，有的部门则很低，高低悬殊。有的利润量少、资金利润低的部门，如目前我国的煤炭部门，它们的产品不是不重要，而是很重要；它们的工作不是做得不够好，而是公认搞得比较好。它们利润量少、资金利润率低的原因，主要就是产品特别是原煤出厂价格定得低。又如按现行价格计算，几乎完全同样重要、工作差别不是很大的两个工业部门，如果按产值计算的全员劳动生产率，一个竟比另一个高近18倍（1976年），从而决定着这个劳动生产率高的部门赢利率很高，而那个劳动生产率低的部门则有亏损。在这种情况下，是无法以利润和资金利润率作为评价经济效果标准的。

我们知道，价格是对劳动和生产成果的社会评价。如果各种产品的价格不以生产价格为基础，就不能把各部门和同一部门生产各类产品的不同企业，置于同等条件之下，互相可以比较，从而不能以资金利润率作为评价经济效果的标准。而以生产价格作为定价的基础，就能使各部门和各企业的生产经营状况的优劣，通过其实际

[①] 关于农产品价格和工农产品比价问题，由于牵扯工业和农业、全民所有制和集体所有制、工人和农民的关系，更加复杂，这篇文章先撇开这个问题。

资金利润率的高低综合表现出来。生产价格是价值的转化形态，生产价格总和等于价值总和，按生产价格定价是社会主义社会利用价值规律的作用来改善经济管理的一种形式。

在上述意义上，我们认为，承认利润是经济效果的综合表现，承认资金利润率，同承认生产价格是一回事。只承认利润是经济效果的综合表现，不承认资金利润率是经济效果的综合表现，不承认生产价格，也是讲不通的，也必然陷入逻辑矛盾之中。

既然这样，论证利润是经济效果的综合表现的理由，论证资金利润率是评价经济效果的标准的理由，也就是论证生产价格的理由。除此以外，由于生产价格直接涉及不同生产部门之间的关系，需要从社会主义生产是社会化大生产的角度，进一步展开论证。

在资本主义社会，价格围绕生产价格上下波动，是由不同部门之间的竞争所决定的。在社会主义社会，不存在像资本主义条件下那种在不同部门之间的自由竞争，为什么还要以生产价格作为定价的基础呢？

社会主义生产是社会化大生产，尽管社会主义革命在一些生产力比较落后的国家取得胜利，它们社会主义建设的起点还不是程度较高的社会化大生产，或者在社会主义革命后一个时期内由于原来的生产力水平低，发展较慢，以致仍处于程度较低的社会化大生产，但这是暂时的现象。社会主义的生产，是在资本主义社会化大生产基础上建立的社会主义公有制的社会化大生产，它必然会是比资本主义社会化程度更高的大生产，不同生产部门之间存在着极为密切的联系。一个部门例如钢铁部门的生产，需要煤炭部门、电力部门，提供燃料动力，运输部门运送原材料燃料和产品；同时，它的产品，又是许多部门，如机器制造业、建筑业、轻工业等的原材料。每一个部门都可以罗列出一批前后左右相联系的部门。

在这种情况下，第一，一个生产部门（例如铁、煤、机器生产部门，或建筑业等等）的劳动生产力的发展，又是另一个生产部门（例如纺织业、轻工业）生产资料的价值和费用得以减少的条件。这在生产生产资料的部门是十分明显的。因为从一个生产部门当作生产物出来的产品，会再加入到另一个生产部门当作生产资料。

第二，一个生产部门如甲的利润量和资金利润率的提高，可以是由于别的生产部门如乙、丙……的劳动生产力发展的结果。这是因为，劳动生产力在乙、丙……生产部门（即给甲提供生产资料的部门）内的发展，使这个甲部门所使用的生产资料的价值下降，费用相对地减少，因此在其他条件不变的情况下，甲生产部门的利润量和资金利润率提高的某一部分，会是乙、丙……劳动生产力发展的结果而形成的。

第三，按照马克思主义劳动价值论，同量活劳动支出在不同生产部门是创造同量价值的，而不管生产部门的技术装备程度如何不同。马克思说："如果我们拿另一个生产部门例如排字来看，在这里还没有使用机器，那末这个部门中的 12 小时创造的价值，同机器等等最发达的生产部门中的 12 小时创造的价值完全一样多。"[①]因此，一个部门，由于物质技术装备程度提高，从而劳动生产率也相应地提高，但它对别的生产部门劳动生产力的提高和整个国民经济发展的贡献，通过价值形成是得不到应有的评价的。

大家知道，提高劳动生产率对于发展社会主义经济具有决定作用。而每一个生产部门的物质技术装备程度，从而资金占用量，在正常情况下从根本上决定着该部门劳动生产力的发展及程度，决定着它对其他生产部门劳动生产力提高和国民经济发展的影响作用的程度。产品按照部门成本加上按平均资金利润率计算的利润即生产价格为基础定价，就是在经济上承认这种决定作用和影响作用的形式，因此，能够比较合理地评价不同部门的劳动及其生产成果，使各个部门在提高劳动生产率上的贡献能够在经济上得到反映。

马克思认为：时间经济以及有计划地分配劳动时间于不同的生

[①] 《马克思恩格斯全集》第 26 卷（Ⅰ），人民出版社 1972 年版，第 423 页。

产部门，仍然是以集体为基础的社会首要的经济规律。甚至可以说是程度极高的规律。

在社会主义社会，如何实现马克思揭示的上述规律呢？

就价格制度方面说，如果直接以产品本身社会价值（在实践中就是按产品部门平均成本加按各部门平均工资利润率乘工资额确定的利润额）为基础来定价，是不能实现上述这个首要经济规律的。根本的原因是，这种定价原则不利于采用先进技术，不利于提高劳动生产率，从而不利于整个社会劳动生产率的提高，真正做到劳动时间的节约。

直接以产品价值为基础定价，即产品价格构成中比例于活劳动支出的大小来确定利润额，那些资金有机构成低的部门，甚至以手工劳动为主的部门，由于活劳动支出多，这个部门的利润量就大，按资金利润率计算，利润水平高，在生产经营上处于有利的地位，成为经济活动效果高的部门。这能鼓励该部门采用先进技术、变手工操作为机械操作、实现生产自动化现代化吗？不能。由于活劳动支出减少，利润量就下降，在资金占用量提高、产品价值构成中生产资料消耗部分增大的情况下，按资金利润率计算，利润水平将下降。

与上述情况相反，那些资金有机构成高，采用先进技术装备的部门，由于活劳动支出少，它的利润量就少，按资金利润率计算，利润水平低，在生产经营上处于不利地位，成为经济效果低的部门。如果这个部门进一步现代化，采用更先进的技术，进一步提高劳动生产率，那么由于活劳动支出更少，利润量和利润水平将继续下降，从而使它在生产经营中处于更加不利的地位，经济效果更低。

从投资来说，按价值定价，如果其他条件相同，社会扩大再生的资金，应更多地投放在哪些部门，在经济上是比较合理的呢？显然，应该投放在资金有机构成低、活劳动支出较多的部门，因为同量资金，投放在这些部门可以装备更多的劳动力，从而带来更多的利润，缩短投资的回收期。而把资金投放在具有高度技术装备水平的部门，则将被认为在经济上是不合算的，因为那里装备的劳动力少，只能带来较少的利润。可见，这种直接以价值为基础的价格制度，对于我们集中力量加速实现四个现代化，对加快用最新技术装备各生产部门，是不利的，因而是不可取的。

以生产价格为基础定价则不同。这种价格制度，产品价格构成中比例于资金占用量来确定利润额，对由于采用先进技术装备（即资金有机构成较高）而在提高其他部门和整个社会劳动生产力方面的作用，从经济上给予相应的评价和承认，这就能促使各生产部门努力采用先进技术，鼓励各生产部门提高机械化自动化水平，节约劳动，提高劳动生产率。

以生产价格为基础定价，能够为整个社会合乎社会主义生产目的地在各生产部门之间分配劳动时间提供最优方案，从而有利于整个社会节约劳动时间。因为它有利于我们了解，如果其他条件相同，社会拥有的用于扩大再生产的资金投放在哪些部门是最有利的，能够取得甚至超过平均的资金利润率，从而合理地使用这些资金。当然，社会主义经济是有计划按比例发展的，不允许比例失调现象。但是，人们可以采取各种不同的方案来保证按比例地发展，特别是随着现代科学技术的发展，产品互相代用的范围日益扩大（如用塑料制品代替钢铁制品，用各种不同办法取得能源，采取不同的运输方式等），以及在对外贸易发展的条件下，某些产品（不是一切产品）在一定条件下还可以通过对外贸易来达到平衡，这样，就使我们在同样保证社会和劳动群众的需要不断得到充分满足的要求下，在保证按比例发展的前提下，有更多的方案可供选择。而在这些方案中，在以生产价格为基础定价的条件下，能够使整个社会的资金利润率提高的方案，将是在经济上最优的，因为这样可以为增加积累提供更为丰富的源泉，从而为持续地、高速度地发展社会主义经济创造更为有利的条件。

在过去的讨论中，许多同志对"生产价格论"提出过种种批评。限于篇幅，我们不能一一为自己的论点详细答辩，只能对其中的一些批评提出我们简要的看法。

有的文章说，"考察企业的资金利润率与按照生产价格定价，这是两个问题，它们并没有必然的联系。因为，无论价格是以价值为基础，还是以生产价格为基础，在价格既定及商品数量、质量和成本不变的情况下，企业占用资金的减少或增加，都会表现为资金利润率的提高或下降。因此，不求助于生产价格，也完全可以考核出企业资金利润率的变化，并反映出企业占用资金减少或增加的不同效果。"①

我们认为，不以生产价格为基础定价，就不能真正用资金利润率来考核企业的经济效果。如果像文章作者所设想的，价格直接以价值为基础来制定，那么即使是同一个企业，在该企业（假定该企业在整个生产部门中具有代表性）采用先进的物质技术装备，资金有机构成提高的情况下，它所生产的产品价格将随着劳动生产率的提高而下降，那么，这个企业尽管技术水平提高了，劳动生产率提高了，单位产品成本降低了，而资金利润率则得下降，如果企业使用劳动力减少，则利润量也可能随之下降。这个下降能反映该企业的经济效果降低吗？

特别是，运用资金利润率往往是为了比较不同企业和部门的经济效果。但是，如果不以生产价格为基础，那么，资金利润率最高的，将是技术上最落后、以手工劳动为主的部门和企业，而资金利润率最低的将是技术上最先进、使用劳动力最少的部门和企业。这样，用资金利润率来作为评价的标准，不是会使人把事情看颠倒了吗？

有的文章说，"按平均资金赢利率来规定各类产品的价格……这种背离价值的价格政策，对于经济核算是不利的。""如果各行

---

① 何桂林等：《生产价格不能成为社会主义价格形成的基础》，《经济研究》1964 年第 4 期。

业都按平均资金赢利率来规定价格,那么它们的投资效果就会是相等的,无法进行比较。只有按各类产品的价值来规定价格,各行业的资金赢利率高低不同,才能判断投资的经济效果。"①

价值是活劳动创造的,物化劳动不创造价值。问题在于物化劳动条件对社会生产的发展,劳动生产率的提高,有巨大作用。在不同部门之间,物质技术条件对提高劳动生产率和发展社会生产力的作用,不可能通过价值形成得到应有的评价,只有通过按生产价格定价,才能得到应有的评价。按生产价格定价,不过是要求将物质生产条件在生产同种产品的部门内使活劳动成为更高生产率的劳动,从而形成更多的价值,扩大运用于不同部门而已。这样做,不会不利于经济核算,而是有利于经济核算。因为经济核算如果光核算劳动消耗的效果,不核算资金占用的效果,这种核算就是不完全的,必将造成资金的积压和浪费,不利于生产的高速度发展。一些社会主义国家实行经济核算的事实也说明了这一点。社会主义经济核算,只有既核算劳动消耗的效果,又核算资金占用的效果,才能比较全面地核算经济活动的效果。而按生产价格定价,是实行这种核算的重要前提。

同时,按生产价格定价,才能真正判断投资的经济效果。新的资金,投放在不同的部门,其实际的资金利润率是不同的,从此可以比较它们投资效果的大小。相反,如果按照价值定价,那么,正如上面我们指出过的,必然是投放在技术上落后的生产部门利润量大,资金利润率高,从而错误地认为投放在这种部门的经济效果高。

有的文章说,"所谓等量资金要获得等量利润的原则,也是资本主义生产关系中的原则。……现在在社会主义制度下,生产的目的不是为了资金的增殖,社会产品不再当作资金的生产物来交换,这又从何处产生等量资金获得等量利润的客观要求呢?在社会主义

---

① 余霖:《怎样正确规定各类产品的价格》,《经济研究》1964年第5期。

经济中计划原则排除了竞争原则,又怎样来实现利润平均化的趋向呢?"①

　　社会主义社会的确不存在资本主义社会那种自由竞争。但是,首先,社会主义社会要比较先进和落后。在物质技术装备条件对社会生产的发展起着越来越大的作用的情况下,有计划地用平均资金利润率作为统一的标准,来比较在正常生产条件下的各企业和各部门的工作质量,是行之有效的,也是发展社会主义经济的一种客观要求。其次,社会主义经济活动要讲求效果,提高社会劳动生产率,这就要采用先进技术,合理分配劳动时间于不同的生产部门,选择最优的方案。而要做到这一点,就要对劳动和产品进行合理的社会评价,要求以生产价格作为定价的基础。如果没有统一的衡量经济效果的标准,没有一个相应的统一的定价原则,国民经济各部门、各企业的工作,就没有比较的基础,也就无法为选择国民经济比例的最优方案提供一个经济上的依据了。这就会在消除资本主义自由竞争的情况下,放弃社会自觉的计划活动,保证为获得最大的经济效果对社会生产作合理的调节。

　　在社会主义制度下,制定计划价格是一个很复杂的事情。列宁说过:"价值(社会的)转化为价格(个别的),不是经过简单的直接的道路,而是经过极其复杂的道路。"② 社会主义社会价格的形成也是这样。确定任何一种产品的价格,都要考虑许多因素。我们说以生产价格为基础定价。严格说来,也只是从理论上提供制定批发价格或出厂价格的一个原则。具体定价时,必须考虑各种具体条件。当然,原则明确了,具体条件也较易考虑了。

　　社会主义经济中的资金利润率和生产价格问题,在政治经济学社会主义部分中虽然不是一个新问题,但仍是一个讨论较少从而还不很清楚的问题。我们提出了自己的看法,并和不同意见进行讨

---

　　① 戴园晨:《评生产价格和平均资金利润率论》,《经济研究》1964 年第 9 期。
　　② 《列宁选集》第二卷,人民出版社 1972 年版,第 595 页。

论，只表明我们现在的认识水平，不能肯定我们的意见就是正确的，被我们批评的意见就是错误的。究竟哪种观点比较正确，要用实践来验证，基于这种认识，欢迎大家对我们的观点批评指正，特别欢迎持不同看法的同志，继续提出批评意见。

（原载《经济研究》1979 年第 1 期）

经济体制改革要求以生产价格
作为工业品定价的基础[*]

在我国,社会主义价格形成的基础是生产价格的这种主张(简称"生产价格论"),最初是根据评价投资经济效果和考核企业经营管理的客观需要而提出来的。一般说来,评价投资效果应以投资回收期(资金利润率的倒数)为主要指标,并通过部门、行业的实际资金利润率同社会平均资金利润率的比较,来考察各该部门、行业投资效果的大小。同时,实行经济核算,讲究资金利用效果,就要以资金利润率作为评价经济活动效果和考核企业经营状况的标准。这就实际上提出了按平均资金利润率确定商品的计划价格构成中利润额的问题,即以生产价格为基础制定商品的计划价格的问题。但是,在一个相当长的时间里,"生产价格论"却一再被斥为"修正主义"观点。那时,实行的是权力高度集中、以行政管理为主的经济管理体制,不讲究经济效果,不按客观经济规律特别是价值规律办事,因而难于认识以生产价格为基础制定计划价格的必然性,也不具备按生产价格制定计划价格的现实条件。粉碎"四人帮"后,人们逐渐从旧的思想框框里解放出来;党的十一届三中全会提出要认真改革我国经济管理体制后,经济学界中赞成"生产价格论"的比以前多起来了,"生产价格论"付诸实践的条件也逐渐具备而且越来越成熟了。因此,进一步探讨这一问题就更加必要了。

---

* 合作者:邝日安、张卓元。

本文着重对为什么改革经济管理体制要求按生产价格制定计划价格，谈一些不成熟的看法。为了不牵涉更多的问题，以下论述，仅限于社会主义国营经济的范围。

一

以生产价格为基础制定计划价格，是改革经济管理体制、正确处理国家与企业的关系，承认企业是相对独立的商品生产者的要求和重要条件。

改革我国经济管理体制，把企业从行政机构的附属物，改为相对独立的商品生产者，在国家计划指导下扩大企业经营管理的制度。最终要求实行独立的经济核算、国家征税、自负盈亏的经营管理制度，这就要求以利润作为评价企业经营管理效果的综合指标。看一个企业经营的好坏，主要不是看它的产值大小及其增长速度，而是看它的利润水平。为了使利润真正能够综合反映企业经营管理水平，反映企业主观努力程度，必须把影响企业利润及其水平高低的各种客观因素剔除。在这当中，对实行计划价格的产品来说，制定合理的价格是一个非常重要的条件，而按生产价格定价正是合理的价格体系的基础，是制定工业品计划价格的基础。

大家知道，企业的利润水平主要取决于五个因素：①资源条件；②技术装备状况；③税率；④价格；⑤管理水平。由于这些条件不同，当前特别是由于价格因素的影响，使部门之间和行业之间利润水平相差悬殊，苦乐不均，严重影响了对行业、企业经营成果的考核和企业的经济核算。1979年，县及县以上国营工业企业的平均资金利润率为12.3%，但各行业的资金利润率相差悬殊：手表为61.1%，工业橡胶为49.4%，针织品为41.1%，自行车（老厂）为39.8%，染料油漆为38.4%，石油为37.7%，油田为34.1%，缝纫机为33.1%，化学药品为33.1%；而煤炭只有2.1%，化肥为1.4%，铁矿为1.6%，化学矿为3.2%，船舶为

2.8%，水泥为4.4%，半机械化农具为3.1%，木材采选为4.8%，农机为5.1%。

为了使企业利润水平能反映企业的管理水平，首先，要对拥有较好的资源条件的企业征收资源差别费（或税），用以补助资源条件较差的企业，使资源条件不同的企业处于同等的经济条件下。以煤炭工业为例，其资源条件差别，除了煤质方面的差别以外，还有煤层离地表深度不一样，煤层厚度、矿体斜度以及回采属初期、中期、后期等方面的差别。各矿务局资金利润率的差别，虽有经营水平等因素的影响，但在相当程度上反映了资源条件的差别。因此，征收资源差别费（或税）是十分必要的。

其次，对技术装备状况不同的部门、行业及企业，要用资金利润率来考核其经营管理状况的好坏。一般来说，技术装备较好的行业、企业，资金占用量比较高，生产力也高，因为"在同样的时间内，它所创造的价值比同种社会平均劳动要多。"[1] 而技术装备较差的行业、企业，资金占用比较低、劳动生产力也低。这样，除了对占有较好技术装备的行业和企业抽取资金占用费或资金税以外，还必须用资金利润率来衡量其经济活动效果。因为使用先进技术设备的行业、企业，尽管其占用的资金多利润量大，但按资金利润率计算，利润水平不一定就高；相反，使用较差技术设备的行业、企业，尽管其占用的资金少利润量小，但按资金利润率计算，利润水平不一定就低。可见，用资金利润率作为考核标准，能将技术装备程度这个客观因素对行业、企业利润水平的影响基本上排除掉。

影响行业、企业利润水平的，还有税率。现行税率有些没有随着国民经济的发展变化而合理调整，存在畸轻畸重的现象，未能很好地发挥税收在国民经济有计划、按比例发展中的调节作用。比如煤炭和原油同属采掘工业，原油价高利大，税率是5%，而煤矿亏

---

[1] 《马克思恩格斯全集》第23卷，人民出版社1972年版，第354页。

损面达半数，煤炭的资金利润率不及原油的 1/10，而税率却是 8%。又如铁路运费在 1965 年以前税率为 2%—2.5%，现在高达 15%，而其他交通运费税率很低，水运只有 3%。对这些畸轻畸重的税率应该加以改革。

影响企业利润水平的，除管理水平外，剩下的就是价格高低的因素了。价格高低的标准是什么？什么样的价格是偏高的，什么样的价格是偏低的？这取决于价格形成的客观基础。我们认为，要使各部门、行业和企业的利润水平（这里说的是资金利润水平）真正反映企业的经营状况，就必须以生产价格作为制定计划价格的基础。

以生产价格为基础定价，就是各部门、各行业的产品价格构成中的利润额，按该部门、行业产品平均资金占用量乘社会平均资金利润率来确定。这样，在其他条件相同时，平均资金占用量较高的产品，因其利润额高于产品价值构成中的 m 部分，因此生产价格高于价值；平均资金占用量较低的产品，因其利润额低于产品价值构成中的 m 部分，因此生产价格低于价值。产品的资金占用量的大小，一般反映着生产这种产品的物质技术装备条件的好坏。资金占用量大的，往往是采用先进技术装备生产的；资金占用量小的，往往是采用落后技术装备生产的。物质技术装备程度对现代化生产起着越来越重要的作用[1]。在一般情况下，同一部门内部，生产同种产品的不同企业，物质技术装备程度不同，它们的劳动生产率就高低不同。在不同部门、行业之间，劳动生产力提高的快慢或增长速度，也在很大程度上取决于物质技术装备及其改善的程度，即等量劳动力推动的生产资料的多少，从而与资金有机构成的高低直接相联系。正如马克思所说："社会劳动生产力在每个特殊生产部门的特殊发展，在程度上是不同的，有的高，有的低，这和一定量劳动所推动的生产资料量成正比，或者说，和一定数目的工人在工作

---

[1] 马克思说过：固定资本量表明资本主义生产的水平。社会的劳动生产力作为资本所固有的属性而体现在固定资本里面。去掉资本的属性，这些话也适用于社会主义社会。意思是，固定资产，主要是其中的物质技术装备，是社会生产力的物质体现者。

日已定的情况下所推动的生产资料量成正比,也就是说,和推动一定量生产资料所必需的劳动量成反比。"① 以生产价格为基础定价,实际上就是在经济上承认物质技术条件的好坏从而资金占用量的大小对提高劳动生产率的作用,这是科学技术对现代生产起着日益重要作用的必然结果。这同用资金利润率来考核不同企业的利润水平,以便排除物质技术装备程度这个客观因素对利润水平的影响,是一致的。

这里提出了一个考核标准和定价原则要相一致的问题,即要以资金利润率作为考核标准,产品定价时就必须按平均资金利润率来确定价格构成中的利润额。只有在定价原则同考核标准相一致的条件下②,即产品价格构成中的利润额是按其平均资金占用量乘社会平均资金利润率来确定的时候,我们才能通过不同部门、行业的实际资金利润率同社会平均资金利润率相比较,通过不同企业的实际资金利润率同部门、行业平均资金利润率相比较,来判别其经营管理水平的高低和经济效果的大小,而排除客观因素特别是技术装备条件对利润水平的影响。如果不按生产价格定价,用资金利润率作为考核标准就没有基础,因为定价时不考虑产品的资金占用量,而考核利润水平时却要纳入资金占用量的因素,显然是不合理的,因而是无法用部门、行业以及企业的实际资金利润率同社会平均资金利润率的比较,来判别其经营状况的高低和经济效果的大小的。

例如,如果直接按产品的价值定价、产品价格构成中的利润额不考虑产品资金占用量的大小,而是比例于活劳动支出的多少来确定,即等于产品平均工资支出量乘社会平均的工资利润率,我们就不能用资金利润率作为评价经济活动效果的标准。因为那样就会使

---

① 《马克思恩格斯全集》第 25 卷,人民出版社 1974 年版,第 183 页。
② 有种观点认为,定价原则和考核标准是互相不联系的两码事,例如可以采用几个经济指标而不必以资金利润率为综合指标来考核企业的经营好坏,这就否定了正确的定价原则和考核标准的本质的一致性。我们认为这在逻辑上是矛盾的。本文不打算对这个问题展开论述。

那些物质技术装备程度较低、简单劳动支出较多、劳动生产率提高较慢的部门、企业，利润量大，资金利润率高，经济效果似乎大。相反的，那些物质技术装备程度较高、简单劳动支出较少、劳动生产率提高较快的部门和企业，则处于不利的地位，利润量小，资金利润率低，经济效果似乎小。这样，资金有机构成高，劳动生产率提高较快的行业的发展就可能受到阻碍，对四个现代化发展不利；也不利于鼓励那些资金有机构成低的部门、行业逐步提高有机构成，实现现代化。而按资金利润率确定产品价格构成中的利润额，就能将使用先进和落后技术装备、产品资金占用量高低不同的部门、行业及其企业，置于相同的经济条件下，能够共同用资金利润率的高低来比较其经营的优劣。有的国家在实行全面经济体制改革以前，首先进行价格体系的改革，道理就在这里。

二

改革资金管理制度，实行占用资金付费原则，也要求以生产价格为定价的基础。

长期以来，我国实行的是资金供给制或资金无偿占用制。实践证明，这种资金管理制度弊病很多。例如，基本建设实行财政拨款制度，促使各个地区、部门和企业热衷于向国家争项目，争投资，对投资不担负经济责任，也就不关心投资的经济效果。这是造成我国长期以来基本建设战线过长、基建工期延长、工程造价提高、投资效果下降的重要原因之一。固定资产实行供给制，使一些地区、部门和企业只关心增加固定资产，不关心如何合理使用这些固定资产，以致对那些自己不用、积压在仓库里的固定资产，也不愿意调出去让给急需的单位。1977年北京市国营工业企业未使用和不需要的固定资产占固定资产总值的3.6%。据反映，实际闲置不用的固定资产比上述数字还要大得多。流动资金的定额部分实行供给制，使我们的流动资金周转期很长。70年代，我国工业流动资金周转期是170—180天，商业流动资金周转期是210—250天，大大超过同一时期许多资本主义国家的资本周转期。

以上这些弊病集中表现为资金使用效果的下降。最近21年（从1958年算起），我国的基本建设投资累计已达5000多亿元，但新增固定资产不过3000多亿元，仅为投资总额的60%左右。而在"一五"期间，新增固定资产占投资总额的83%。当然，这个数字也需要分析。到1978年年底在建工程（即投资已花到工程上但尚未形成固定资产）的资金有700亿元之多，超过当年投资总额百分之四十几，而1957年年底没有那么大的数字。但排除这个因素，同"一五"期间比，也仍然低得多。

如果用每一单位积累额相应增加的国民收入额来衡量积累效果，那么在1966—1976年，这个指标平均只及"一五"时期的40%，1978年也还达不到60%。

国营企业的资金利润（包括税金）率，"一五"时期平均为29.8%，1978年下降到18.2%。即使同1966年的22.5%相比，1978年仍低4.3个百分点。如果资金利润率能恢复到1966年的水平，一年就可增加250亿元的收入。

当然，上述资金使用效果的下降，在很大程度上是由于林彪、江青反革命集团的干扰破坏造成的，但同长期实行资金供给制，不对资金使用效果进行严格的核算，也有密切关系。种种事实说明，我国的资金管理制度，已经达到非改不可的地步了。改革的根本原则，应该是把资金无偿占用制改为资金有偿占用制，要求那些物质技术装备程度较高从而资金占用量较大的部门和企业，承担为社会提供较多的剩余产品的义务。具体来说就是，对基本建设投资从拨款制过渡为贷款制，对占用固定资产和流动资金实行付费制度，并且尽可能使应该统一的付费率和利息率统一起来。只有这样，才能使各地区、部门和企业对使用全民所有的资金真正负责，才能做到使资金使用的效果同各该单位及其职工的物质利益紧密联系起来，督促大家精打细算地使用资金，用较少的钱办较多的事，发挥和提高每一元资金的使用效果。

实行上述资金管理制度的改革，就要求相应地改革原来的定价办法，按生产价格定价，而不能直接按价值定价，也不能按成本利润率来确定价格构成中的利润额。这个道理很简单：实行资金付费原则，如果产品价格不按生产价格制定，而直接按价值制定，即比例于活劳动的支出来确定产品价格构成中的利润额（用比例于成本支出的办法来确定产品价格构成中的利润额，情况也差不多），那么，那些生产资金占用量高的部门和企业，由于那里资金有机构成高，活劳动支出少，利润就少，甚至可能因为它们的资金占用费比人家大得多而交不起，造成亏损。假定一个企业的固定资金占用量为10000万元，每年转移到新产品中去的价值为1000万元；流动资金占用量为3000万元，一年周转一次；每年工资支出为500万元，平均工资利润率为100%，那么年产品价值为 C_1（1000万元）+ C_2（2500万元）+ V500万元 + m500万元 = 4500万元。再假定年资金占用费率为5%，则该企业每年需付资金占用费为（10000万元 + 3000万元）× 5% = 650万元。如果产品按价值定价，那么，企业所创造的500万元剩余产品价值还不够交资金占用费。与此相反，那些生产资金占用量低的部门和企业，由于那里有机构成低，活劳动支出多，就能因资金占用费比人家少而留下较多的利润。可见，在物质技术装备起着日益重要的作用的社会主义现代化生产中，如果按价值定价，必然会使不同部门和企业处于不平等的地位，使利润不能反映各部门和企业职工主观努力的程度。同时，也使不同部门和企业不能具有同等的扩大再生产的条件，即使主观努力相同，也不能建立同等的与其规模相当的生产发展基金。这就会使人们感到采用先进技术装备会带来不利的后果，阻碍部门和企业向现代化进军。

有的同志说，"可以采取成本利润率为主，充分考虑资金利润率、工资利润率定价后，把资金税规定得企业缴得起，并能得到一定的好处。"还认为，为了使各个企业都缴得起资金税，可以考虑

"对不同部门不同类型的企业规定不同的资金税",而不必搞生产价格。[①] 我们认为,规定不同的资金税,对提高社会资金使用效果是有不利影响的,特别是不利于促使税率低的那些部门和企业提高资金使用效果。我们应力求使资金税率统一起来,使不同部门对使用社会的资金承担同等的义务。其次,实行资金税,是一种积极的提高资金使用效果的措施,价格制度应同这个措施很好地配合,而不能只限于使企业"缴得起"资金税就算了事。如果不按生产价格定价,而按成本利润率或工资利润率来确定价格构成中的利润额,就会阻碍人们努力采用先进的技术装备。因为这种价格制度不能保证采用新技术设备,从而提高产品的资金占用量,相应地得到较多的利润,反而因为要多缴资金占用费而吃亏。按生产价格定价则不同。这种价格制度是同资金付费原则相适应的。既然为了提高资金使用效果,规定使用资金要付费,那么定价时就要依据产品资金占用量的大小来确定价格构成中的利润额。那些为社会所需要,能带来生产技术进步或能更好满足人民生活需要的高精尖产品和其他产品,尽管其活劳动支出较少,包含的剩余劳动较少,但因它们资金占用量较大,就应该把价格定得高于它的价值。

过去常有人说,按生产价格定价,产品价格构成中比例于其所占用资金的大小来确定利润额,不但不能鼓励节约资金,反而会助长资金的浪费;不但不能合理地使用资金,反而会助长各部门、行业及其企业不合理地多占用资金。

我们认为,这个指责是不能成立的。

在社会主义制度下,制定各种产品的计划价格,从来是以社会平均定额为依据的。商品计划价格构成中的成本,是该商品的社会平均成本;高于社会平均成本的部分是不为社会所承认的,不作为制定计划价格的依据的。同样,计划价格构成中的利润,是以该商品的社会平均资金占用量乘平均资金利润率得出来的利润,而生产

---

① 参见纪正治《社会主义计划价格形成的几个问题》,《经济研究》1979 年第 4 期。

同一商品的不同企业的商品资金占用量是不同的，高于社会平均资金占用量的企业，尽管缴纳较多的资金占用费，但其高出的部分是不为社会所承认的，计划价格也不是以个别企业的资金占用量来确定商品价格中的利润的，即不会因为个别企业商品的资金占用量多就给这个企业的商品计划价格定得高些。在这种情况下，如果某企业的资金占用量低于社会平均资金占用量，那么，它少交资金占用费，就能获得较多的利润，取得较大的经济效果，在竞争中处于有利的地位。反之，如果某企业的实际资金占用量高于社会平均资金占用量，那么，它就得多交资金占用费，从而减少利润，降低经济效果，在竞争中处于不利地位。这不正好能推动生产同一商品的各个企业都努力降低成本，使本企业的成本低于社会平均成本，使本企业的资金占用量低于社会平均资金占用量，从而提高资金利用的效果吗？

从一个行业或部门来说也是这样。如果一个行业、部门经过各方面的努力，生产同质同量产品的资金占用量减少了，那么在价格和其他条件不变的情况下，就能得到更多的利润，表明它取得了更大的经济效果。如果价格随着商品的社会平均资金占用量下降而相应地下降（假定社会平均资金利润率不变），这就正好反映出该部门的劳动生产率提高了，从而经济效果也提高了。

由于经常存在个别企业资金占用量同社会平均资金占用量的比较，在其他条件不变的情况下，在一定时期内会出现企业资金占用量逐渐下降的趋势。待部门、行业平均资金占用量也随之下降后，企业资金占用量降低的新的运动又重新开始。部门或行业资金占用量运动的趋向也是这样。所以，以生产价格作为制定计划价格的基础，不但不会使整个部门单纯去增加资金占用量以提高产品价格，而且肯定能促使整个部门平均资金占用量的降低①。正如在商品经济中部门内部的竞争，即经常存在各个企业的个别价值与社会价值

---

① 除非国民经济计划和基本建设投资计划失误，未经仔细的可行性和预计计划成本、折旧率的正确计算，会造成某一部门、行业资金占用量大大超过原来行业的资金占用水平。

的比较，不但不会使产品的社会价值即社会平均必要劳动量提高，反而能促使各种产品社会价值降低一样。

按照上述指责，就会逻辑地得出这样奇怪的结论：既然成本是产品价格构成中的因素，就会促使人们提高产品成本而不是降低成本了。实际情况恰恰相反，因为价格构成中的成本是社会或部门的平均成本，所以每个企业总是力求降低它的实际成本，以便获得更多的利润。这是众所周知的在正常情况下推动企业改善经营管理的一个重要因素。

综上所述，可以认为，以生产价格为基础制定计划价格，是推动全社会和各地区、部门和企业提高资金利用效果的必要条件，也是改革我国资金管理制度的重要前提。

三

利用市场机制，开展在国家计划指导下，在国家政策、法令规定范围内的竞争，比较不同部门、不同地区和企业的经济效果和投资效果，也要求以生产价格作为制定计划价格的基础。

改革经济体制，要求把原来单一的计划调节，改为计划调节与市场调节相结合，在国家计划指导下，充分发挥市场调节的作用。这就要求尊重商品经济规律，从而也意味着社会主义经济中存在着竞争。

过去，反对"生产价格论"的"最有力"的理由是：社会主义不存在竞争，特别是不存在部门之间的竞争，因此不能形成平均利润率，也就没有形成生产价格的客观经济条件。这种意见，现在还有。[①] 但我们认为，随着我国经济体制的改革，这种观点越来越

[①] 有的文章说："在社会主义制度下，资金和资本主义社会的资本性质不一样，它没有要求平均利润的客观必然性，同时也没有自由竞争，没有资金的自由转移，这样，也没利润平均化的客观条件。"因此，"生产价格论在理论上是没有根据的"。孙膺武、戴震雷：《社会主义价格形成的基础是价值，不能是生产价格》，载《社会主义制度下价格形成的问题》，中国社会科学出版社1980年版，第207页。

站不住脚了。

实际上，竞争是商品经济运动的内在规律。只要存在商品，就存在竞争。有竞争，就必然会在客观上形成一个评价经济活动效果的社会平均标准。竞争中的优、劣就是由这个社会平均标准来检验的。所谓优就是成本低于社会平均标准，利润高于社会平均标准，经济效果大于社会平均标准。反之，情况就相反。例如在资本主义商品经济条件下，部门内的竞争使生产同种产品的个别劳动消耗均衡为社会必要劳动消耗，使个别价值均衡为社会价值。同样，部门间的竞争使各部门资本利润率平均化。当然，这种平均化是在生产者的背后通过市场的波动自发地形成的。应当指出，资本主义前期的商品经济，各部门、行业的资本有机构成都比较低，而且相差不大，部门间资本的竞争并不带来利润率的平均化。生产力发展到一定阶段，出现了资本有机构成高的行业，同时要求各行各业的资本有机构成逐步提高，这时才出现利润率的平均化，并使价值向生产价格转化。如果没有上述生产力发展的条件，光是竞争还不足以使价值转化为生产价格。正因为如此，所以马克思说：商品按照它们的价值或接近于它们的价值进行的交换，比那种按照它们的生产价格进行的交换，所要求的发展阶段要低得多。而按照它们的生产价格进行的交换，则需要资本主义的发展达到一定的高度。[①]

在社会主义条件下，发展商品经济，实行计划调节与市场调节相结合，无论是部门内的竞争还是部门间的竞争，虽然都在不同程度上通过市场，但是，它不完全是在生产者背后自发地进行的，而是在相当程度上受计划调节的。因此，社会价值不像在资本主义社会那样自发地形成，而是可以在一定程度上通过计划和统计报表，测算出其近似值，平均利润也是可以采取类似的方法加以测算的。

在社会主义制度下，确定各部门的平均利润率，对于选择最优的投资方案和最优的生产模型，也具有重要的意义。

[①] 参见《马克思恩格斯全集》第25卷，人民出版社1974年版，第197—198页。

社会主义经济是按比例发展的。各个部门的投资是由国家规定中长期的投资方向和主要投资项目确定的,企业改变生产方向一般需经主管机关批准。这同资本主义社会资本能完全自由转移是不同的。但是,国家在各个部门分配资金,不是任意决定的,需要考虑各种因素。在经济上需要考虑的一个主要因素就是各个部门的资金利润率即投资效果。这一点对于我们这样一个资金短缺的国家更加重要。我们一定要细心计算有限的资金究竟投放在哪些部门和行业,采取哪种技术,经济效果才最大。特别是随着企业自主权的扩大,以及实行中央和地方"两级财政",企业、部门和地方直接支配的生产发展资金愈来愈多。在这种情况下,企业之间联合投资,以至跨部门、地区之间的合营、联营等形式,都将发展起来。各个企业、部门和地区,自然只愿意将自己支配的资金投放在能带来较高利润率的部门和企业,从而在资金投放上形成竞争。国家要通过计划价格的指导,引导它们投放到国民经济需要着重发展的部门和行业。

　　对于有机构成高的行业的产品,就要使它们的价格定得高于它的价值,并按其资金占用量乘社会平均资金利润率来确定产品价格构成中的利润额,以保证其在正常生产经营中获得平均利润,具有同等的能够进行扩大再生产的经济条件。应当指出,采取这一政策与我国目前要发展劳动密集的行业和产品以扩大就业面的要求并不矛盾。有的同志企图用后者否定以生产价格为基础定价,我们认为根据不足。我们现在要发展一些劳动密集的行业和产品,主要是为了使较多劳动力就业,以增多社会新创造的财富。这丝毫不意味着对机械化程度较高的老行业、老产品,也要采取部分落后技术和吸收较多劳动力。如生铁生产,我们已经有了高度机械化和一定程度自动化,产品质量高、成本低的几千立方米的高炉,就没有必要(除特殊情况外)再发展使用劳力多、质量次、成本高、耗能和耗原材料大的一两百立方米的小高炉。又如我们已经有资金技术构成高的棉纺织行业,手工棉纺织业就不属于我们所要发展的劳动密集的行业。就是目前资金有机构成较低的采煤、砖瓦等行业，也不应长期采取工艺落后、资金有机构成低下的技术政策，相反，在国家投资和这些行业的生产发展资金逐步增加的条件下，这些劳动（主要是体力劳动）密集的行业也会逐步提高有机构成，这是生产发展的必然趋势。

在一般情况下，无论是企业还是公司，从本身利益出发，都愿意多生产利高的产品，少生产利低的产品，愿意将生产发展基金用于扩大利高产品的生产。这在实际上就是社会主义社会在国家计划指导下资金转移的一种形式。过去有一种观点，认为投资由国家计划决定，资金不能也没有必要转移，这是社会主义制度的一种优越性。这不是毫无道理的。今后，国家或社会仍然要把集中的巨大财力有计划地用于建设大型的、经济效果大的建设项目。但不论巨细，一律由国家计划投资，不让企业有一定的生产发展基金，不允许企业在国家计划指导下，有选择地进行扩大再生产或投资，全盘否定国家计划规定以外的资金转移的必要性，这对发展社会生产力也是不利的。通过资金的转移，反映在价格上，就会使产品价格与价值分离，向着使各种产品都获得平均资金利润率的方向靠拢。这就为产品价值向生产价格的转化提供了客观经济条件。

大家知道，社会主义生产是社会化大生产，不同生产部门之间存在着极为密切的联系。一个生产部门的劳动生产力的提高，可以使另一个生产部门的生产资料的价值降低，利润率提高。同时，随着现代化科学技术的发展，产品互相代用的范围日益扩大，如用塑料制品代替钢铁制品、木制品，用各种不同办法取得能源（包括建火电站、水电站、原子能发电站），采取不同的运输方式等，以及在对外贸易较大发展的条件下，某些产品（不是一切产品）在一定时间和一定条件下可以通过外贸来达到短期内的供求平衡。这样，就使我们在同样保证社会和人民的需要不断得到满足的条件下，在保证按比例发展的前提下，有更多的投资方案可供选择。以上这些，都要求用社会统一的标准（平均资金利润率）来衡量和比较不同部门的经济效果。这个统一的社会标准，即平均资金利润率，是衡量不同部门、行业或不同产品投资效果高低的准则，高于平均资金利润率的，投资效果高；低于平均资金利润率的，投资效果低。这样，在国家计划指导下，根据统一的社会标准即平均资金利润率选择投资方向，也会使产品价值转化为生产价格。

四

改革价格管理体制，承认国营企业是相对独立的商品生产者，赋予企业应有的经营权包括一定范围的定价权、调价权，也要求以生产价格作为制定计划价格的基础。

当前经济管理体制的改革要求改革价格管理体制。而改革价格管理体制的重要内容之一，就是真正承认国营企业在国家计划指导下和政策法令规定的范围内，有权对自己的产品（属于国家规定统一价格的除外）在一定的幅度内，自行定价和调价。应当逐步允许大多数商品的市场价格有一定的灵活性，允许价格在一定幅度内浮动，也允许某些次要商品由产销双方议定价格或自由定价。这种价格制度有利于开展竞争，鼓励先进，鞭策后进，促进联合，提高经济活动效果。

这里有必要谈一谈目前我们在价格问题上存在的矛盾。其一，由于不同产品价格畸高畸低，企业得到的利润以及作为生产发展基金、奖励基金和福利基金（有些还包括后备基金）那部分利润留成往往不决定于本身经营的好坏。为了发挥国营企业作为独立商品生产者的作用，发挥企业职工的积极性，需要对产品价格长期严重地背离生产价格的状况，进行有计划的改革。其二，企业自主权（包括一定范围的定价权、调价权）的扩大，同过于集中过于固定的、单一的计划价格制度的矛盾越来越尖锐，如不紧随经济体制改革相应前进，就必然成为经济体制改革的绊脚石。

为了说明这种改革的必要性，可以看一看目前各行业利润悬殊的具体情况。以 1978 年一部分重点工业品的行业为例,把实际数字换算为生产企业平均数 100,不同行业的利润悬殊情况如表 1 所示:

表1　　　　　　　　　　　　　　　　　　　　　　　　　　　　单位:%

	工资利润率	成本利润率	资金利润率		工资利润率	成本利润率	资金利润率
生产企业平均	100.0	100.0	100.0	合成化学纤维	664.5	177.2	169.6
焦煤、肥煤(重点矿)	5.9	18.5	11.5	棉纺织单织	137.6	58.0	493.2
油田(石油)	588.4	577.0	310.8	自行车(大厂)	373.3	139.7	606.4
炼油	1242.4	166.3	416.3	手表	803.1	813.4	654.1
电(重点企业)	455.7	280.5	98.4	钟表元件	637.2	1021.2	876.7
钢铁(重点企业)	148.1	123.8	84.5	缝纫机	126.9	99.0	231.4
轧钢	504.2	130.7	573.0	其中:大厂	249.3	135.4	513.7
铁矿	69.2	144.7	43.6	中厂	63.4	45.0	87.0
铝(矿到铝)	242.8	203.4	118.8	缝纫机(工业用)	376.6	250.3	518.5
锡(矿到锡)	13.1	39.2	16.7	缝纫机零件	28.7	75.8	52.7
化工	227.9	149.9	158.8	卷烟	61.3	17.1	57.1
轮胎	823.4	198.0	576.8	甜菜糖	51.9	46.6	43.6
油漆	641.1	133.1	513.2	甘蔗	182.9	133.3	149.0
硫化铁	8.7	24.9	11.5	火柴	24.0	48.6	80.8
磷肥	44.1	38.2	43.4	电筒	232.3	192.4	646.0
抗菌素药	872.6	578.0	639.6	金笔	359.9	324.9	623.6
水泥	83.7	82.9	47.5	重型机械	34.2	51.0	15.9
油毡	448.5	152.7	542.3	铸造机械	19.1	28.6	14.8
铸石	1.0	4.1	2.1	汽轮机	50.6	91.3	28.6
纺织	128.7	74.2	215.5	电器	160.2	166.3	131.9

由上表可见,不论从哪个利润率来观察,现存的价格管理体制和计划价格体系都有相当多不合理的地方,已妨碍经济体制改革,特别是扩大企业自主权的进展。目前我们扩大企业自主权最重要的

是扩大财权。但是，由于价格不合理，部门、行业及企业的盈亏和利润的大小，不完全决定于经营管理的好坏，而在很大程度上决定于商品计划价格的高低，使各部门、行业及其企业产生苦乐不均的现象。这种情况已经到了非改革不可的时候了。当然，社会主义计划价格，涉及面极广，与人民生活有着密切的关系，改革必须有利于生产的发展，有利于安定人民的生活。因此，需要进行大量深入的调查研究，条件已具备的地方，可以在科学的改革的总体设想和规划下，稳步地进行改革，切忌鲁莽从事，贻误工作。

目前我国的计划价格体制，是我国现行的国民经济管理体制的一个组成部分，其缺陷和弊端主要表现为权力过于集中，统得太死，把价格权限完全统一于各级行政机关手里。在各级行政机关中，价格权力又过多集中在中央级机关。甚至在价格分工目录中，连南方的活鱼的价格也属中央业务部门管理的权限。这种价格体制的改革已刻不容缓。

改革的办法主要是：第一，中央部门分工管理的权限除少数品种外，应逐步下放到地方；有些定价权、调价权中央和地方要酌情逐步下放到企业。

第二，改变单一的计划价格为多种价格形式。首先，对于主要农产品的收购、销售价格，燃料、动力和主要原材料的出厂价和销售价，与人民群众生活关系密切的重要消费品的出厂价、销售价，铁路、民航、邮电、主要水运的价格和收费标准等，保持由国家制定计划价格，这种价格一般应遵从价值规律，以生产价格为基础制定。其次，实行由国家及省、市、自治区人民政府批准的浮动价格，这种价格形式随着我国国民经济的发展而逐步扩大其范围。在国家批准的商品品种和浮动幅度内，企业有完全的定价权和调价权，任何行政单位不得随意干预。再次，对次要和零售商品一般采取议价和自由定价。某些三类物资，在主要产区，在一定时间内还需采取包销、派购以及统销的形式，以保持市场物价的基本稳定。这样，价格管理体制就从单一的计划价格调节过渡到计划价格调节与市场价格调节相结合,从主要依靠行政组织、行政办法管理价格,改为除关系国计民生的重要商品外,其他商品主要依靠经济组织、经济办法和包括价格法在内的法律办法来管理价格。

这里还需要着重论述一下浮动价格问题。过去不承认国营企业是相对独立的商品生产者,不承认在国家计划指导下,在国家的政策法令规定的范围内,国营企业有权按照社会和市场的需要,独立地进行商品生产、交换等经济活动,也不承认企业生产、经营活动要兼顾国家、地方、企业、劳动者和商品消费者的利益,国营企业有利润就全部上交,企业自然不太关心经营的好坏,不太关心产品的价格。自从提倡经济核算,实行企业利润留成或实行缴纳所得税后利润归企业,企业及其职工就非常关心其商品的价格。同时,由于改变了商业、物资部门"有产必收"的盲目性,某些价高利大的商品卖不出去,企业之间也出现竞争。为了适应这一新的形势,国家物价总局同有关经济部门决定对一些产品实行浮动价格。

国家批准第一批向下浮动价格,是从1979年8月1日起对电子元件实行在最高限价内可以向下浮动若干幅度。电子元件价格实行向下浮动这件事,引起了连锁反应。第一机械工业部等也对一部分产品实行浮动价格。一年多的试点实践证明,目前供过于求和供求平衡的属于生产资料的工业品,实行浮动价格,不但没有坏处,反而能促进企业改善经营管理,提高质量,降低成本,调整产品方向以适合社会需要。

在价格管理实行统一价格、浮动价格和自由议价的条件下,随着经济管理体制改革的进行,市场因素的作用越来越大,价格形成受市场影响程度将越来越深。这样,在客观上早已存在的商品价值转化为生产价格,就得到越来越恰当的体现。国家按照社会需要和经济效果大小来分配巨大工程的投资;企业的投资也要适应国民经济有计划按比例发展的要求。国家根据社会的需要规定哪些产品是要鼓励企业投资的,哪些是要限制企业投资的,作为企业投资时的参考。每一个企业、部门和地区,都要讲求资金使用效果,尽力使每一元投资带来更多的纯收入。竞争促使大家乐于在国家计划指导下把资金投向有利的能带来更多收入的部门和商品的生产，并使利润率趋于平均化。只要价格可以浮动，就必然使那些商品资金占用量较高的商品的价格，稳定地高于它的价值，使那些商品资金占用量较低的产品的价格，稳定地低于它的价值，使利润率的平均化成为现实的经济过程。

同时，各种价格形式是互相联系、互相影响的。经济运动的统一性，必然使由国家统一定价的那部分产品的价格，也要同在市场上互相竞争的产品的价格那样，以生产价格为基础。由国家统一制定的价格，不是可以想高就高，想低就低的。在社会主义商品经济中，既然产品价值客观上必然转化为生产价格，在制定计划价格时就要顺应这一客观要求，以生产价格为基础，使我们较好地按价值规律办事，发挥价值规律促进国民经济有计划按比例发展的作用。如果实行统一的计划价格的产品，除去有特殊情况者外，不以生产价格为基础，就必然会同实行浮动价格或自由议价的产品形成比价不合理的现象，这些实行统一的计划价格的产品的价格，就会受到冲击，并造成产销脱节，打乱比例关系，不利于国民经济的发展。当然在一定条件下，限于国家的财力和物力，对于生产某种重要消费资料的工厂实行的批发价低于生产价格，在一定时期内还是必要的。

可见，随着社会主义现代化建设的需要，改变单一的计划价格形式，改革价格管理体制，实行灵活的价格制度，也要求计划价格以生产价格为基础。过去，我们以社会主义实行统一的计划价格或固定价格制度为前提论述价格要以生产价格为基础，常常被别人指责为是一种主观想象或脱离实际的空想。这不是没有一点道理的。因为当时的论述只是力图说明，按生产价格定价合理，对组织和发展社会主义经济有利，而没有充分论证：社会主义商品价值转化为生产价格是一个不以人的意志为转移的自然的经济运动过程，并且这一过程早已开始。严格说来，实行单一的统一的计划价格制度往往影响人们认识社会主义商品的价值向生产价格的转化。由于单一的计划价格制度限制了竞争，妨碍人们努力讲究资金使用效果，从而阻碍人们按照平均资金利润率来安排生产、投资和制定价格。所以，在实行中央集中管理体制时，尽管有人主张生产价格论，但往往遭到相当多的人的反对。只有改革经济体制，部门、行业及其企业要求得到大体接近的资金利润率，才促使人们比较普遍地承认社会主义经济本来就是有计划的商品经济，才促使人们逐步承认存在生产价格。多年来，人们总是认为电力工业和铁道运输的成本利润率是够高的了，而不承认电价和铁路运价应当以生产价格为基础制定，以致这些部门不能靠自身的生产发展基金配合国家必要的投资，来改造以至发展电力工业和铁道的运输能力，使它们在国民经济中较长期地处于短线地位。形势的发展，使人们非按商品经济的规律办事不可，非在国家计划指导下实行市场调节不可，非采取打破计划价格一统天下的局面以开展社会主义的竞争不可，非允许众多商品逐步采用浮动价格不可，等等。这样，社会主义商品价值转化为生产价格的必然性，才能更为充分地显露出来，以生产价格为制定计划价格基础的必然性才更充分地得到理论论证，才较易为更多的人在实践中理解它、认识它。在这种情况下，对那些仍然需要采用计划价格形式的商品也要以生产价格为定价的基础，就不会只是某些人头脑中想象的或纯粹理论的东西，而是社会主义经济发展的客观要求。我们认为，这是经济体制改革包括价格管理体制改革带来的必然结果。

（原载《经济研究》1981 年第 1 期）

当前我国经济效果低的主要原因何在*

当前我国经济形势很好，一方面工农业生产在调整中前进，人民生活近几年来有所改善；另一方面，财政经济仍然面临相当大的困难，潜伏着财政连年赤字、物价上涨难以控制的危险。如何使国民经济继续朝着好的方向发展，克服面临的困难，成为当务之急。我们认为，消灭浪费，从提高经济效果方面狠下功夫，是克服经济上潜在危险的根本办法。

一 经济效果低是当前我国国民经济中一个突出的问题

粉碎"四人帮"以来，我们在提高经济活动的效果方面，取得了一定的成绩，但是还有许多经济效果指标不但很低，而且还没有达到历史最好水平。

全社会劳动者平均每人创造的国民收入按现价计算1979年为838元，比1957年增长1.2倍；按可比价格计算增长87%，平均每年增长2.9%，比"一五"时期的平均每年增长6.4%低3.5个百分点。

我国按人口平均的国民收入水平，不但大大低于发达的国家，而且落后于许多发展中国家，居世界一百位之后。特别是它的增长速度起伏很大。请看表1。

---

* 合作者：张卓元。

表1　　　　　　　　　　按人口平均国民收入　　　　　单位：美元、%

年份	中国	美国	苏联	日本	西德	法国	英国
1950	21	1722	339	195（1952年）	437	620	681
1960	68	2537	752	414	1249	1193	1265
1970	95	4348	1327	1694	2808	2527	2039
1976	134	7089	2014	4395	6644	5840	3563
1977	154	7860	2100	5013	7672	6443	3926
1978	183	8762	2180	6987	9540	7909	4926
1951—1960年年平均增长	12.5	3.9	8.3	7.8	11.1	6.8	6.3
1961—1970年年平均增长	3.4	5.5	5.8	15.1	8.4	7.8	4.9
1971—1976年年平均增长	5.9	8.5	7.2	17.1	15.4	15	9.7
1977—1978年年平均增长	16.9	11.2	4	26.6	19.8	16.4	17.6

注：中国和苏联不包括非物质生产部门的收入，其他国家均包括。各国货币均按国际货币基金组织公布的当年官方平均汇率折成美元。

从上表可见：我国按人口平均的国民收入增长速度在50年代比表中其他国家都快。但是，在60年代和1971—1976年，我国是表中各国增长速度最慢的。粉碎"四人帮"后有好转，1977—1978年，我国增长速度开始赶超。

从分项指标来看，我国经济效果指标也是令人不安的。

首先，关于基本建设投资效果方面，情况为：

（1）固定资产交付使用率下降。1950—1979年30年合计，全国基本建设投资共6517亿元，新增固定资产4541亿元，交付使用率只有70%。其中"一五"时期为83.7%，"二五"时期为71.4%，三年调整时期为87.1%，"三五""四五"时期下降到60%左右，1976—1979年回升到73%。

（2）在建工程占用资金过多。三十年来，在建工程资金占当年投资额的比重是不断提高的。"一五"时期为63%，"二五"时期为96%，三年调整时期为170%，"三五""四五"时期为175%和166%，1976—1979年为180%。而1960—1974年苏联在建工程占当年投资比重为70%—80%，美国只有40%。

（3）建设周期长。大中型项目的建设周期，"一五"时期平均为6年半，"四五"时期以来延长到11年以上。从工期看，"一五"时期，建设一个30万吨煤炭矿井工期为27个月，建设一个10万—25万千瓦火电站工期为41个月，而1976—1979年，建设同等规模的矿井和电站，工期分别为74个月和55个月。

（4）工程造价高。每亿元投资新增的能力，"一五"时期炼钢为7.49万吨，棉纺锭为14.6万锭，而1976—1979年，分别为3.79万吨和11.2万锭，平均下降49.4%和23.3%。

（5）积累效果和投资效果降低。"一五"时期平均每百元积累（包括人民公社和集体单位积累）增加的国民收入为35元；每百元固定资产投资（不包括集体所有制经济单位投资）增加的国民收入为52元；每百元固定资产投资增加的利润和税金为20元。而1976—1979年平均分别为23元、34元和15元。

其次，关于生产方面的经济效果，情况为：

（1）工业固定资产和设备利用率低。1979年年底，国营工业固定资产为3467亿元，比1952年增长22倍，比1957年增长9倍，而同期工业总产值只增长17倍和6.7倍。每百元固定资产实现的工业产值，1979年只有103元，而1952年为134元，1957年为138元。

1979年全国重点工业企业34项设备利用率指标中有23项还没有达到历史最好水平。全国机床利用率自1970年以来逐年下降，1979年为52%，1972年批准引进的26个成套设备项目，在已建成的18个项目中，生产能力发挥不到50%的就有7个。

（2）物质消耗高。据粗略估算，在社会总产品中，物质消耗所占比重，"一五"时期为44.3%，"二五"时期以后逐年上升，1976—1979年为55.8%，1979年上升到56%。其中工业部门的物质消耗1976—1979年为65.9%，比历史最好水平的1966年的62.7%高3.2个百分点。影响物质消耗比重上升的原因很多，如部门结构、技术条件变化等，但其中一个重要因素是浪费严重。1979年全国重点工业企业71项消耗指标中，还有48项未达到历史最好水平。每亿元工农业总产值消耗的能源，1979年为9.5万吨标准煤，比"一五"时期的6.2万吨高3.3万吨。

农业总产值中，物质消耗比重提高幅度更大。1976—1979年平均占30%，比以往各时期平均高4—5个百分点。在农业收益分配中，农业生产费用占总收入的比例，1976—1979年达到32%左右，比1956年的22%高10个百分点。

（3）产品质量差。1979年全国重点工业企业57项产品质量指标中，还有27项（47%）未达到历史最好水平。在已恢复最好水平的产品中，也还有不少产品质量远远低于外国同类产品的水平。我国出口的工业产品，多是我国最好的产品，可是在国外的售价只相当于国外同类先进产品售价的2/3以下甚至1/10。如果我们把质量（包括包装质量）搞上去，就可以增收成倍的外汇。

（4）产品成本高。全国国营工业企业可比产品成本中，"一五"时期平均每年降低6.5个百分点，1963—1965年平均降低9个百分点，而1979年只比上年降低0.3%。1979年工业企业可比产品成本总额为1886亿元，每降低1个百分点，就可以节约近19亿元。从大中型企业主要产品单位成本看，还有所提高。1979年47项单位产品成本指标中，有38项高于1965或1966年的水平。如生铁、钢锭、水泥、火电、棉布等都比1965年高二至三成。

（5）每百元资金提供的利润税金减少，亏损额增加。1979年国营企业全部资金（包括固定资产净值和流动资金）为6403亿元，比1952年增长19倍，而同一时期提供的利润和税金只增长13倍。国营企业每百元资金实现的利润和税金，1952年为25.40元，1978年只有18.20元。说明经济效果不但没有提高，反而有所下降。

利润减少的一个重要原因是亏损企业的亏损额增加。1979年全国国营企业亏损额比1966年增加1.8倍。1979年亏损额中扣除粮、油、肉、农机等价格补贴的政策性亏损外，属于经营性亏损上百亿元。1979年年底工业企业亏损面达23.5%。1980年（至8月底）亏损面仍达23.1%。

（6）投资回收期延长。由于生产效果不好，致使投资回收期延长。按照固定资产投资与新增加的利润税收计算，"一五"时期为5年，"二五"时期为34年，"四五"时期为25年，1976—1979年为7年。1953—1979年的27年合计，固定资产投资额为8550亿元，新增加的利润税金为1036亿元，投资回收期为8.3年。比日本、美国、苏联长3—5年。

再次，流通资金周转慢。1979年年底，全国国营企业占用流动资金3060亿元，相当于当年国民收入的90%，比1952年增加17倍，高于同期国民收入增长3.9倍和利润税金增长13倍的速度。其中工业企业占用流动资金1109亿元，平均每百元产值占用流动资金31元，比历史最好水平1956年的17元多占用14元，商业每百元销售收入占用流动资金1979年为49元，比历史最好水平1956年的37.1元多占用约12元。

流动资金周转慢的一个重要原因是库存积压太多。1979年年底全社会机电设备库存已达640亿元，超过储备定额120多亿元，其中报废的占20%；1979年钢材库存达1893万吨，1980年上半年又增加到1980万吨，按每吨750元计算，达149亿元，超过储备定额90亿元，仅这两项就多占用流动资金超过200亿元，约占全部流动资金的7%。

二 当前我国经济效果低的主要原因

当前我国经济效果低，反映了我国的生产水平、技术水平和管理水平低，说明在生产、建设、流通等环节上存在很大的浪费。现在要研究的问题是，造成当前国民经济各部门经济效果低，不少指标还低于五六十年代的水平的原因在哪里？也就是要研究，造成不少经济效果指标从"二五"时期或从1967年开始下降，一直到现在未能回升到历史最好水平的主要原因是什么？

从宏观经济来看，目前我国经济效果低的原因很多，如比例失调、结构不合理、经济体制不合理，等等。但是，究竟哪个原因是主要的呢？有的同志认为是经济体制不合理，有的同志认为产业结构不合理，有的同志则认为是比例失调。看来，这个问题需要作进一步的分析。

目前我国经济效果低，同经济体制不合理当然是有关系的。我国长期以来实行的经济体制是一种高度集中的、以行政管理为主的体制。这种体制的弊端很多，不利于企业和劳动人民的主动性和首创精神的发挥，与用最少的劳动消耗取得最大经济效果的要求不相适应。

从我国三十年经济建设的实际情况来看，目前我国经济效果低，同我国长期以来基本建设安排不周有直接关系。由于基本建设规模太大，战线过长，致使投资效果降低；由于基本建设项目安排不当，建成后或因不配套，或因原材料不足，不能正式投产，能力发挥不出来，影响了生产效果；由于基本建设投资方向不能从我国国情出发，扬长避短，而是弃长就短，一个劲儿发展重工业，还搞以钢为纲，造成高消耗、高浪费，降低了生产建设的效果；由于盲目地发展了一大批技术落后的"五小"企业（如小化肥、小钢铁等）和新"五小"企业（如小烟厂、小酒厂、小纺织厂等），生产的产品质量低、消耗大、成本高，不仅影响生产效果，也增加产品的积压。如此等等。而基本建设规模过大，战线过长，同我国经济管理体制上的缺陷的确又有直接的联系。因为实行资金供给制的管理体制，助长和鼓励了各部门、地方和企业争投资，投资争到手后，可以对投资效果不负经济责任。所以多年以来，尽管计划、财政、信贷等部门，也曾想方设法设几条防线，防止基本建设规模过大，战线过长，但总是不能奏效，基本建设像一匹脱缰的野马，越来越难控制，以至1979年年初提出调整方针以后，光是在建大中型项目截至1980年9月底还有958个，这些大中型项目全部建成尚需投资1448亿元，还要花六七年的时间。

可见，经济体制不合理，的确是造成我国目前经济效果低的一个重要原因。

但是，不能说经济体制不合理是我国目前经济效果低的主要原因。因为，无论"一五"时期或1963—1965年，即我国经济效果较高的年份，其经济管理体制同其他年份基本上是一样的。

同时，也不能把造成经济效果低的基本建设战线过长，完全归咎于经济体制即资金供给制上。因为同样实行资金供给制，几十年来轻工业的基本建设战线并不过长，反而过短。

另外，不少国家的经济体制和我国基本相同，却不存在经济效果在一个长时期内（超过十年），在相当程度上低于以前的情况，因此一般都没有提出经济效果要恢复到历史最好水平的任务。相反，许多经济技术指标，还能随着生产水平、技术水平和管理水平的提高而提高。可见，现行的经济体制，虽然不利于经济效果的更快提高，但是如果没有别的问题，经济效果还是有可能在受限制的情况下得到提高的。

同样，也不能把我国目前经济效果低的主要原因，归于产业结构不合理。

我国近三十年来，产业结构向重工业发展。1949年，重工业产值占工农业总产值的比重仅为7.9%，而到1957年上升到27.3%，1962年为35.5%，1965年为34.8%，1970年以后提高到40%以上（除1971年和1974年略低于40%以外），1975年占40.6%，1976年占40.1%，1977年占41.4%，1978年占42.6%，1979年占42.3%。这种产业结构的选择，不符合我国国情，同生产力发展的规律相违背，自然会影响经济效果的提高。问题在于，在同是产业结构向重工业发展期间,有的时期经济效果好,有的则不好。所以,产业结构向重型结构方向发展,不能说明目前经济效果低的问题,更不能说明经济效果有的时期骤然下降的问题。

我们认为,目前我国经济效果低,最直接和最主要的原因,在于二十多年来,包括粉碎"四人帮"以后两年经济建设工作上"左"的错误,即脱离我国国情,一直盲目地追求高速度、高积累,加上"文化大革命"的破坏,造成的国民经济比例的严重失调。

中华人民共和国成立以来,我国国民经济发生过两次严重的失调,一次是1958—1962年,即"二五"期间,一次是"文化大革命"期间。正是这两次比例关系严重失调期间,不但在生产发展上发生大的曲折,而且也使经济效果下降。例如,工农业增长速度,"一五"时期为30.9%,"二五"时期降为0.6%,1976年为1.7%。按1970年不变价格计算,国营工业企业全员劳动生产率年平均增长率,"一五"时期为8.7%,"二五"时期不但没有提高,反而下降5.4个百分点,"四五"时期下降0.3个百分点,1976年更进一步下降8.6个百分点。独立核算的国营工业企业经济效果的一些指标是这样的:每百元资金实现的利润,1957年为24元,1962年为8.5元,1976年为11.4元。每百元资金实现的利润和税金,1957年为34.7元,1962年为15.1元,1976年为19.3元。每百元产值占用的流动资金,1957年为19.4元,1962年为38.7元,1976年为16.9元。

综上所述,无论生产的发展还是经济效果,差不多都是"一五"时期比较好,"二五"时期不好,1963—1965年情况好转,不少指标还超过"一五"时期,但从"三五""四五"到1976年,情况又不妙。经济效果的上述大起大落的变化,正好同国民经济比例关系是否协调相一致。凡是国民经济比例协调时,经济效果就高,而凡是国民经济比例失调的时候,经济效果就差。

粉碎"四人帮"以后,出现了复杂的情况。本来,从1976年

10月粉碎"四人帮"到1978年年底，国民经济比例失调情况并没有纠正过来，在某些方面还有所加剧，但是经济效果却比1976年有所好转。这是因为，在十年动乱中，经济效果的下降，除了是由于比例失调外，还由于"四人帮"对生产的直接破坏，如挑动武斗、煽动停工停产、破坏交通运输等。粉碎"四人帮"后，随着批判和清算"四人帮"破坏生产的罪行，社会生产逐步恢复和发展，经济效果也有所提高。问题在于，粉碎"四人帮"后头两年，由于对比例失调的严重性认识不足，由于对中华人民共和国成立以来经济建设的经验教训没有进行认真的总结，经济稍为好转，又急于想大干快上，提高指标，制订不切实际的发展计划，盲目大量引进国外成套设备等，结果加剧了比例关系的失调，从而阻碍经济效果的进一步提高，也是造成至今许多经济效果指标仍然没有恢复到历史上最好水平的原因。

从当前看，由于比例失调影响经济效果提高，至少有以下几个方面：

第一，由于积累与消费比例关系失调，积累率过高，基本建设规模与我国国力不相适应，战线过长，这就必然打消耗战，使建设周期延长，胡子工程增多，工程造价提高，投资效果下降。需要特别提出来的是，1978年后期，由于指导思想失误，追加基建投资，结果预算内投资追加了83亿元，自筹资金的投资也超过计划30多亿元，使1978年基建投资比1977年增加了115亿元，增长32%。这种盲目扩大基建规模不但投资方向有问题，即仍然主要用于发展重工业，加剧比例失调；而且还用突击的方式同外商签订了22项引进成套设备的项目，计划总投资为500多亿元，其中外汇123亿美元，建成后每年需用油1100万吨，煤2100万吨，更加脱离我国的国力和能源供应。这些项目大部分在引进设备过程或建设过程中难以为继（如果硬要搞下去就会把整个国民经济拖垮），不得不中途下马或推迟建设，造成的损失数以十亿元计。这种情况，必然极为严重地影响我国积累使用的效果。

第二，由于能源工业的发展不能适应加工工业和国民经济发展的需要，我国现有工业生产能力有 20% 以上得不到利用，不少企业停三开四或停四开三。国家科委有一个材料说，目前全国一年缺电四五百亿度，因而减少的工业产值达 750 亿元以上。这也说明，微观经济活动效果低，各个企业、部门和地区经济效果低，在相当大的程度上是由宏观方面的计划安排失误、国民经济比例失调引起的。问题还在于，许多行业目前现有企业（包括设备先进、效率高、产品质量好、成本低的企业）还吃不饱，有的地方又在盲目重复建设新厂，出现以小挤大、以落后挤先进、以新厂挤老厂的不正常状况。这只能使原材料、燃料、电力更加紧张，使更多的企业"吃不饱"，经济效果下降。

第三，人口的增长与物质资料的增长不适应，全面就业与提高劳动生产率矛盾突出。每年城乡有上千万人要求就业，光是城镇在 1985 年前每年就有 350 万人。另外，国民经济发展缓慢，同时又限制集体经济和消灭个体经济，就业基本上由国家包下来，而且主要往工业部门特别是重工业部门安排，使就业的路子越走越窄。粉碎"四人帮"后，虽然国家花了很大的力气，安排了两千多万人就业，但是，城镇待业青年还有相当大的数量。今后三五年，几乎每年还要安排六七百万人就业，而这几年正好处于国民经济调整时期，积累率要逐步降低，经济发展速度不能很快，前几年和今后几年安排这么多人就业，同提高劳动生产率发生矛盾。这是长期以来国民经济比例失调，包括人和物的增长比例失调，对经济效果产生的消极影响。

第四，由于国民经济比例长期失调，人民生活欠账很多，影响劳动人民积极性的发挥，从而影响经济效果的提高。在粉碎"四人帮"以前，职工和农民收入长期没有提高，实际生活水平甚至有所下降。同时，在基本建设投资中长期以来"骨头"（生产性建设）与"肉"（非生产性建设）的比例失调，住房特别紧张。这就造成对人民生活欠账很多。粉碎"四人帮"后，特别是党的十一届三中全会以后，国家花了很大的力气扭转这种状况，从各个方面提高人民收入和生活水平。但是由于过去欠账太多，不可能一下子还清，至今人民生活还有不少困难，加上前几年工作失误，使得财政收支1979年和1980年出现大量赤字，货币的财政性发行造成通货膨胀，物价上涨，这些都在一定程度上影响劳动人民积极性的发挥，从而影响经济效果的提高。

总之，无论从历史上看，还是从当前情况看，我国经济效果高低变化和影响经济效果不能正常提高的主要原因，在于国民经济主要比例关系不协调。这种比例关系的不协调，既影响微观经济效果，又影响宏观经济效果即全社会的经济效果的提高。

要提高我国经济效果，需要多方面的努力。总的来说，是要彻底清算"左"的错误，端正经济建设的指导思想，走出一条适合中国国情的发展经济的新路子。现阶段，要坚决贯彻执行党中央提出的调整、改革、整顿、提高的方针。具体来说，除了要对企业进行整顿，不断提高生产水平、技术水平和管理水平外，从宏观经济的角度，需要着重做好如下三个方面的工作。

第一，调整国民经济比例关系，克服比例失调，保证社会生产的按比例协调发展。这是最主要的一条。

当前，调整国民经济的中心环节是下决心压缩基本建设战线。这实际上是调整积累与消费的比例关系，通过调整积累与消费的比例关系调整国民经济的比例关系，包括各产业部门的比例关系。

第二，调整产业结构，向合理的产业结构过渡。

要提高经济效果，特别是宏观经济效果，就要考虑真正从我国具体条件出发，建立合理的产业结构，即轻型结构。

我们现在提出要搞轻型结构，主要就是从我国国情出发，承认生产力发展的规律，要求首先和加速发展农业、轻工业，重工业的发展要建立在农业、轻工业发展的基础上，根据农业、轻工业发展的要求而发展，真正为农业、轻工业服务。只有这样，速度才能快，效果才能高。

第三,按照客观经济规律改革我国经济管理体制。

我国经济管理体制改革的总方向,是在坚持生产资料公有制占优势的条件下,按照社会主义社会化大生产和商品经济客观规律的要求,把高度集中的国家决策体系,改为国家、经济单位和劳动者个人相结合的决策体系;把单一的计划调节,改为在计划指导下,充分发挥市场机制的作用;把主要依靠党政机构、行政办法管理经济,改为主要依靠经济组织、经济办法和经济法规管理经济,调动各方面的积极性,合理地组织各种经济活动,以最少的劳动消耗取得最大的经济效果,加速社会主义现代化建设。

(原载《经济研究》1981 年第 4 期)

再论计划经济与市场调节

一

党中央《关于建国以来党的若干历史问题的决议》指出："必须在公有制基础上实行计划经济，同时发挥市场调节的辅助作用。"1982年春节，陈云同志在同国家计委负责人谈话时，再次强调我们国家是计划经济，必须坚持以计划经济为主，市场调节为辅。计划经济与市场调节的关系，涉及我国经济管理体制，首先是计划管理体制改革方向问题。近几个月来，我国经济理论工作者和经济工作者，集中讨论了"以计划经济为主，市场调节为辅"问题，大家的体会不完全一致。归纳起来，大致有以下几种看法：

其一，认为以计划经济为主，就是以指令性计划为主。理由是：指令性计划是社会主义计划经济的基本标志；关系国家经济命脉的重要企业是由国家经营的，关系国计民生的产品是由国家掌握的。对这部分占工农业总产值大部分的生产实行指令性计划，就表明我们的经济基本上是计划经济。

其二，认为以计划经济为主，是指以计划管理为主。计划管理包括指令性计划和指导性计划。除少数关系国计民生的主要产品采取指令性计划以外，多数产品的生产和销售采取没有约束力的指导性计划。持这种观点的同志认为，学会利用经济杠杆，逐渐减少指令性的计划，代之以指导性的计划，这是我们今后计划体制改革的一个重要内容。

其三，认为以计划经济为主，就是以计划调节为主。我们的国民经济主要靠计划调节，市场调节只起辅助作用。

在讨论中，许多同志认为，无论是指令性计划、指导性计划或计划调节，都要利用经济杠杆。例如，通过制定正确的价格政策保证供求的平衡，通过调整税率来调节各类企业和产品的盈利水平，通过银行信贷来鼓励或限制某类产品的生产，等等。但是，这些都是国家自觉地利用价值形式的经济杠杆来保证国家计划的顺利实现，属于计划调节的范围。只有在国家计划许可范围内的自由生产，或者商品价格不由国家统一规定，而随市场供求情况自行浮动的，才属于市场调节。

综上所述，在如何理解"以计划经济为主"问题上，存在着不同的看法。在"以市场调节为辅"问题上，一般都认为市场调节是指自由生产、价格自由涨落的那一部分。但是，这样一来，似乎"计划经济"中不包括市场调节的补充作用，市场调节在"计划经济"范畴之外了。所有这些，都是需要继续探讨的。

二

为了全面地理解计划经济与市场调节的关系，有必要从社会主义生产的调节者是什么，以及它们通过什么形式起作用谈起。

（1）社会主义生产的调节者

有计划地在各个生产部门之间按比例分配社会劳动，是社会主义和共产主义社会的客观经济规律。马克思说："社会必须合理地分配自己的时间，才能实现符合社会全部需要的生产。因此，时间的节约，以及劳动时间在不同的生产部门之间有计划的分配，在共同生产的基础上仍然是首要的经济规律。这甚至在更加高得多的程度上成为规律。"① 斯大林总结苏联社会主义经济三十多年的实践经验,在《苏联社会主义经济问题》一书中正确地指出,国民经济有计划按比例发展规律是社会主义生产的调节者。同时,他还强调,国民经济有计划发展的规律的作用,只是在它以社会主义基本经济规律为依据时,才能充分发挥出来。因此,可以说,社会主义基本经济规律和国民经济有计划发展规律,是社会主义生产的调节者。与此同时,斯大林认为价值规律在社会主义生产中不起调节作用。这同他把社会主义商品生产的范围看成仅限于个人消费品有关。近年来,我国经济学界在这个问题上有所突破。许多同志认为,社会主义的商品生产和商品交换,不仅存在于全民所有制和集体所有制经济之间,而且也存在于全民所有制经济内部。根本的原因是,在全民所有制企业之间,存在着经济利益上的差别,它们事实上是作为相对独立的商品生产者互相对待的。在社会主义经济中,不仅消费品是商品,生产资料也是商品。在广泛存在着商品生产和商品交换的情况下,作为商品生产"基本规律"的价值规律当然也就普遍地发生作用。作为价值规律运动形式的价格,对所有经济单位来说,就不仅仅起着"簿记"的作用,而且涉及企业和劳动者的经济利益,不能不影响他们执行国家计划的积极性,从而也就不能不对生产起一定的调节作用。实际经济生活也充分证明了这一点。为什么许多"长线"产品老是超额完成计划,甚至国家计划要限产也限制不了呢?就是因为这些产品价高利大;为什么有些"短线"产品往往完不成国家计划,甚至国家采取行政命令要求增产也往往不能完全奏效呢?主要是因为这些产品价低利小,甚至亏本。关于这个问题,胡乔木同志说得好,"可见价值规律对于社会主义制度下的生产并非没有调节作用。我们经济建设的实践也证明了这一点。在制订国家计划的同时,我们可以而且应当通过价格政策使价值规律起一定的调节生产的作用";"斯大林说,价值

---

① 《马克思恩格斯全集》第46卷(上),人民出版社1979年版,第120页。

规律在社会主义制度下对生产不起调节作用，至多只能说有些影响，是说得过分了。"① 怎样根据客观经济规律的要求来调节社会生产呢？胡乔木同志说："计划第一，价格第二，这是说我们首先要根据社会的需要来制订计划，其次要为各种产品规定合理的价格，让这些价格为计划服务，而不是把两者割裂开来。"② 我完全同意胡乔木同志的意见。我认为，所谓"根据社会需要"，是指社会主义基本经济规律和国民经济有计划按比例发展规律的要求；所谓"为各种产品规定合理的价格"，是指价值规律的要求。总之，社会主义生产的主要调节者是社会主义基本经济规律和国民经济有计划发展规律，价值规律也起一定的调节作用。

（2）价值规律通过市场起辅助的调节作用

既然价值规律对社会主义生产也起一定的调节作用，那么，它通过什么形式起这种作用呢？价值是看不见、摸不着的东西，价值规律的作用，只能在市场上各种互相交换的商品价格的变动中表现出来。恩格斯说："商品价格对商品价值的不断背离是一个必要的条件，只有在这个条件下并由于这个条件，商品价值才能存在。只有通过竞争的波动从而通过商品价格的波动，商品生产的价值规律才能得到贯彻，社会必要劳动时间决定商品价值这一点才能成为现实。"③ 列宁说："价格是价值规律的表现。价值是价格的规律，即价格现象的概括表现。"④ 价格高于价值，对生产者有利，刺激他发展生产；反之，则不利，迫使他减产或转产。价值规律正是通过价格的运动对生产起调节作用。在社会主义计划经济的条件下，我们当然是以社会需要，而不是以利润高低作为编制计划的主要依据，并通过指令性计划和指导性计划加以贯彻执行。同时，也必须

---

① 胡乔木：《按照经济规律办事，加快实现四个现代化》，《人民日报》1978年10月6日。
② 同上。
③ 《马克思恩格斯全集》第21卷，人民出版社1965年版，第215页。
④ 《列宁全集》第20卷，人民出版社1958年版，第194页。

利用价值规律的调节作用，通过合理地制定和调整各类商品的价格，以利于国家计划的顺利完成。这也就是以计划经济或计划调节为主，市场调节为辅的客观依据。有些同志不同意这个观点。他们认为，虽然社会主义经济存在着商品生产和商品交换，从而也就存在着市场、价格等经济范畴，但市场同市场调节是两个不同的概念。自觉地利用价格等与价值有关的经济杠杆，属于计划调节，不属于市场调节。

　　我认为，市场和市场调节的确是有区别的，市场是各种商品交换关系的概括，市场调节是通过市场价格变化引起的利害得失而对商品生产发生的影响，二者不能混为一谈。但是，也应该看到二者的联系。承认社会主义存在统一的市场，而又不承认市场的调节作用，这等于说，存在着不计较利害得失，对生产者的经济利益不发生任何影响，从而对生产也不发生任何调节作用的市场交换关系。这就实际上否认这种交换关系是商品交换关系，否认价值规律在这种交换关系中有一定的调节作用。不错，社会主义经济是计划经济，工农业产品的主要部分是按计划生产的。国家计划首先是按照社会需要安排的，而主要不是根据利润高低安排的。但是，如上所述，国家在制定和调整价格时，不能不考虑价值规律的要求，价格合理与否，对计划能否顺利完成关系极大。这就说明市场对按国家计划安排的工农业产品的生产也发生一定的调节作用。差别只是在于，当我们自觉地按价值规律的要求办事，各种商品的比价安排比较合理，国家计划的执行就比较顺利；反之，则不那么顺利，甚至加剧比例失调。例如，过去相当长一个时期内，农产品特别是粮食价格偏低，农业生产发展缓慢，农轻重比例很不协调。三中全会以后，我们大幅度地提高粮食和其他农产品的收购价格，近几年来农业生产形势很好，农业生产计划完成得比较好，农轻重比例逐步趋于协调。当然，这几年农业形势好，还有实行各种形式的农业生产责任制等原因。但是，无可否认，自觉地利用价格杠杆，发挥市场调节的辅助作用也是一个重要因素。因此，我认为，在存在着商品生产和商品交换,从而存在着市场的地方,市场调节作用是一种客观存在,无论我们是否自觉地加以利用,它都在那里发生作用,只是后果有所不同而已。至于说自觉利用价格等经济杠杆,属于计划调节而不属于市场调节的范围,这不禁使人产生一个疑问,所谓"自觉地利用价格等经济杠杆"的意义何在呢?难道不正是打算通过调整价格对生产起一定的调节作用么?如果根本不存在市场调节的作用,那么,自觉利用价格等经济杠杆还有什么必要呢?

三

社会主义经济是计划经济,同时,它不是自给自足的自然经济,也不是排除了商品货币关系的产品经济,而是广泛存在着商品生产和商品交换。社会主义的商品生产和商品交换,不同于资本主义的商品生产和商品交换。首先,它不是无所不包的。在社会主义条件下,劳动力不是商品,国家所有的自然资源,不能买卖,不是商品。其次,它不是以生产资料私有制为基础盲目发展的,而是以生产资料社会主义公有制为基础,在国家计划指导下发展的,是有计划的商品经济。价值规律通过市场对整个社会生产起着辅助的调节作用。如果这个观点能够成立的话,现行的经济管理体制特别是计划管理体制要相应地进行改革。

社会主义社会必须在公有制基础上实行计划经济,这是马克思主义经典作家反复论证过了的。问题是怎样具体实行?在50年代中期以前,许多国家照搬苏联的模式。这种模式的理论基础是,社会主义国营企业之间的交换不是商品交换,不存在市场问题,价值规律对社会生产不起调节作用。因此,这种模式是以排斥市场机制、实行中央高度集中的指令性计划为基本特征的。这种体制的优点是,它能把社会物质资源和劳动力集中于社会急需方面,保证国民经济特定的部门获得较快的发展。这种体制的最大缺点是,它否定基本生产单位相对独立的经济利益和经营管理的自主权,把它们都变成国家各级行政机构的附属物。企业一切经营活动都直接听命于上级的指令，使整个国民经济陷于僵化和半僵化状态。事实上，国家或社会经济中心不可能对数以十万计的企业和亿万群众的日常生产和生活的一切需要都加以精确计算，更不可能向一个个生产和经营单位及时下达符合社会复杂需要的精确的生产计划和分配计划。与此同时，生产单位又无权根据社会需要来修改计划和相应地改进自己的经营活动。因此，产需脱节，产品品种规格花色单调，效率低下，便成为高度集中的指令性计划体制的必然伴侣。实践向人们提出：怎样在保证整个社会生产有计划发展的同时，使生产单位能自觉地根据社会需要的变化及时地调整自己的生产计划和改进自己的经营活动？50 年代中期开始，所有原来实行单一指令性计划体制的国家都先后进行了改革。其共同点是不同程度上利用市场机制，突破了把计划经济同单一的指令性计划等同起来的传统看法，采取了一些市场调节的形式。

在我国，陈云同志最早发现传统的计划管理体制的弊病，并提出一系列改革的正确措施。1956 年 9 月，陈云同志在一篇题为《社会主义改造基本完成以后的新问题》的讲话中，针对当时经济管理中集中过多、管得过死的现象，主张：改变工商企业之间的购销关系，把商业部门对工业部门的加工订货办法，改为由工厂购进原料、销售商品的办法。商业部门对工厂产品的采购，采取下列两种办法：（一）对有关国计民生和规格简单的产品，如棉纱、棉布、煤炭、食糖等等，继续实行统购包销，以便保证供应，稳定市场。（二）对品种繁多的日用百货，逐步停止统购包销而改用选购办法。凡属选购的商品，商业部门有权优先选购；没有选购和选剩的商品可以由工厂自销或者委托商业部门代销。除某些供不应求的原料可由国家分配以外，其他原料由工厂自由选购。对于一部分农副产品，例如小土产，由供销合作社独家统一收购，改为允许各地国营商店、合作商店、合作小组和供销合作社自由收购、自由贩运，禁止互相封锁。小商小贩在合作小组内的各自经营的办法，应该长期保存。在物价政策上,允许按质论价,新产品试销期可以有一定程度的高价,对一部分小土产可以自由议价。在生产计划方面,对于日用百货、手工业品、小土产不下达指令性计划,只下达参考指标,让生产这些日用百货的工厂,可以按照市场情况,自定指标,进行生产,而不受国家参考指标的束缚,并且根据年终的实绩来缴纳应缴的利润。陈云同志当时设想的我国经济模式是这样的:(一)在工商业经营方面,国家经营和集体经营是工商业的主体,但是允许存在一定数量的个体经营。这种个体经营是国家经营和集体经营的补充。(二)在生产计划方面,全国工农业产品的主要部分是按照国家计划生产的,但是同时有一部分是按照市场变化而在国家计划许可范围内自由生产的。计划生产是工农业生产的主体,按照市场变化而在国家计划许可范围内的自由生产是计划生产的补充。(三)在社会主义的统一市场里,国家市场是它的主体,但是允许存在一定范围内国家领导的自由市场。这种自由市场,是在国家领导之下,作为国家市场的补充。因此它是社会主义统一市场的组成部分。

陈云同志的这些观点是对传统的计划经济观念的重大突破。第一,他把全国的经济活动都放在社会主义的统一市场里来考察,这就打破了那种否认社会主义经济存在着广泛的商品生产和商品交换,社会主义经济不存在市场问题的老框框。第二,他把计划管理划分为指令性计划、参考性计划(指标)和自由生产三部分,打破了把计划经济说成是单一的指令性计划的传统观念。第三,他把国家领导的自由市场看成是社会主义统一市场的组成部分。这同过去把自由市场说成是旧社会的残余、社会主义经济的异己力量的老观点,是根本不同的。

陈云同志的这些观点是非常正确的。可惜当时在"左"倾的错误指导思想影响下,没有得到贯彻。在"大跃进"和十年动乱的年代,在所有制结构上,盲目追求从小集体向大集体过渡,从集体所有制向全民所有制过渡,热衷于割资本主义尾巴,消灭个体经济，取缔自由市场；力图在集体经济中也推行国营经济中推行的那一套单一指令性计划的做法。结果，产需脱节越来越严重，经济效益越来越差，加剧了比例失调。经济管理体制非改革不可了。1978年12月，党的十一届三中全会公报指出："现在我国经济管理体制的一个严重缺点是权力过于集中，应该有领导地大胆下放，让地方和工农业企业在国家统一计划的指导下有更多的经营管理自主权。"针对经济管理中违反经济规律，忽视市场和价值规律的缺点，公报强调："应该坚决实行按经济规律办事，重视价值规律的作用，注意把思想政治工作和经济手段结合起来，充分调动干部和劳动者的生产积极性。"根据党中央和国务院的指示和决定，近几年来，我们对经济管理体制进行了一些改革。在流通方面，逐步改变了对大多数产品的统购包销制度。除粮食、棉布和石油、煤炭、木材等少数极为重要和短缺的消费品和生产资料继续实行统购包销以外，一般商品由商业部门按照市场需要制订收购计划，工厂按照商业部门的收购计划和市场需要制订生产计划。生产任务不足的工厂可以根据市场需要，改变产品品种，自行开辟销售市场。凡按国家标准生产的合格产品和国家定点供应的工业品，可以在全国范围内销售，禁止地方和部门互相封锁市场。在物资分配方面，除关系国计民生的紧缺的原材料和设备继续实行计划分配外，对一些长线产品实行敞开供应，开设生产资料市场，发展物资信托服务，等等。另外，近几年不但恢复了农村集市贸易，而且农村社队和农民还可以进城出售国家允许上市的农副产品。在对外贸易方面，国家允许一部分地区和企业，在外贸部门的统一领导下，自己经营进出口业务，或与外贸专业公司联合经营。总之，在流通领域中，扩大了市场调节的范围。

　　三年多来的经验证明，正确处理计划和市场的关系，适当利用市场调节的作用，效果是显著的。当然，由于当前我国的产业结构不合理、价格不合理、管理体制不合理的状况还没有根本改变过来，市场调节的范围和程度还受到很大的限制。而且由于宏观方面的控制和监督的工作没有跟上，经济立法也不健全，在扩大市场调节过程中，也产生了一些混乱，在某些方面冲击了国家计划。例如，粮食收购基数越来越小，超购加价、议价部分越来越大，由于销价不动，国家财政负担越来越重；有些重要原材料调拨不灵，等等。但是，这并不是市场调节所带来的必然结果，而是由于当前我们处于调整时期，国民经济的一些主要比例关系还很不协调，各种改革还不配套、不同步而产生的。因此，解决的办法不是排斥市场调节，而是继续前进，更好地处理计划和市场的关系，探索完善经济体制和计划体制的办法。

根据上述的陈云同志的设想和近几年来我国初步改革的经验，同时借鉴外国的经验，可否设想，我国的计划管理体制，实行指令性计划、指导性计划和自由生产相结合的制度，在整个计划管理中，都要发挥市场调节的辅助作用。

（1）指令性计划。除了对带有全局性的、关系国计民生的重要经济活动，由国家进行综合平衡，统一安排，有关部门和地方必须贯彻执行以外，为了保证国民经济的协调发展，为了保证人民生活的基本需要，对有关国计民生的重要短缺物资的生产和分配，实行指令性计划，价格由国家统一规定，计划执行单位必须保证完成。这里包括国营企业生产的一些主要生产资料和集体经济单位生产的某些重要农副产品，以及定量供应的消费品。在这个场合，国家主要根据由社会主义基本经济规律和国民经济有计划按比例发展规律所决定的社会需要来安排计划，其次才考虑市场和价值规律的要求，有时甚至为了全局的利益暂时违反这些要求。市场调节的作用在这里比较弱一些。在生产力水平较低、物资比较缺乏，特别是在比例失调的情况下，指令性计划的范围较大。顺便指出，过去形成一种观念，似乎按国家计划指令生产、收购、调拨和分配的东西越多，计划性就越强。这是一种误解。实际上，这是物资不丰富和比例失调的情况下不得不采取的措施。它虽然有保证最低限度需要的好处，但却限制了企业和个人选择的自由，容易产生货不对路，这里积压、那里脱销的弊病。而且，过去把这部分商品排除在商品生产和商品交换范围外，安排生产和交换都很少考虑市场供求和价值规律的作用，这些商品的价格长期不动，容易造成价格与价值的长期背离，既不利于调节生产，也不利于调节消费，平衡供求。今后，实行指令性计划部分，也必须根据市场供求情况和商品价值的变化，尽可能及时地调整生产计划和商品价格。同时，还应该根据经济情况的好转，逐步减少指令性计划的范围，以便企业更好地按照实际情况来改善自己的经营活动，更好地满足社会需要。例如，对机械产品的生产和分配，过去绝大多数以指令性计划指标下达任务。在基本建设投资规模很大、许多产品供不应求时，问题还不突出。近几年基本建设投资规模大幅度压缩以后，问题就暴露出来了。1981年，国家虽然下达了产值指标，但通过主管部门安排的生产任务（如统配汽车、出口援外任务，以及由主管部门组织的订货会议等），只占计划产值的20%—25%，其余75%—80%的产值任务是靠企业自己通过市场解决的，而且全年还超额完成了产值计划。这个例子说明，在供过于求时，适当减少指令性计划范围，相应地扩大市场调节的范围和作用，更有利于完成国家产值计划任务，更好地满足社会需要。当然，在特殊情况下，对个别生产严重过剩的产品，也可以下达限产的指令性指标。但这只能是个例外，普遍实行这个办法，将使整个社会生产萎缩。应当指出，由于任何时候都会存在一些比较突出的不平衡，必要的行政干预和指令性计划仍然是必须保留的，完全否定指令性计划是不对的。

（2）指导性计划。对比较重要的商品的生产和销售，实行指导性计划。指导性计划只供生产和销售部门参考，没有约束性。商业部门可以参照指导性计划指标和市场需要向工业部门订货、收购产品。工业部门按照商业部门订货和市场需要组织生产。国家对这些商品规定浮动价格。指导性计划的特点是，它不是主要依靠行政手段，而是主要依靠价格等经济手段来保证计划的实现，以便更好地反映市场的需要。在这里，市场调节的作用比在指令性计划下要大一些。

（3）自由生产。对于品种繁多的一般日用百货及其他农副产品的生产和销售，国家既不下达指令性指标，也不下达指导性指标，只发布一般的市场预测，并划出一部分物资供应企业和个体劳动者自由选购。这部分小商品可以随行就市，价格自由涨落。企业和个体劳动者在国家计划总的要求下，完全自主地进行经营活动。市场调节在这里表现得最为明显。但是，这种自由生产不同于资本主义的自由生产。因为它是在国家计划允许的范围内，在国家政策法令的指导下进行活动的。它实际上是一种间接计划。而且，由于指令性计划和指导性计划所包括的商品都是重要或比较重要的商品，它们的产值占社会总产值的绝大部分，所以自由生产部分只是国家直接计划的补充。这种自由生产和自由市场，是社会主义计划经济和社会主义统一市场的组成部分。

实行指令性计划、指导性计划和自由生产相结合的计划管理体制，将使我国经济的发展既能沿着社会主义的方向前进，又能灵活地适应市场需要，更好地保证国民经济协调发展。

综上所述，我们国家是计划经济，在计划管理体制上，可以实行直接计划（包括指令性计划和指导性计划）和间接计划（自由生产）相结合的制度。一方面，无论是指令性计划、指导性计划，还是自由生产，都受主要体现社会主义基本经济规律和国民经济有计划按比例发展规律要求的国家统一计划调节。另一方面，由于社会主义经济中还广泛存在着商品生产和商品交换，价值规律通过市场还起一定的调节作用，国家计划必须利用市场调节的辅助作用。这种辅助作用对指令性计划、指导性计划，特别是对自由生产部分都是必需的，只是它起作用的程度不同而已。这种计划管理体制，可能更符合社会主义经济规律的要求。

（原载《经济研究》1982年第6期）

中国社会主义经济的模式[*]

党的十一届六中全会通过的《关于建国以来党的若干历史问题的决议》（以下简称《决议》）指出："社会主义生产关系的发展并不存在一套固定的模式，我们的任务是要根据我国生产力发展的要求，在每一个阶段上创造出与之相适应和便于继续前进的生产关系的具体形式。"这是对我国社会主义改造和社会主义建设的正确总结。

我们是在半封建半殖民地的废墟上建设社会主义的。怎样建设？谁也没有经验。过去世界上只有一个社会主义国家，就是苏联。我们跟全世界所有的共产党人一样，以为苏联的模式就是社会主义经济的固定模式。第二次世界大战以后，东欧和亚洲都出现了一些社会主义国家。当时大家都没有经验，以为在列宁斯大林这样的经典作家领导下搞起来的苏联就是社会主义，苏联的模式，或者叫苏联的样板，就是唯一正确的样板，只要照抄照搬就行了。所以，当时所有国家毫无例外地都抄袭苏联的模式。苏联怎么搞，我们也怎么搞。后来实践证明，苏联的模式虽然有它的优点，但是也存在不少的问题。在我国，毛泽东同志最早觉察到苏联模式的弊病。1956年4月，他发表了《论十大关系》的讲话，初步总结了我国社会主义建设的经验，提出了探索适合我国国情的社会主义道路的任务。毛主席讲"十大关系"，就是因为发现苏联那个办法和我们照抄苏联那个办法，问题很多，想丢掉拐棍，我们自己走路，

---

* 本文系作者1982年9月14日在全国总工会干校政治思想工作学习班上的讲话。

走一条适合我国国情的道路。但是，由于对经济发展规律和中国基本情况认识不足，更由于毛泽东同志、中央和地方不少领导同志在胜利面前滋长了骄傲自满情绪，急于求成，夸大了主观意志和主观努力的作用，提出了许多不切实际的目标和措施，使我国国民经济受到几次大的挫折。我们大家都经历过的三年经济困难时期以及1976—1978年那个新的冒进，这样的一些折腾就妨碍了社会主义制度优越性的充分发挥，延缓了社会主义建设的进程。

这里附带解答一个问题。有的同志提出，能不能说社会主义建设总路线是基本上正确的？为什么在社会主义建设中会发生忽视客观经济规律的缺点？是执行中的问题，还是总路线本身的问题？1958年提出社会主义建设总路线：鼓足干劲，力争上游，多快好省地建设社会主义。能不能说这条总路线是基本上正确的呢？《决议》没有那么说。《决议》这么讲：1958年，党的八大二次会议通过的社会主义建设总路线及其基本点，其正确的一面是反映了广大人民群众迫切要求改变我国经济文化落后状况的普遍愿望，其缺点是忽视了客观的经济规律。没有说这条路线是基本上正确的，而是说它有正确的一面，就是反映了广大人民群众迫切要求改变我国经济文化落后状况的普遍愿望。当时说，总路线的灵魂就是速度，就是要快，这个愿望是可以理解的。大家都想早一点改变我们国家贫困落后的面貌，这是主观愿望，这个主观愿望的缺点就是忽视了客观经济规律。因此我们不能说这条路线基本上是正确的，也不能说它完全都错。因为它有正确的一面，所以《决议》是那么讲的。刚才我们说了，毛主席曾经探索我们国家建设社会主义的道路，他提出社会主义建设总路线也是这样一种尝试。而现在看来，无论人民公社化运动也好，"大跃进"也好，都是违背客观经济规律的，造成我们国家经济上极大的损失，人民受到很大的苦难，我们年纪大一点的同志都经受过的。正像《决议》里面讲的：三中全会以来，我们党已经逐步确立了一条适合我国情况的社会主义现代化建设的正确道路。所以要讲正确道路的话，那就是三中全会以后。在这以前都是在探索，包括社会主义建设总路线在内也是在摸索。所以我领会，从《决议》的精神来看，不能说社会主义建设总路线基本上是正确的，只能说它有正确的一面，但是它违背了客观经济规律。三中全会以后确立的适合我国国情的社会主义现代化建设的正确道路，包括确立了我们国家社会主义经济建设的模式。

关于中国社会主义经济的模式，《决议》是这样写的："社会主义生产关系的变革和完善必须适应于生产力的状况，有利于生产的发展。国营经济和集体经济是我国基本的经济形式，一定范围的劳动者个体经济是公有制经济的必要补充。必须实行适合于各种经济成分的具体管理制度和分配制度。必须在公有制基础上实行计划经济，同时发挥市场调节的辅助作用。"据我的体会，这个模式的基本点有三点：第一点，在社会主义公有制占优势的前提下，允许多种经济成分并存。第二点，采取灵活多样的管理制度和分配制度。就当前来说，主要是实行各种不同形式的经济责任制。无论是工业也好，农业也好，都要实行各种不同形式的经济责任制。第三点，坚持实行计划经济，同时利用市场的作用。这种模式，既是我国社会主义建设经验教训的总结，也是今后建设的方针。下面，我就分别谈一谈这三个方面的问题。

第一，在社会主义公有制占优势的前提下，允许多种经济成分并存。

关于这一点，《决议》讲："到1956年，全国绝大部分地区基本上完成了对生产资料私有制的社会主义改造。这项工作中也有缺点和偏差。在1955年夏季以后，农业合作化以及对手工业和个体商业的改造要求过急，工作过粗，改变过快，形式也过于简单划一，以致在长期间遗留了一些问题。"中华人民共和国成立初期，我国存在五种经济成分，就是国营经济、合作社经济、公私合营经济、资本主义经济，还有个体经济。1953年公布了过渡时期的总路线，开始对个体农业、个体手工业和资本主义工商业进行社会主义改造。原来计划是用十五年的时间，从1953年算起吧，到1967

年完成，用三个五年计划完成三大改造。但是实际上只用了不到四年的时间，到 1956 年就基本结束了。正如《决议》讲的：要求过急、工作过粗、改变过快，发生了这么一些缺点。

在农业社会主义改造方面，主要的错误是脱离了生产力的状况，盲目地追求一大二公。1955 年以前，农业合作化的主要形式是互助组，有少数的初级社。1952 年参加初级社的农户只占全部农户的 0.1%，1953 年参加初级社的农户只占农户总数的 0.2%。1954 年有增加，但是也只占 2%，到 1955 年也只有 14.2%，这几年是逐步前进的。从 0.2% 增加到 14.2%。到 1955 年的时候还没有高级社，一个也没有。可是到 1956 年，掀起了个农业互助合作运动的高潮，一年之间参加高级社的农户竟达到 87.8%，所有的互助组都升级了，一下子跳到高级社。初级社也下降了，初级社从 14.2% 降到 8.5%。1957 年，参加高级社的农户达到 96.2%。这就是说，绝大多数农民从互助组甚至从个体经济一跃而进入高级社。紧接着，1958 年又搞了人民公社化运动，当时不但农村搞，城市也搞，大刮共产风。所以除西藏以外，99.1% 的农户，差不多全部都进入人民公社了。它的后果是破坏了农业生产力。从 1956 年合作化高潮以后，农业收入增长率和粮食增长率每年都是递减的。1955 年农业收入增长率是 8%，粮食增长率是 8.5%。1956 年就下降了，农业收入增长率从 8% 降到 4.4%，粮食增长率从 8.5% 降到 4.8%。1957 年，高级社已经占 96.2%，那年农业收入的增长率进一步下降到 3.1%，粮食增长率降到 1.2%。1958 年人民公社化运动，农业收入增长率降到 0.2%，几乎没有增长；粮食增长率降到 2.5%。人民公社化以后，1959 年和 1960 年，这两方面都是大幅度下降。1959 年农业收入下降 16.4%，粮食减少 15%。1960 年农业收入减少 16.9%，粮食减少 15.6%。就是大幅度下降，这个大家都记忆犹新。那么这几年农业收入下降，粮食大幅度减产，主要原因是什么呢？过去我们说这主要是因为这几年自然灾害很大，另外还有苏联方面的原因。那么实际情况如何呢？要说苏联撕毁协议，撤走专家，对工业有影响，这还能说得过去，对农业就不好说。它没有撕毁我们什么农业协议。那么自然灾害究竟怎么样？最近中国社会科学院系统研究所和农委的几个同志搞了一个研究，就是对影响粮食生产的多种因素进行了分析。他们说，在我们的统计年报里，1959—1961年的旱灾面积被夸大了，与这三年的气象资料不符。如统计年报里1961年旱灾面积为5亿6千7百万亩，但是根据气象资料推算，1961年受灾面积仅1亿亩左右。因为每年都有气象资料的，中国气象怎么样，世界气象怎么样都是清清楚楚的。所以实际的旱灾面积只有我们统计报表的1/5还不到。我又问了一下我们研究农业的同志：平均来讲中国每年受灾面积大概是多少？因为我们中国太大，每年没有一点地方受灾也不可能，只是有多有少就是了。他们讲平均起来每年受灾面积大概4亿亩。那么按这个来计算的话，1961年的受灾面积还低于平均数，低于正常的年份。但是粮食这么大幅度的减产，应该说主要是政策上的原因，过"左"的经济政策造成农业大幅度的减产。这是很大的教训，付出了极大的代价。

下面再讲关于对手工业的社会主义改造。1955年在农业合作化高潮的推动下，手工业也出现了合作化高潮。到1956年年底，已经有90%以上的手工业者参加了合作社，基本上完成了手工业的社会主义改造。1958年到1960年，许多手工业合作社改用机器生产，升级为地方国营企业，其余陆续合并改组，变成大集体企业，从小集体过渡到大集体，归二轻局领导。大集体企业实行统负盈亏，赚了钱全部交给上级，赔钱的话由上级补贴；对劳动者发给固定工资，工资福利待遇由上级领导机关统一规定，以略低于国营企业为原则。这实际上同地方国营企业没有多少差别，由分灶吃饭过渡到吃大锅饭；由按劳分红过渡到按固定工资分配，搞平均主义，也就是干多干少一个样，干好干坏一个样。这种体制显然对生产力的发展是不利的。过去我曾讲过，三大改造以后，我们实际上只剩下了一个半所有制。为什么叫一个半所有制呢？一个所有制是全民所有制；在城市里面基本上都是全民所有制；除了国营企业是全民所有制以外，集体企业一个是过渡到国营企业，那就也是变成了全民所有制；原来那个小集体过渡到大集体，变成了地方国营，变成小全民。所以在城市里基本上清一色的就是国营，不是中央国营就是地方国营。在农村里，实际上成了半个所有制，就是农村人民公社的所有制。过去我们宣传说它的优越性是加进了全民所有制的因素，公社的干部是国家派的，拿国家的工资。它实际上变成了我们国家政权的基层组织，原来的乡政府变成了现在的人民公社了，乡政府没有了，实际上是公社在那里指挥一切，调动一切。从这个意义来讲，它和全民所有制的经济单位没有多少差别。但是它又保留着某些集体所有制的性质、因素。为什么呢？因为这个公社和那个公社之间，这个生产队跟那个生产队之间还保留着差别。经营管理上的差别、土地好坏的差别，收入还不平均，还不能在公社之间搞平均主义，所以说它实际上是半个集体所有制。我们搞了几十年，1978年以前只剩下了一个半所有制。总之，在城市里对手工业这样搞了以后，就大大地挫伤了劳动积极性，使得劳动生产率逐步下降。如北京市有一个材料很能说明问题。从1953年到1957年，集体所有制工业全员劳动生产率年平均增长速度是16.3%，是比较快的。那时基本上是小的合作社、手工业的互助组、合作社或合作商店的时期。那个时期搞的初级合作化运动确实能够提高劳动生产率，增长也比较快。但是从1958年到1975年，就下降了。过渡到大集体后，下降到7.8%，下降了50%多。从1976年到1978年，那时候又砍"资本主义尾巴"，进一步限制集体经济，劳动生产率又降到3.2%。所以说对手工业的改造也是要求过急、过快，脱离了生产力发展的水平，对劳动生产率的提高起了阻碍作用。

对个体商贩的社会主义改造，也有类似的问题。从1958年起，合作小组和合作商店并入国营商业，自负盈亏的小商贩几乎完全绝迹了。据统计，1953年我国城镇有近900万个体劳动者，包括小商贩、小手工业者，占当时职工总数（不到2千万人）的一半。

1966年个体劳动者还有200万人,在"文化大革命"期间,大砍"资本主义尾巴",个体经济几乎完全被消灭了。到1978年,全国城镇个体劳动者只剩下15万人了。也就是说,由1953年的近900万人降到1978年的15万人,个体经济基本被消灭了。

实践证明,我们在城镇中削弱集体经济和消灭个体经济的政策是错误的。因为,国营经济没有足够的力量充分举办各种直接为人民生活服务的生产事业和服务事业,也没有能力全部吸收新成长起来的劳动力。根据资料:全民所有制企业每吸收一个职工就要投资1万元。我们没有那么多力量来搞那么多的基本建设,来提供那么多就业的机会,而别的出路却没有。集体的不让发展,个体也不让干,只有铁饭碗一条路,全民所有制一条路。而国家又没有那么多投资来办那么多事业、企业。这就出现了一种怪现象:大量的人没有事干,待业几千万人,同时大量的事情又没人干。大家都感觉到,商业服务行业很缺,商业网点很少,造成吃饭难、行路难、住店难、修理难、做衣难等难题。由于我们经济成分过于单一,只有一个所有制,别的出路都堵死了,剩下国营那条路又很窄,这就自己把自己困住了。十一届三中全会以后,我们批判了过去"左"的政策,批判了"左"的指导思想,放宽政策,积极发展自负盈亏的集体经济,恢复和发展了个体经济。在农村采取了很多措施。实际上是调整生产关系,以适应生产力的发展的要求。在城市里积极发展自负盈亏的集体经济。原来统负盈亏吃大锅饭的,要逐步改成分灶吃饭,自负盈亏。甚至有的国营小企业可以包给职工去经营。新发展的集体企业、自己组织起来的,让它们自负盈亏,民主管理,按劳分红,也可以按股金分红,真正办成个集体经济,不要什么都由国家包起来。还要恢复和发展个体经济。截至1981年3月31日,全国城乡个体工商户已达105万2千户,超过126万人。其中城镇个体户是55万多户,近66万人。今年(1981年,下同)7月,国务院颁布了《关于城镇非农业个体经济若干政策性规定》,个体经济又有了迅速的增长。

另外，1979年国务院还颁布了《中外合资经营企业法》，允许外国人、华侨、港澳同胞到国内投资，或者同我们合资经营，或者搞来料加工、合作生产，或者是独资经营。截至1980年年底，我国已批准的中外合资经营企业有20个，总投资2亿多美元，其中外资1亿7千多万美元。已经批准的合作经营项目300多个，吸收外资约5亿美元。1980年，我国与外国厂商成交的中小型补偿贸易共有350多项，引进的技术设备总值1亿多美元。另外有3项大型补偿贸易，引进技术设备价值8000多万美元。正在商谈合资经营的有30多个国家和地区，共有300多个项目。这样，在我们的宪法、法规和条例里面规定的我们的经济领域中，又增加了国家资本主义和私人资本主义经济成分，经济比过去搞得更活了。

多种经济成分并存的理论根据是什么呢？马克思说："无论哪一个社会形态，在它们所能容纳的全部生产力发挥出来以前，是决不会灭亡的；而新的更高的生产关系，在它存在的物质条件在旧社会的胎胞里成熟以前，是决不会出现的。"① 一句话，旧的生产关系的灭亡和新的生产关系的出现，都取决于生产力发展的水平。由生产力决定，不是由人们的意志决定。在旧中国，帝国主义、封建主义、官僚资本主义，这种旧的生产关系，严重地摧残了社会生产力，终于被中国共产党领导的人民民主革命推翻了。我们是在这个废墟上建设社会主义的。怎样建设呢？列宁说过："由于历史进程的曲折而不得不开始社会主义革命的那个国家愈落后，它由旧的生产关系过渡到社会主义就愈困难。"② 列宁的意思是说，生产力越落后，由旧的生产关系过渡到社会主义就越困难。在俄国，十月革命胜利以后，列宁曾经设想，除了建立国有化的社会主义经济以外，要采取国家资本主义的形式发展社会生产力，为过渡到社会主义创造物质条件。当时曾经提出搞租让制，吸收外国资本，甚至把

---

① 《马克思恩格斯选集》第二卷，人民出版社1972年版，第83页。
② 《列宁全集》第27卷，人民出版社1958年版，第77页。

一些矿山、土地租给外国资本家，让他们来经营，或者吸收他们的投资，来搞合资经营。实际上也搞了一些，后来因为资本主义各国敌视新生的社会主义国家，所以搞得很少，没有取得很大的成就。在我们国家，旧中国的经济比当时的俄国更加落后。存在多层次的生产力，既有一部分现代化的大机器生产，又有相当一部分的半机械化、手工操作。农村是以手工劳动为主，没有什么机械化。与这种生产力的水平相适应，我们也只能建立多层次的经济结构、多种经济成分、多种经营方式。中华人民共和国成立初期，我们正是这样做的。当时存在国营、合作社、公私合营、私人资本主义、个体经济五种经济成分。由于贯彻执行了正确的经济政策，在国营经济领导下，允许多种经济成分并存，发挥它们各自的作用，国民经济得到迅速的恢复和发展，很快消灭了旧社会遗留下来的大批失业现象，人民生活也有了很大改善。所以大家现在都怀念恢复时期和第一个五年计划时期。而那个时期正是多种经济成分并存的时期。可是，我们有些同志让胜利冲昏了头脑，忘记了什么是历史唯物主义，忘记了生产力决定生产关系这个基本原理、夸大了主观能动作用。他们从社会主义的定义、概念出发，以为既然社会主义就是建立全社会的公有制，就是要消灭私有制、消灭剥削、消灭阶级，于是就不顾生产力发展的具体状况，鼓吹生产关系的不断革命，妄图很快就可以建立纯而又纯的社会主义社会。他们甚至否定列宁阐述的科学论断，认为经济越落后，从社会主义过渡到共产主义就越容易，而不是越困难。在这种思想指导下，我们不但过快过猛地消灭资本主义，而且不断地"割资本主义尾巴"，限制集体经济，消灭个体经济。这样就严重地违背了生产关系一定要适合生产力性质的规律。带来的不是生产力的迅速发展，而是严重阻碍了生产力的发展。历史的经验证明，在我国的具体条件下，建设社会主义要经过迂回曲折的道路。企图一步登天是不可能的。三十年来，我们国家的经济虽然有很大的发展，但是仍然没有根本改变落后面貌，仍然没有改变多层次生产力的实际状况。这种客观情况决定我国现阶段也只能建立以社会主义公有制经济为主导的、多种经济成分并存的经济结构。全民所有制是与高度社会化大机器生产相适应；集体所有制是与较低程度的生产社会化和机械化相适应；个体经济则是与很低的社会生产力与手工劳动相适应，并且在一定范围和一定程度上允许资本主义经济成分存在，这是生产关系一定要适合生产力性质这一客观规律的要求。

那么这是不是倒退呢？这里发生了一个问题：既允许个体经济存在和发展，也允许外国人到中国来投资，搞国家资本主义，那是不是倒退？从比较单一的社会主义公有制过渡到多种经济成分并存是不是倒退？我们说，在某种意义上来讲也可以说退了一步。但是这种退是从主观唯心主义回到历史唯物主义方面来，从主观蛮干回到实事求是这个基本点上来。应该说，这种退是一种觉悟，从认识论上来讲是一种进步。退是为了进，是从崩溃的边缘上退回来，以便向繁荣富强的康庄大道前进。那么这会不会导致资本主义复辟？我们说不会的。我们是在坚持公有制占绝对优势的条件下，允许发展一点个体经济，也允许有一点资本主义成分。政权掌握在无产阶级手里，经济命脉掌握在无产阶级手里，在什么范围、什么程度上允许这些非社会主义经济成分存在，审批权、控制权完全掌握在国家手里。用列宁的话来说，这种资本主义是我们能够加以限制的、能够规定其活动范围的资本主义。它不但不会导致资本主义复辟，而且会补充社会主义公有制经济的不足，有利于社会主义现代化的建设。如果说，在50年代，社会主义经济只占相对优势的条件下，我们允许多种经济成分存在，曾经在社会主义建设中起过良好的作用，并没有导致资本主义复辟，那么在今天社会主义经济占绝对优势的情况下，这种担心是不必要的。

第二，实行多种经济责任制的问题。

我们过去的管理制度和分配制度，无论是在国营企业里或者在集体企业里，甚至在生产队里，最大的弊病就是吃大锅饭，搞平均主义，都是用行政办法来管理经济。无论是生产交换和分配都是按上级指令来行事，生产什么，生产多少，生产出来卖给谁，都是由上级下命令来进行的。赚钱全部上交，亏损国家补贴。国家按工资总额给企业提出企业基金。工人按同一级工资表领取固定工资。我们还几次取消了计件工资和奖励制度，因此就造成了企业盈利和亏损一个样，干好干坏一个样，甚至严重的时候干和不干一个样。无论就企业来说，就工人来讲，都是平均主义，大家都吃"大锅饭"。在农村中搞所谓农业学大寨运动，要全国所有生产队都向大寨看齐，搞一个模式，记"大寨工分"。结果就形成了干活呼隆，分配一拉平。还有大割"资本主义尾巴"，社员的家庭副业也砍掉了，房前屋后的树也充公了，种一棵瓜也要罚几角钱。当时的理论根据就是搞什么奖、家庭副业等等，都是资本主义，按劳分配也要不得。认为这些都是产生资本主义的因素，都得砍掉。

有的同志问：社会主义社会究竟还存在不存在马克思和列宁所说的那种资产阶级权利？对资产阶级权利问题应该如何正确认识和对待？按马克思在《哥达纲领批判》中讲的，所谓资产阶级法权就是指按劳分配，就是指等价交换。就是我付出多少劳动，你就应该给我多少报酬。马克思讲：在社会主义社会里，不同的劳动能力还是天然的特权。比如一个人体力好一点，工作能力强一点，可以比别人多坚持几个小时的劳动，而劳动又是复杂劳动，那么给报酬就多一点。相反的报酬少一点。因为在社会主义社会里劳动还不是生活的第一需要，而是为了生活，是谋生手段。因此你要不实行按劳分配他就不干了，为什么要比别人多干几个小时呢？社会主义社会就必须承认这种现实，必须承认不同的劳动能力是天然特权。他付出多少劳动，除了社会扣除一部分以外，就应该给他多少报酬。这也就是商品交换中通行的等价交换原则。所以马克思讲，这实际上就是资产阶级式的权利。有的同志解释说，这实际上等于承认劳动力的个人所有制，或者叫个人所有权。从这个意义上来说，它是资产阶级法权，或者叫资产阶级式的权利。马克思讲，这当然是一种缺点，那确实是不平等。但在现在生产力的条件下还不能实行按需分配，当人的觉悟还没有达到极高程度的时候，还不能不承认这个天然特权即资产阶级式的权利，还要承认它。但同时我们必须看到这个东西是旧社会遗留下来的一种痕迹，旧社会的残余。所以对这个资产阶级式的权利要一分为二，一方面它是旧社会遗留下来的，但是在现有生产力的条件下，还不能消灭，还不能不承认它。另外一方面也不能"按劳分配万岁"，说按劳分配最合理，永远实行，一万年以后还要实行，那也不对。因为它到底还是资产阶级式的权利，还承认存在着实际上的不平等。所以我们要创造条件来消灭这种资产阶级权利。什么条件呢？最重要的就是生产力的发展。当生产力发展到社会产品极大丰富，用马克思的话来讲，像泉水般涌流出来。在那种情况下，搞按劳分配，经济上就没有什么意义了。那时候随着生产力的发展，人们的觉悟也就提高了。真正需要什么，才提出要什么，而不是说像现在个人主义思想很严重的人说的，我要洋房，我要汽车，我要直升机，我要喷气式飞机，那么瞎提问题。不会有这种情况，因为人的觉悟大大提高了。过去资产阶级反对共产主义，说这是空想，是不可能的，说按需分配、各取所需，那还得了！人人提出不切实际的要求，你也满足得了？列宁批判他们说，到了那个时候，既不是现在的劳动生产率，也不是现在的庸人。不是现在那种个人主义思想那么严重的人。到那个时候精神文明很高尚的人，不会提那些无理的要求。所以我的理解是这样的，社会主义社会还承认马克思、列宁所说的资产阶级式的权利，这里主要是指按劳分配。在社会主义阶段，不但不能取消这种权利，而且要保护这种权利。列宁在《国家与革命》一书中讲，社会主义阶段为什么还不能取消国家呢？就是因为还需要国家保护这种资产阶级式的权利。他提得那么高，要保护按劳分配。过去"四人帮"批判那个资产阶级式的权利，否定按劳分配，那是极"左"的。但刚才我说了，这到底还是资产阶级式的权利，它承认实际上的不平等，现在我们还不能不承认这个东西，但是我们不能崇拜它，把它当做"万岁"。相反要看到它有弊病、有缺点，要创造条件消灭它。条件就是发展生产力,同时还要讲社会主义精神文明。不能反过来,你实行按劳分配,我就搞按酬付劳。有钱才干,没钱不干,多奖多干,无奖不干,斤斤计较,那也不对。从社会来讲应该承认按劳分配,从个人来讲不应该强调这个,应该讲社会主义精神文明,应该培养共产主义道德品质,共产主义劳动态度,不计报酬的劳动态度。这才是高尚的人。如果大家都斤斤计较,有钱才干、无钱不干,那社会怎么前进呢?大家一切向"钱"看,一切向人民币看齐,你给多少钱也不行。现在有的地方奖金发得越多,思想越混乱,生产越上不去,就是这个道理。所以我们一方面要承认这个资产阶级式的权利,并且保护这个权利,反对平均主义;另一方面,要加强政治思想教育。这也是我们工会的一大任务。关于资产阶级式的权利,我就谈这些。

党的十一届三中全会以后,我们批判了"左"的错误,清理了经济建设里面"左"的指导思想。首先在农村里,现在又在城市里,推行各种形式的经济责任制。我们的经济责任制是首先在农村搞起来的,现在城市要学农村。农村放宽政策以后,我们尊重生产队的自主权。第一,在保证完成国家收购任务的前提下,生产队有权因地制宜地制定自己的生产计划和种植计划。这一条很重要。过去我们的计划一直下到生产队。种什么,种多少,哪一块地种什么,什么时候下种,什么时候施肥,什么时候中耕,什么时候收割,怎么分配,分多少,这些都下达到生产队,规定得死死的。所以农民发牢骚说:我们这里只有三个人会种地,一个是地委书记,一个是县委书记,一个是公社书记。别人都不会种地。这当然是主观主义的。不要说全国那么大,各地的自然条件不一样,变化很大,就是一个公社里,一个大队里,每一块地都不一样,气候也变化无常,怎么能规定得那么死呢?前年,我在安徽跟一个公社的青年女干部下乡,她到一个生产队,就问人家泡种没有?种泡了几天?多少天就得下种?如何如何。两条小辫子指挥一个老农。我想这个老农大概比那个小辫子经验要丰富一点吧,可是她就可以那么指手画脚地指挥，我们的生产能搞好吗?！所以我们的改革首先一条，就是生产队在种植上要有计划权。第二，生产队的经营管理，要采取灵活多样的方式和多种形式的经济责任制。现在看来，农村的经济责任制主要有三种：一是包产到户和包干到户，简称"双包"。二是统一经营、联产到劳。三是专业承包联产计酬。这三种里面，以"双包"发展最快。1981年年底，全国已有87.8%的生产队实行了各种形式的生产责任制，其中双包占74%。第三，我们在农村采取了恢复自留地、自留畜、自留树、自留山，鼓励社员发展家庭副业。第四，恢复集市贸易，生产队和社员可以进城销售农副产品，经过生产队许可，农民可以搞长途贩运，等等。

  由于实行了这样的政策，主要是实行各种形式的经济责任制，农村的形势很好。1979年和1980年粮食增产840多亿斤，这两年农业总产值都增长8%以上，这是我们三十多年历史上少有的。今年的粮食估计比去年增产300亿斤左右，其他各种经济作物和家庭副业也有大幅度增长。今年的情况大家从报纸上看，好像四川闹水灾，等等，有的同志担心今年的农业怎么样，会不会受很大的灾害？根据资料，今年的成灾面积比去年要小，去年我们没有怎么讲，没有怎么宣传。特别是在"四人帮"的时候，根本不讲，报喜不报忧，明明是大减产，还说连续十几年大丰收。唐山那么大的地震，他说一张照片都不准见报，一条消息也不发，打肿脸充胖子。人家说你受灾了，给你救济，可我们不要，说我们中国有志气。然而人家受灾，我们倒挺慷慨，给少了还不行。你支援人家，人家接受，就是显示社会主义优越性；人家支援我们，我们都不要，宁可饿死也不要，这像什么话？今天我们采取实事求是的态度，有什么灾就报什么灾，对全国人民、对世界人民都这样，既报喜又报忧。比起过去来讲今年在灾害上宣传是多一点，但并不是说今年的灾害比往年厉害得多，粮食要大减产。大家都不必担心。粮食估计今年比去年增产，300亿斤左右还是有的。其他经济作物和家庭副业增长的幅度更大。这就证明：我们的农村经济政策是完全正确的。

有的同志对我们现在这样的政策提出一些问题。如有人提出来实行经济责任制是否会导致"两极分化"？包产到户是否不利于实现农业机械化？现在农村包产到户，"单干"是否真的坚持社会主义道路？社会主义标准是什么？中国现在是不是实行马克思主义的科学的社会主义？等等。提出这些疑问，是可以理解的。确实这个弯拐得比较大，在群众和干部里面提出这样一些问题是难免的，问题是怎么认识。下面结合大家提的问题，谈谈我的看法。

1. 实行经济责任制，是否会导致"两极分化"？

首先解释一下什么叫"两极分化"？"两极分化"在经济学上是有严格的含义的。它是指一部分人贫困破产，沦为无产者，一无所有；另一部分人变得富裕起来，变成富农或资本家。那么显然现在农村里不是这种情况。而是生活改善的程度、富裕的程度存在着差别。因为我们允许一部分人先富裕起来，所以这个差别还有扩大的趋势。当然我们也要看到有些人、有些户由于劳动力少，不会经营，生活有一定的困难。特别是"四属"户，即干属、军属、工属、烈属，主要劳动力出来了，家里剩下妇女或者是比较弱的劳动力，要他们"包"，有点困难。在开始的时候，还没有经验，这部分的家属确实有些困难，后来注意到了这个情况，也采取了一些措施。一个采取工分补贴的办法。还有一个就是搞专业承包。有些家庭副业和其他的副业，不需要强劳力，一般的妇女劳力就可以专门包给这些副业来做。还有，即使包下去了，劳动力不足的话，还可以组织互助。采取了这些措施以后，这些户的困难得到不同程度的解决。现在很多调查材料都说明，他们的收入都有所增加。过去这些户很多都是欠款户，而现在不但不欠款，生活还有所改善。所以我们说：有富裕程度上的差别，而且有扩大的趋势，这是存在的，但是说"两极分化"还不至于。因为我们到底还是共产党领导的国家。出现困难的话，我们不能见死不救，要采取各种办法来解决。

2. 实行包产到户以后，是否不利于实现农业机械化？

这个问题也是普遍的。有的同志提出，现在农村出现了大田分小田，铁牛改耕牛，这和毛主席提出的"农业的根本出路在于机械化"是否一致？这个问题我是这样看的：过去我们只看到一条实行农业机械化的路子，就是只有合作化，才能机械化。但是现在看来，实现机械化并不是只有一条路子，而是有很多路子。我们打破了闭关锁国政策以后，走出去看一看，那花样就很多了。很多资本主义国家，他们都是在个体经济的基础上实现了机械化。比如前年我到美国去访问，参观了一个农场。这个农场实际上是一个夫妻店，夫妇俩再加上一个高中毕业的儿子，那个妇女还要负责家务劳动、做饭，所以实际上他们是两个半劳动力，他们种了 7 千亩地，有 50 马力的拖拉机两台，还有运货的载重汽车、摩托车和各种配套的农具，另外还有仓库，还有烘干设备，他这一户的固定资产不包括土地是 25 万美元，平均一个劳力固定资产 10 万美元，超过美国工业平均固定资产装备的程度。美国工业固定资产每个劳力平均是 5 万美元，而这个农户是每个劳力 10 万美元，超过一倍。他们的确实现了农业机械化。这是美国的情况。日本的情况，有点和我们差不多，他们也是人多地少，甚至比我们还少，平均每人只有 8 分地，我们还有 1 亩多，一亩半的样子。日本也实现了农业机械化。另外，再看看南斯拉夫，南斯拉夫的个体农民，现在占农村总户数的 85%，他们也基本上实现了农业机械化。他们是通过个体农民和农工商联合企业挂钩实现农业机械化的。联合企业是集体所有制，个体农民和它挂钩，联合企业给个体农民耕地，给他们提供良种、化肥和科学技术指导，这些个体户的产品卖给农工商联合企业。通过这种形式把个体农民联合起来了，而且帮助他们实现了机械化。这些个体农民在将来的发展有两种前途：一种是有些农民觉得与其这样，不如干脆加入农工商联合企业算了；还有一种前途是进城当工人，特别是下一代农民把土地卖给农工商联合企业，那么农工商联合企业就把这些地都种起来，那也就实现机械化了。

这样，我们就可以看出，实现农业机械化，并不是只有一条路子，而是有好几条路子。有美国的方式，日本的方式，南斯拉夫的方式等等。我们国家过去勉强地建立了公有化程度很高的集体化，有大规模的公社，大规模的生产队，又不适当地规定农业机械化的步伐，比如说，直到粉碎"四人帮"以后，1978年，我们还要求1980年基本上实现农业机械化。为了实现这个目标，每个省都搞自己的拖拉机工厂，同时硬性地把拖拉机（包括大型的和手扶的）分配给生产队，生产队没有钱，国家就贷款，而效果却是很差的。为了搞拖拉机，各个地方又搞了很多钢铁厂，质量也很差，而且赔钱赔得很多，每一个省差不多都赔钱，有的多达几个亿。而农业上实际上使用拖拉机很少，搞运输的多，农机效果很差。现在实行生产责任制以后，特别是包产到户以后，农民就不愿意要这样的机械化了，他觉得不合算。所以，有的地方就把拖拉机卖了，甚至有的分了。你分一个轮子，我分一个车灯，他分一个方向盘等，就把拖拉机分掉了。当然，这实际上是一种破坏，是典型的小农的思想，有用没用反正你有一份，我也得有一份，不管你破坏不破坏。这当然是不对的，但是确实反映出来，农民不要这样的机械化。所以，我们过去那种干法，不是农民本身迫切需要，而是强加给他的，虽然不是所有的地方，但是有很多地方是强加给农民的。

那么，以后怎么办？现在有些地方，已经把拖拉机组织起来，成立了机耕队，实行独立核算，给农民耕地，然后收费，这是一种方式。再一种是农民富裕起来以后，他们自己也会搞机械化的，要求买拖拉机。现在，我们从报纸上也看到这样的消息，有的农民他们自己联合起来买拖拉机，在陕西、安徽这样的例子都不少。有的还自己个人买。我们不能想象，好像农民对繁重的体力劳动会有那么一种特殊的爱好，有机械他们也不用？不是这样的。农民生活改善以后，富裕以后，他也要减轻体力劳动，他也知道有了机械可以增产。问题是这种机器确实对他们有用，而且有利，他们才干，农民是最讲实际的。现在农民也不要求国家贷款，他们自己出钱来买。前些时候，报纸上登了一条消息，农村有个教师，他花了几千元买了一台拖拉机和农机具，让他的两个待业的子女来开拖拉机，给附近农民耕地，收费不超过集体的标准。这样一来，他的两个子女的就业问题也解决了，对农村的机械化也有好处，农民也很欢迎。这位教师讲，这样不仅是解决了我的孩子就业问题，而且我空闲的时候，可以坐上拖拉机进城，去旅游一番。你们城里不是有公共汽车、小轿车可以春游吗？我们有拖拉机也可以逛一逛。所以我们不必为农业机械化担心。农业生产上去了，收入增加了，农民会有这个要求的。据资料统计，现在我们手扶拖拉机的销售量是上去了。农业机械化，今后真正是对农民有利的，农民会起来干的，他们自己会有这个要求。当然我们也要有意识地加以引导。这样就可以真正地搞好机械化。农委和农业部系统研究所的几位同志，他们还提出这样的观点，说从预测模型看，机耕面积对产量影响少。因此有同志建议，除东北、新疆以外，农机化的速度应该放慢。农机工业，除东北、新疆等地外，应转向重点生产适合当地的农机具。也就是说，我们搞农业机械化要区别不同的地区。如东北、新疆大片土地，没有机械化确实干不了，所以这些地方机械化应该加快，其他的地方速度可以放慢一点，不要强求一致。

3. 现在的农村包产到户、"单干"是否坚持了社会主义道路？社会主义的标准是什么？我国是不是马克思主义的科学社会主义？

这些问题是比较尖锐的问题。因为确实也有人写文章说，我们国家不是马克思所讲的科学的社会主义。我认为，我们现在实行的政策是符合马克思主义的，我们的社会是符合马克思讲的科学的社会主义社会的。即使我们现在实行各种形式的责任制以后，仍然是这样。那么社会主义的标准是什么呢？最根本的一条是公有制，一条是按劳分配。包产到户仍然没有超出这个范围，它是在生产资料公有制的前提下，采取的管理和分配形式，它既没有否定公有制，也没有否定按劳分配，相反的它是更好地贯彻按劳分配。它更适合于我们国家现阶段生产力的水平。现在基本上是手工劳动的，劳动的数量和质量如何，取决于劳动者个人的积极性。现在一个人可以干过去几个人的活。实行各种责任制以后，农民比较满意。农民这样讲："从来没有这么自由，从来没有这样快活，从来没有这样紧张。"劳动积极性提高了，产量跟他的劳动，跟他的利益联系得更密切了。所以我们说，包产到户并没有否定按劳分配，也没有否定公有制。至于少量的、个别的单干那是有的，这个叫不叫社会主义呢？有人说，这也是社会主义的成分。我认为不能那么讲，如果真是单干，还叫它社会主义？那所谓社会主义改造就不能成立了。不能说单干还是社会主义。但这毕竟是少量的、个别的，并不能否定我们整个农村仍然是走社会主义道路的，我们的公有制仍然是占统治地位的。所以不能说我们不坚持社会主义道路，而是通过这样的形式能够更好地坚持公有制，贯彻按劳分配。至于个别的个体户，将来可以逐步地吸收他们进来。这是农业方面的情况。

由于农业上实行了多种经济责任制，确实很见效，所以国务院领导同志说工业也应该学农业，也要搞经济责任制。几个月以来，以利润包干为主要内容的经济责任制，在工业方面发展也很快，形势也很好。从大企业到中小型企业普遍地推行，许多地方由单个企业包干发展到全行业包干，或地区包干。在工交系统，在大多数的省、市、自治区推行经济责任制的企业方面，已经达到50%以上，搞得快的省已经达到80%。因地制宜地推行各种行之有效的责任制，这是抓政策的关键所在。农业里面不是一靠政策，二靠科学吗？工业里面也是靠政策，这个政策就是责任制。经济责任制是在国家计划指导下，以提高社会主义经济效益为中心，把责任、权力、利益紧密结合起来的经营管理制度，它要求必须进一步扩大企业的经营自主权，使企业成为在一定程度上自负盈亏的经营实体。过去我们的企业实行统负盈亏，实际上是吃"大锅饭"的。现在工业里面实行的责任制，大体有以下几种形式：

第一种是国家对企业实行的经济责任制，国家跟企业的关系。

这种责任制可归纳为三种类型，一是利润留成，二是利润的包干，三是以税代利、自负盈亏。我们的发展趋势是逐步向以税代利、自负盈亏的方向发展。这是企业对国家的责任制。

第二种是企业内部的经济责任制。主要是实行联产联利计酬责任制，比较有效的办法有几种：第一是计件工资，包括超产计件和小集体超额计件奖。第二是浮动工资。工资不是那么固定，根据产量、利润来浮动，不是铁饭碗，也不是"旱涝保收"。

第三种是超产奖。

第四种是指标分解计分计奖，就是把各种各样的指标分解成小指标，你完成这个指标给你多少分，然后根据你得到多少分，再来计算给你奖金多少。

实行这些办法最关键的是搞好定额管理。要制定平均的先进定额，包括产量、质量和成本水平，并且定期加以修订。因为现在搞了责任制以后，特别是搞超产奖以后，可能就会出现单纯追求产量，不讲质量、不讲节约的情况。另外，由于我们的定额不准，也可能发生奖金利润分得太多的现象，发给工人的钱太多，这是要注意的。去年我在沈阳调查，沈阳有个工厂，是生产弹力呢的。这个东西价高利大，按国家利润留成的办法，按国家规定的计奖的办法，每个工人一年可以发奖金700元。同样在沈阳的另一个厂，生产厨房用品擀面杖。你说谁重要？我说擀面杖更重要。因为没有它，你就吃不成饺子、面条。不穿弹力呢问题不大，还可以穿布的。但是那个厂的产品是人民生活的必需品，不能涨价，一涨价老百姓就反对。所以价低利少，一个月最多发奖金4—5元。人家一年发700元，一个月50—60元。这就造成苦乐不均，就有个左邻右舍的问题，怎么办？今年发多了明年怎么办？所以一定要瞻前顾后，照顾左邻右舍。这是我们在工业里面实行责任制要注意的问题。另外搞经济责任制，工业和农业还有所不同，条件不一样。一个是所有制不同：全民所有制，要照顾左邻右舍；集体所有制就没有这个问题，这个地方多收就多收，问题不大。全民所有制就应该大家差别不太大，允许一部分人先富起来，但是高得太多也不行。一个是生产条件不同，农业里面生产条件基本上是土地、手工工具等；工业就不同了，生产专业化程度比较高，生产条件比较复杂，技术装备程度不一样，有的机械化程度高，有些很低。另外价格不一样，原来规定价格不合理，所以一刀切，就会发生苦乐不均，不是真正的按劳分配，而是由其他条件决定的。再一个不同，农业产品全面都是缺，农业生产整个不够，所以超产越多越好。工业就不一样，有的需要超产，有的根本不让超产。如钢铁产量就要限制，今年是3400万吨，前年已经达到3700万吨，我们不但不让它超产，而且要它降下来。机床现在不能超产，超产出来就进仓库。现在机电产品的库存已经600多亿。只能让生产一定的数量，甚至有的地方要减产。那么让它怎么搞责任制？这种情况下就不能搞超产的责任制，而应该搞节约的责任制，或者讲质量的责任制等等。所以工业里面，责任制问题更复杂些。工业、商业要搞责任制，这是方向，这是应该肯定的，不能吃"大锅饭"，搞平均主义。但工业和农业确实有差别，所有制的差别，生产条件的差别，价格上的差别，所以要慎重，要总结经验，使它更完善。

第三，关于坚持实行计划经济和利用市场调节作用的问题。

《决议》指出："必须在公有制基础上实行计划经济，同时发挥市场调节的辅助作用。要大力发展社会主义的商品生产和商品交换。"社会主义社会必须在公有制基础上实行计划经济，这是马克思主义经典作家反复论证过的。所以这在理论上没有什么问题。问题是怎么样实行计划经济。在50年代末期以前，许多国家都照抄苏联的模式，似乎苏联的模式就是适合所有的社会主义国家的一套固定的模式。而苏联这个模式的计划经济是以排斥市场作用，实行中央高度集权的指令性计划为基本特征的。就是不承认有商品生产，不利用价值规律和市场的作用，就是企业的一切活动都按上级指令办事，把企业的手脚捆死了。为什么它要搞这样的计划体制呢？它的理论基础就是，社会主义社会将要消灭商品生产和商品交换,社会生产是按照习惯和需要来直接安排,不通过市场,也不通过商品交换。企业的生产和分配都按照习惯,过去怎么干,现在就怎么干;按照需要,社会需要什么,就生产什么。而这个"需要"也不是反映市场的需要,而是中央机关计算,今年需要多少钢,需要多少粮食,需要某种产品,直接下达指令性的计划。生产出来以后分给谁,那也是由国家计划,不通过市场。它的理论根据就是不承认社会主义社会有商品生产、商品交换。到了后来,50年代初期,斯大林写了一本书,叫《苏联社会主义经济问题》。他也看出来了,说这么搞也不行,这搞得太死了。他在那本书里面承认了社会主义经济里仍然存在商品生产和商品交换。这应该说是一种进步,从不承认到承认。但是他把生产资料排除在商品范畴之外,说生产资料不是商品,只能搞计划调拨,不能买卖,特别是不能自由买卖。他还强调价值规律对于社会生产没有调节作用。不但对国营企业没有调节作用,而且对集体企业、集体农庄也没有调节作用。所以这些企业的生产,不管是国营的也好,集体的也好,仍然是实行指令性的计划。他还坚持排斥市场的作用,不利用价值规律的调节作用。当然,对苏联那种模式也不能全盘否定。过去有的同志全盘否定过它,也不对。因为采取这样的计划,它确实能够把国家的财力、物力、人力集中到最急需的方面去。比如说,当时需要发展重工业,使国家的财力、物力、人力主要投到那个上面去。我们国家第一个五年计划搞156项建设工程,就不管它赔钱赚钱,需要就干,所以也确实有一定的好处,这样比你通过市场要快,也有效得多。但是实行这种体制最大的缺点,就是否定了基本生产单位相对独立的经济利益和经营管理的自主权,把这些经济单位变成国家各级行政机构的附属物。企业的一切经营活动都直接听命于上级的指令,就是推一推动一动,上级没有命令就不能动。而且强调计划就是法律,违反了还不行,就犯法。这样就使整个国民经济陷入僵化和半僵化的状态。而事实上,国家不可能对数以十万计的企业和亿万群众的日常生产及生活的一切需要,都作出精确的计算。因为这些需要每日每时都在变化着,等计算清楚了,你下达计划了,情况也发生了变化。最近有一位西德的经济学家写了一篇文章。他说,有人估计,如果现在西德实行中央计划体制,而且对每一种产品的数量、规格都加以明确的规定,那么1年的生产任务,用计算机来计算,需要运算1000年。我们现在是近40万个企业,产品的品种至少几百万,这怎么个算法呢?而且每个人的需要不断地变化,所以企业一切行动要听上面下指令,那是不现实的,也是不可能的。过去我们是勉强这样做的,因此容易产生生产和需要脱节,产品的规格、品种单调。而且由于企业没有经营自主权,也没有竞争,使技术发展停滞,效率低下。我们现在的生产技术和产品基本上是十年、二十年甚至三十年一贯制,没有多大改进。我们解放牌汽车还是老样子,而苏联已经更换了两代。所以实行这样的计划管理体制势必产需脱节,产品规格单调,技术发展停滞,效率低下,这是必然带来的后果。实践向人们提出问题:怎样在保证社会在有计划发展的同时,使生产单位能够自觉地根据社会的需要,及时地调整自己的生产和改进自己的经营活动?一方面,我们要做到在宏观经济方面,保证有计划发展,而在微观经济方面能够把经济搞活。宏观方面要控制,微观方面要搞活。50年代末期以后,所有原来实行指令性体制的国家,都先后进行了改革,包括苏联在内。共同的特点,都是不同程度地利用市场的作用,突破了把计划经济跟指令性计划等同起来的老框框。那么,这样做理论上怎么解释?是不是可以这样认识:我们说社会主义是计划经济,那不错,但社会主义计划经济并不是否定商品经济,社会主义计划经济是作为资本主义生产无政府状态的对立物产生的。也就是说:资本主义生产是无政府状态的,社会主义是有计划的,区别就在这里。而不是说资本主义有商品生产、商品交换,而社会主义没有商品生产和商品交换,区别不在这里。斯大林讲过:国民经济有计划发展的规律,是作为资本主义制度下竞争和生产无政府状态的对立物而产生的,它是当竞争和生产无政府的规律失去效力之后,在生产资料公有化的基础上产生的。这就是我们刚才说的那个意思。因为我们是公有制，不但必要，而且可以实行计划经济。所以我们的计划经济主要是指在整个国民经济范围内，各个部门有计划按比例地发展，而不是针对单个的企业和经济组织来讲的。也就是不是要求每个企业和经济组织都是按上面指令办事，而是要求国民经济的每个部门要协调发展。如果从单个的企业来讲，应该让它在服从国家计划的指导下，放手让它自己去活动，根据市场的需要去组织生产，改进自己的经营管理，这样才能更好地满足社会需要，使产品适销对路。我们现在扩大企业自主权就是这个道理。使它在计划上，管理上有自主权，就是这个原因。

　　那么怎样把国家的计划同企业的经营管理自主权正确地结合起来呢？国家计划主要是安排好国民经济的比例关系，而不是规定一个个企业的生产指标、经营活动的指令。一般来说：重大的比例关系包括综合平衡的有关各个方面，比如积累和消费的比例关系，农轻重的比例关系，农业内部、工业内部各部门的比例关系，生产建设和人民生活的比例关系，社会购买力和商品供应量之间的比例关系等等，这些大的方面，国家要控制住。怎么样实现国家的计划呢？首先要求宏观的决策要正确，就是大的方面的决策要正确。要从我国的国情出发，量力而行，不要搞不切实际的高指标、高速度。其次，国家要掌握一定的财力和物力，拥有重大建设项目的投资权和决策权，就是国家手里有一定的经济实力，没有这个也不行。我们国家应该手里掌握一定的财力、物力。重大项目的投资国家管，其余的让企业去管。另外国家还要保留必要的行政干预权。比如说，在比例严重失调、各种物资供应紧张的情况下，国家对关系国计民生的重要产品的生产、分配，还要下达指令性的指标，将来也不能完全避免下指令性的指标，因为将来也很难说，也可能由于种种原因，不可预料的原因，某种产品短缺了，或者某种产品严重过剩了，那个时候国家就要下命令，要求它生产多少，或者限制它生产多少。所以行政干预还是必要的。现在我们对有些企业就要下令关、停、并、转。今后国家对企业的活动，一般的主要通过市场和价值规律的作用，利用各种经济杠杆来加以指导。比如说，信贷政策、价格政策、税收政策、关税政策、外汇政策，还有折旧费的处理、工资的支付、利润分成、企业基金的使用办法，等等，国家规定有一系列的政策。又比如需要发展这种产品，国家给你贷款，价格可以调高一点，税率降下来，这样企业有钱有利了，它就可以多干了。所以通过这样一些政策鼓励它发展。要限制的话，也可以通过降低价格，增加税收，如果限制进口，就提高关税，那它就进来少了。通过这些政策来影响企业，来引导企业按国家的需要发展。从企业方面来讲，一般要在国家计划的指导下，在遵守国家政策法令的条件下，根据市场的供求和价格的高低，来开展自己的经营活动。将来计划要分直接计划和间接计划。所谓直接计划就是某些关系国计民生的、短缺的产品，要下指令性的计划，企业必须执行。对于大多数、一般的产品来讲实行间接计划，国家不下指令性的计划，但有个大的杠杠、大的方向，供企业参考，企业可以根据国家计划和市场情况，制订自己的生产计划，这就是间接计划。还有一些三类农副产品、城市小商品，国家根本不作计划，完全由企业根据市场的需要来组织生产。所以将来我们的计划有直接计划、间接计划和自由生产。相应的市场有直接计划市场，即按国家计划生产、分配、调拨；也有间接的计划市场，由企业敞开供应、自由买卖，国家规定浮动价格，在这个幅度以内，企业可以决定出厂价格或者零售价格；还有的就是自由市场，国家既不规定浮动价格，也不规定统一价格，就是自由买卖就行了。这些都是在国家计划的指导下建立起来的，这样可以保证我们的宏观计划比例比较协调，把企业搞得比较活，更能够满足社会的需要。同时，在市场上可以开展竞争，迫使企业改善自己的经营管理。

这里附带说一个问题：大家提出的自由市场和长途贩运的问题。这个问题反映也比较多。我们应该怎样看？现在我们在农村开放了自由市场，在生产队允许的条件下，农民也可以搞长途贩运。

过去我们是禁止长途贩运的，认为长途贩运是搞投机倒把，就是搞资本主义。这样一来，市场管理很死。山区里的东西，由于我们收购网点不够，很多东西烂在山里。所以山货很缺，有的快绝种了，有的大幅度地下降。为什么呢？因为我们收购网点少，我们规定价格很低，农民不愿意干。我们不允许个体商贩去贩运，个人也不能进城去卖，自由市场又没有，只有一条路，就是"官商"。现在放宽政策了，不但生产队可以进城，农民也可以进城卖东西，甚至还可以长途贩运。这样一搞，很多土特产品就出来了，农副产品供应也多了。只要有钱，自由市场都可买到，开始价格高一点，现在逐步降下来了。

当然，这样一来就增加了火车或者轮船的紧张程度，同时也不可避免地会产生一些投机倒把。因此有些人把投机倒把和长途贩运看成一回事。我认为：长途贩运不等于投机倒把。长途贩运可以产生投机倒把，但它并不都是投机倒把。而投机倒把也不一定只是长途贩运才有，不是长途贩运也有。比如现在报纸上揭发很多的大规模的、数以万计的或者是几十万元的投机倒把，恰恰不是农民长途贩运搞的，而是我们的生产队或者是我们的国营企业搞的。实际上只要有商品生产、商品交换，只要有买卖，只要有价格差异，那就会有投机倒把，包括长途贩运在内。这是意料之中的事。我们不能因为出现了一些投机倒把，就取消商品交换，取消集市贸易，取消长途贩运。那不行，那又搞死了。关键是加强管理，要制定各种管理条例，加强市场管理。现在长途贩运很多，我在沈阳看到有23个省市的确到沈阳去卖东西。为什么出现这种情况？这也暴露我们商业工作中的问题。为什么农民肩挑也好，手提也好，他拿那么一点东西跑几千里地还可以赚钱，而国营商业、供销社为什么不干？那么赚钱的买卖都不干？国营商业和合作社商业是社会主义的嫡系部队嘛，社会主义的亲儿子嘛！腿又长，各地都有点，资金又雄厚，为什么还不能代替这些长途贩运呢？这就是我们商业体制上的问题。我们规定不能跨省经营。另外，我们把价格定死了。价格定得很低，特别是小商品、农副产品、山货价格很低，而国营商业又没有权力调价，合作商业也不能自己规定价格。所以，一是不让它干，二是不让它调价，它干起来也无利可图，它就不干。所以只好让农民去搞长途贩运了。我们要改进我们的商业管理体制，要改进我们的价格体制，这样使国营商业和集体商业跟个体商贩才有同等的竞争的条件，才可以代替现在很多个体商贩搞的活动。到那个时候农民拿那么一点东西跑几千里地，就不合算了，他就不会干了。那种不必要的长途贩运就会逐渐减少。当然有一些商品，我们国营商业干起来不合算，那就让农民自己去干，那也不妨碍我们的大局，相反可以满足人民的特殊需要。

  还有个价格问题，大家比较关心。现在一方面生产上去了，另外我们采取了冻结物价的办法，所以今年以来，价格还比较稳定。那么今后价格还涨不涨？那就要看我们生产是否上得去，另外我们的财政赤字能不能消灭？收支能不能平衡？如果财政不能平衡，你钞票发的很多的话，那么物资少，钱多，那当然要涨价。再一个滥发奖金的问题，前年发了 50 个亿，去年据说发了七八十个亿，今年如果不控制的话，那还要多。这样钱发出去很多，物资少当然要涨价嘛！所以说会不会涨，关键是生产要上去，财政要平衡、消费要控制。这几方面，今年还做得比较好，看来不会有太大的上涨。但另一方面有些东西要涨。我的观点，不能一概地反对涨价。有的东西不应该涨，变相涨，我们要反对。有的成本增加了，还是应该涨。特别是不关系国计民生的那些东西，要涨，就让它涨起来。如一些小山货，比如香蕉、山楂等，你规定死了干什么？不吃这些东西也死不了人。我们不是要利用市场、利用价值规律吗？那就是利用价格的涨落来刺激生产。如果这个东西你都限制死了，那农民他不干，最后也没有东西。有些东西该涨还是让它涨，东西多了，根据价值规律它就会降下来。所以一概地把价格冻结死，不分青红皂白地一律不让涨，这也不合适，不利于发展生产。当然大的方面我们要控制，要涨的话，国家要补贴。但是，永远固定价格，那是不符合利用价值规律和利用市场这个方针的,要调价的话当然不能让职工吃亏就是了。

今天就谈这些,谈得不对的请大家批评。

(原载《何建章选集》,山西经济出版社 1982 年版)

建立具有中国特色的社会主义经济体制

邓小平同志在党的十二大开幕词中说：把马克思主义的普遍真理同我国的具体实际结合起来，走自己的道路，建设有中国特色的社会主义，这就是我们总结长期历史经验得出的基本结论。我国新民主主义革命和社会主义革命的挫折与胜利，归根到底都是取决于我们能否把马克思主义的普遍真理与中国的具体实践正确地结合起来。三十多年社会主义建设的历史也充分证明了这一点。我们过去的挫折，主要是由于脱离我国的具体国情，往往从马克思主义著作中有关社会主义的个别词句、概念出发，或者照抄外国的模式，结果证明都是不成功的。

马克思最伟大的功绩是，科学地论证了随着社会化大生产的发展，资本主义私有制必然要让位于社会主义公有制，资本主义制度的灭亡和社会主义、共产主义制度的兴起都是不可避免的。一切民族都将或早或迟地走向社会主义。但是，由于各国的具体情况不同，它们从资本主义过渡到社会主义必然各有自己的特色。列宁说："由于开始建立社会主义时所处的条件不同，这种过渡的具体条件和形式必然是而且应当是多种多样的。地方差别、经济结构的特点、生活方式、居民的觉悟程度和实现这种或那种计划的尝试等等，都一定会在国家劳动公社走向社会主义道路的特点中反映出来。"[1]

当然，尽管各国走向社会主义都具有自己的特色，但是，社会

---

[1] 《列宁全集》第 27 卷，人民出版社 1958 年版，第 191 页。

主义制度的共同规律是不能违反的。例如，都要建立形式上虽然多样，但实质上都是无产阶级专政的政权；都要建立劳动人民当家作主的生产资料社会主义公有制；都要普遍实行按劳分配原则，消灭剥削制度；都要实行计划经济，消除社会生产的无政府状态；随着社会主义物质文明和精神文明水平的提高，人类将逐步过渡到"各尽所能，按需分配"的共产主义社会，等等。不过，正如列宁所曾经指出的："至于人类会经过哪些阶段，通过哪些实际办法达到这个最高目的，那我们不知道，也不可能知道。"[①] 马克思主义经典作家没有、也不可能为我们设计具体的模式。这就需要各国的无产阶级政党根据本国的具体情况，依靠亿万群众的实践来创造自己走向社会主义和共产主义的道路和方法。我们当前面临的一个重要任务，就是以马克思主义的科学社会主义理论为指导，密切结合中国的实际，建设有中国特色的社会主义。对一切不符合这个原则的经济体制都要进行改革。要以是否有助于国家的兴旺发达，是否有助于人民的富裕幸福，作为衡量我们各项事业发展得好或不好、各项改革进行得对或不对的标准。

那么，中国特色的社会主义经济体制的具体内容是什么？现阶段需要从哪些方面对我国的经济体制进行改革呢？我认为主要包括以下几个方面：第一，建立以国营经济为主导的多种经济形式；第二，实行不同形式的经营承包责任制；第三，坚持计划经济制度，充分发挥市场调节的辅助作用。另外，还有正确处理中央与地方、条条（部门）和块块（地方）的关系，等等。下面主要谈谈前三个方面的问题。

一 建立以国营经济为主导的多种经济形式

生产关系一定要适合生产力的性质，这是适合于所有社会经济

[①] 《列宁选集》第三卷，人民出版社1972年版，第257页。

形态的共同规律。胡耀邦同志在党的十二大报告中说:"由于我国生产力发展水平总的说来还比较低,又很不平衡,在很长时期内需要多种经济形式的同时并存。"在我国现阶段,既存在一部分高度社会化的机械化的大生产,又存在着大量的社会化程度较低的半机械化以至手工劳动为主的小生产。与生产力的这种状况相适应,我们应该建立以社会主义全民所有制和集体所有制为基本形式,包括一定范围的个体经济等形式在内的多种经济形式。但是,长期以来,我们却脱离我国国情,从社会主义就是消灭私有制,建立全社会统一的公有制的概念出发,片面强调生产关系的不断革命,幻想在一个早上建立起纯而又纯的单一的全民所有制,鼓吹小集体向大集体过渡,大集体向全民过渡,不断"割资本主义尾巴"。在城镇手工业改造方面,初期主要是过分强调集中生产、集中经营,忽视手工业一般带有分散性、地方性,适合于集体或个体经营的特点。尤其是通过社会主义改造,个体手工业变成初级形式的合作社(共同劳动、民主管理、按劳和按股分红)以后,没有能够在这个基础上进行巩固。在1958年到1960年的"大跃进"时期,又急急忙忙地搞两个过渡:一是从集体向全民过渡,把规模较大、机械化程度较高,经营管理比较好,积累比较多的合作社,升级过渡为国营企业;二是从小集体向大集体过渡,也就是把大批的合作社合并升级为大集体企业。这类企业一般归各省、市、县的二轻局领导,把自负盈亏改为统负盈亏,企业赢利交上级领导机关掌握,统一调剂;取消按劳分配和按股分红,实行固定工资制,职工的工资福利待遇参照国营企业的办法,以略低于国营企业为原则。这种大集体企业实际上同地方国营企业没有多少差别。总之,两个过渡改变了集体企业的性质,从对个体经济的改造变成了对集体经济的改造。由于盲目集中生产和集中经营,吃"大锅饭",职工的利益同企业的经营管理效果脱钩,严重挫伤了职工的积极性,削弱了市场竞争,造成了产品质量下降、品种减少,影响了市场供应和人民生活。

对小商小贩的改造，后期步子也过急了。1958年，许多初级形式的合作小组、合作商店、合作菜场也合并升级为国营零售商店。许多小商小贩或者到国营工厂当工人，或者下放到农村劳动去了。"文化大革命"期间，又进一步"割资本主义尾巴"，取缔残余的个体商贩。这样，城镇的个体工商户基本上被消灭了。1953年，城镇个体劳动者有900万人，他们上缴的税收占国家财政收入的16.6%；1978年只剩下15万人，上缴的税收只占国家财政收入的0.45%。这样，在城镇中，基本上变成了清一色的全民所有制经济。

在农村，"大跃进"时期，急忙把农业生产合作社过渡到"一大二公"、"政社合一"的人民公社，取消自留地和社员家庭副业，禁止集市贸易，实行供给制，到处搞"一平二调"，甚至要"向共产主义过渡"。"文化大革命"期间，农业经济中"左"倾错误更加发展到登峰造极的地步。由于人民公社实行"政社合一"的体制，公社干部是国家委派的，对人民公社的生产和经营又实行严格的指令性计划，这实际上否定了人民公社的集体所有制性质，同国营农场没有多少差别了。只是在公社与公社之间还保留着差别，在公社社员实行工分制，没有"铁饭碗"这一点上同国营农场有着差别，这些方面还保留着集体所有制的痕迹。

由于严重脱离我国实际，盲目追求向单一的全民所有制过渡，经济形式和经营方式单一化，其结果不但不能促进生产力的发展，反而严重阻碍了生产力的发展。工业发展速度下降，经济效益差；农业经济萎缩，市场供应紧张，人民生活长期没有得到应有的改善。加上堵塞了集体和个体经济的就业门路，造成了尖锐的就业问题，严重影响了社会的安定团结。因此，我们一定要按照现阶段我国生产力的具体状况，调整生产关系，实行多种经济形式并存的方针。正如党中央一再指出的：在社会主义公有制经济占优势的根本前提下，实行多种经济形式和多种经营方式长期并存是我党的一项战略决策，决不是一种权宜之计。五届人大五次会议通过的宪法明确规定，我国社会主义经济制度，是以全民所有制和劳动群众集体所有制的社会主义公有制为基础，以劳动者个体经济为补充。这是总结我国三十多年经济建设的历史经验而得出的结论，是完全正确的。

（一）全民所有制（国营经济）是社会主义公有制的主要形式

现阶段我国的全民所有制经济采取国营经济的形式。它掌握着关系国计民生的经济命脉。据 1979 年的统计，它占全国工业固定资产的 90%，占全国工业总产值的 81%，占社会商品零售额的 82.7%，占国家全部财政收入的 86.1%。国营企业装备比较先进，技术力量比较强，是国家直接掌握的物力财力的主要源泉，所以它在我国整个经济生活中起着主导作用。国家依靠国营经济的力量对其他经济形式施加影响。因此，它是保证劳动群众集体所有制沿着社会主义方向前进，保证个体经济为社会主义服务，保证整个国民经济的发展符合劳动人民整体利益和长远利益的决定性条件。但是，长期以来，由于国营企业经营管理落后，存在着端"铁饭碗"、吃"大锅饭"的弊病，不利于发挥企业和广大职工的积极性和主动性，造成许多企业经济效益不高。为了更好地发挥国营经济的主导作用，必须对国营企业的经营管理体制进行改革。

（二）劳动群众集体所有制是社会主义公有制的重要形式

集体所有制的基本特点是自愿结合、独立经营、自负盈亏、民主管理、按劳（按股）分红。无论在城镇还是在农村，集体经济都比较适应我国现有生产力水平。独立经营，可以更灵活地满足市场和社会需要；民主管理，实现了劳动者当家作主；自负盈亏，按劳分红，可以把职工利益同企业经营效果紧密结合起来。所有这些都有利于调动职工的积极性。我国过去办得好的集体经济组织，都有民主办厂、办社，勤俭办事业的好传统。因此，要纠正过去那种强行把集体企业升级过渡为国营企业的错误做法。要把一部分适宜于集体经营的国营小企业改造成集体企业；把统负盈亏的大集体改为自负盈亏的小集体；还要大力发展真正的集体所有制的企业，以促进社会生产力的发展,更好地满足市场和人民生活多种多样的需要,并为就业开辟广阔的门路。当然,集体经济组织往往容易从本单位的局部利益出发,有时可能同社会整体利益发生矛盾。因此,国家要加强对集体经济的计划指导,主要是通过价格、税收、信贷等各种经济杠杆,把集体经济单位的经营活动内容纳入全国统一计划的轨道。

(三)劳动者的个体经济是我国社会主义公有制经济的补充

个体经济是同手工劳动相适应的。有些个体劳动者凭着祖传的技艺,为人民提供多种多样的产品和劳务。个体经济不需要多少资金,只要有了简单的工具就可以开展经营活动,而且经营方式灵活,适应性强,方便群众。在国营经济和集体经济没有能力把全部新成长的劳动力都包下来,并把群众多种多样的需要都包起来的情况下,适当发展个体经济,作为社会主义公有制经济的补充,是完全必要的。党的十一届三中全会实行放宽政策以后,个体经济有了一定程度的发展。截至1982年年底,城乡的个体工商户已发展到200多万户,其中,城镇由15万户发展到110多万户。但是,个体工商业的发展也遇到了一些困难和阻力,这同人们对现阶段适当发展个体经济的认识不足有一定的关系。

个体经济的发展会不会损害社会主义经济呢?不会。在社会主义公有制经济占绝对优势的条件下,经济命脉掌握在国家手里,批发商业和绝大部分零售商业由国营企业和集体企业经营,个体经济仅限于国营企业和集体企业不经营或经营不足的范围。在这种条件下,个体经济只能依附于社会主义公有制经济,并且随着它向专业化、社会化方向发展,对社会主义公有制经济的依赖性就越大。它只能在对社会主义公有制经济起有益的补充作用的情况下存在和发展。我们完全有力量(包括行政的和经济的)把个体经济纳入为社会主义公有制经济服务的轨道。

有人说,社会主义就是消灭私有制,恢复和发展个体经济同坚持社会主义道路是不相容的。不错,我们的目标是建立社会主义公有制，而且是全社会统一的公有制。但是，怎样过渡到这种公有制，却要取决于生产力的实际发展，而不取决于我们的主观愿望，企图一步登天是办不到的。恩格斯说："社会制度中的任何变化，所有制关系中的每一次变革，都是同旧的所有制关系不再相适应的新生产力发展的必然结果。"① 他在回答"能不能一下子就把私有制废除"这个问题时，曾明确指出："不，不能，正象不能一下子就把现有的生产力扩大到为建立公有经济所必要的程度一样。因此，征象显著即将来临的无产阶级革命，只能逐步改造现社会，并且只有在废除私有制所必需的大量生产资料创造出来之后才能废除私有制。"② 他在另一个地方还说，"这将是下几代人的任务"③。如前所述，我们过去是企图在手工劳动的落后生产力的基础上一下子消灭私有制，这恰恰是违反了恩格斯的这些教导。我们今天恢复和适当发展个体经济，决不是忘记或者抛弃社会主义的目标，恰恰相反，是真正扎扎实实地为更好地发展社会生产力，为最后废除私有制和建立全社会统一的社会主义公有制创造条件。

二 实行不同形式的经营承包责任制

四年来，我国对国营企业的管理逐步进行了改革，从扩大企业经营自主权着手，实行利润留成、利润包干（或盈亏包干）、递增利润包干、以税代利等不同形式的经营承包责任制。据截至1983年2月的不完全统计，已有3万多个工业企业（占预算内国营工业企业的80%）和4.7万多个商业企业（占独立核算单位的35%），实行了不同形式的经营承包责任制。它们对国家承担一定的计划任务，如产品产量（或销售量）、质量、品种、成本、利润等，相应地对拥有一定程度的经营管理自主权，获得与其经营效果相适应的

---

① 《马克思恩格斯选集》第一卷，人民出版社1972年版，第218页。
② 同上书，第219页。
③ 《马克思恩格斯选集》第四卷，人民出版社1972年版，第108页。

经济利益。实行经营承包的国营企业，有一定范围的产品生产计划权，一定比例的产品自销权，以及利润留成权、物资选购权、自有资金使用权、奖金分配权、中层干部任免权等等。这就初步改变了企业过去那种实质上无责、无权、无利的状况，较好地把国家、企业和职工个人的利益结合起来，调动了各方面的积极性，有力地促进了国营经济的发展。应该说，在前几年的经济调整中，我国国营经济不但没有出现像以前曾经出现过的大幅度下降，而且保持了一定的发展速度，这同经营承包责任制的推行有很大的关系，正如我们对农业生产实行了不同形式的联产承包责任制有力地促进了农业经济的发展一样。

国营企业经营承包责任制的巨大效果，在理论上给我们以很大的启示。

第一，它既保留了生产资料全民所有制（社会所有制）的性质，又在不同程度上使职工参与企业经营管理，初步实现了生产资料与劳动者的直接结合，提高了生产资料公有化的水平。

我国的国营企业最初是在没收官僚资本主义企业、接管帝国主义在华企业的基础上建立起来的。随后，又通过对私人资本主义工商业的社会主义改造和国家直接投资建设而发展壮大起来。过去，国家对国有企业实行直接管理的制度。国家任命企业的各级领导干部，统一调配企业职工，向企业下达产、供、销指令性指标；企业利润全部上缴，亏损由国家补贴，基本建设投资（包括固定资产的更新改造）由国家拨款，企业职工按国家制定的统一工资类别和等级领取工资，等等。总之，国家统揽企业的产、供、销和人、财、物的决策权，职工对企业的经营管理实际上处于无权、无利的地位，从而也不能对企业的经营管理效果负责。其结果是，企业盈利和亏损一个样，职工干好干坏一个样。吃"大锅饭"、平均主义，就是由此而来的。

企业外无压力，内无动力，这是国营企业长时期以来经济效益差的根本原因之一。实行各种形式的经营承包责任制以后，企业及其职工开始有了不同程度的经营管理自主权和利润支配权,这种沉闷的局面开始打破,国营经济开始活跃起来,出现了一派生机勃勃的兴旺景象。

国营企业实行经营承包,特别是实行以税代利的经营承包制以后,除少数企业以外,国家不再直接管理企业的具体经营事务了,企业在相当大的程度上采取集体经营的方式,这会不会损害社会主义全民所有制的性质、降低社会主义公有化的水平呢?长期以来,流行一种观念:似乎国营经济是社会主义公有化的最高形式;国家直接管理企业是最先进的管理形式。看来,这是值得研究的。马克思和恩格斯多次强调指出,与资本主义生产社会化相适应,社会主义社会要实现生产资料公有化,即"以一种集体生产为基础的资本主义所有制只能转变为社会的所有制"[1],"社会成为全部生产资料的主人"[2]。他们讲的是社会化,社会占有,而不是国有化。社会的主体是"自由平等的生产者的联合体"[3],是自由的劳动的联合。社会主义制度"使社会的每一成员不仅有可能参加生产,而且有可能参加社会财富的分配和管理"[4],但是,正如恩格斯所说的,由于不能一下子就把现有的生产力扩大到建立公有制经济所必要的程度,以及由于劳动者不能一下子就学会管理社会化大生产的本领,在社会主义革命胜利后,一般都由国家以社会的名义占有社会化大生产的部分,并由国家直接加以管理。不过,马克思主义经典作家从来不认为国有化是生产资料公有化的最高形式。斯大林说:"这些同志以为,把个别人或个别集团的财产转归国家所有,是唯一或无论如何是最好的国有化形式。这是不对的。事实上,转归国家所有,这并不是唯一的、甚至也不是最好的国有化形式,而是原始的国有化形式,正如恩格斯在《反杜林论》里关于这点所

---

[1] 《马克思恩格斯全集》第 19 卷,人民出版社 1963 年版,第 130 页。
[2] 《马克思恩格斯全集》第 20 卷,人民出版社 1971 年版,第 318 页。
[3] 《马克思恩格斯全集》第 18 卷,人民出版社 1964 年版,第 67 页。
[4] 《马克思恩格斯选集》第三卷,人民出版社 1972 年版,第 42 页。

正确说过的那样。"① 国营企业之所以不是"国有化"（公有化）的最高形式，主要是因为国营企业的劳动者没有参与企业的经营管理，没有经营管理的决策权。从这个意义上说，劳动者并没有真正成为企业的主人，而是像列宁所正确形容的那样："在这里，全体公民都成了国家（武装工人）的雇员。全体公民都成了一个全民的、国家的'辛迪加'的职员和工人。"② 这就存在一种危险，即容易"造成工人群众利益同管理国营企业的经理人员或其主管机关利益的某些对立"③。实际情况也是这样，特别是企业管理人员或主管机关对工人群众利益采取漠不关心的官僚主义态度时，这种对立可能发展到尖锐的程度，严重挫伤了群众的积极性，严重阻碍了社会主义公有制优越性的发挥。

出路何在呢？出路就在于找到一种既能保持生产资料全民所有制或社会所有制的性质，又能使职工群众直接参与企业经营管理的办法和制度。这种办法和制度，在我国，在党的十一届三中全会贯彻解放思想、实事求是的思想路线、尊重群众的首创精神、试行经济体制改革以后，终于逐渐摸索出来了。这就是对原来的国营企业，根据不同的情况，实行不同的经营承包形式：小型工业企业，有的由集体承包或者个人承包，有的租给集体或个人，实行国家征税，自负盈亏；大型工业企业逐步推广递增利润包干的经验；其他多数企业实行以税代利。国营商业中的零售商店、饮食业、服务业、修理业，也逐步推广多种形式的经营承包责任制。

国营工商企业实行各种形式的经营承包责任制，并不改变生产资料全民所有或社会所有的性质。首先，集体或个人向国家承包，或国家把企业租给集体或个人，都以承认国家对企业的所有权为前提，承包的条件和期限由国家规定。其次，国家仍保留对企业的行政干预权，从下达必要的指令性指标到必要时对某些企业实行关停

---

① 《斯大林选集》下卷，人民出版社 1979 年版，第 605—606 页。
② 《列宁选集》第三卷，人民出版社 1972 年版，第 258 页。
③ 《列宁选集》第四卷，人民出版社 1972 年版，第 584 页。

并转等。

与此同时，企业获得了不同程度的经营管理自主权，承包企业的职工群众就可以行使民主管理的权力，参与企业经营管理的决策。现在许多企业恢复和建立了职工代表大会等一套民主管理制度；部分企业还开始试行厂部、车间、班组民主管理，使职工代表经常、直接参加企业的日常经营管理工作，体现了职工群众当家作主的主人翁地位。许多企业还把对国家承担的任务层层分解，逐项落实到科室、车间、班组和个人，规定了不同的奖惩办法，并用经济合同形式确定下来。通过企业对国家的经营承包责任制和厂内的经济责任制，把企业和职工个人的利益同经营效果紧密联系起来，把国家、企业和个人的利益正确结合起来，可以充分体现和发挥社会主义公有制的优越性。

由此可见，国营企业实行经营承包责任制的实质是：在全民所有制企业中采取集体经营的方式。它不但没有改变生产资料的全民所有或社会所有的性质，而且从职工直接参加管理，即生产资料同劳动者集体的直接结合方面来看，比过去由国家直接管理企业的体制前进了一大步。从这个意义上来说，国营企业实行经营承包责任制，大大提高了全民所有制企业的公有化水平。

应该指出，我国广大职工创造的这种经营方式，同马克思和恩格斯当年的设想也是基本符合的。1886年，恩格斯在致奥·倍倍尔的信中说："我的建议要求把合作社推行到现存的生产中去。正象巴黎公社要求工人按合作方式经营被工厂主关闭的工厂那样，……至于在向完全的共产主义经济过渡时，我们必须大规模地采用合作生产作为中间环节，这一点马克思和我从来没有怀疑过。但事情必须这样来处理，使社会（即首先是国家）保持对生产资料的所有权，这样合作社的特殊利益就不可能压过全社会的整个利益。"[①] 从实质上来说，国营企业实行经营承包，就是"按合作方

[①] 《马克思恩格斯全集》第36卷，人民出版社1975年版，第416—417页。

式经营"国有企业。由于它并不否定生产资料的社会（首先是国家）所有权，较好地实现了群众直接参加管理，就比国家直接管理的国营企业更优越。

第二，国营企业采取经营承包责任制的意义还在于，它开辟了国营企业与集体企业互相融合、共同过渡到全国统一的社会所有制的前景，打破了集体企业一定要向国营企业过渡的旧的公式。

过去，人们通常把国营企业看成是社会主义公有化的高级形式，把集体企业看成是公有化的低级形式，从而把集体企业向国营企业过渡看成是客观经济规律。这也正是我们过去急于把城镇的合作工厂、合作商店升级过渡到国营经济的"理论依据"。不错，国营企业与集体企业适应于生产力不同的发展水平，这是实际情况。但这只是事情的一方面。事情的另一方面是，集体企业具有它特有的优点：独立经营，民主管理，自负盈亏，按劳分红，经营成果与劳动者利益直接挂钩，职工十分关心企业经营管理效果。从一个企业范围内职工直接参加企业经营管理这一点来说，集体企业比国营企业的社会化和公有化程度更高一些。正是在这些方面，国营企业可以而且应该向集体企业学习。如前所述，我们现在在国营企业中实行不同形式的经营承包责任制，正是在不同程度上吸收了集体企业经营方式的优点，提高了国营企业内部公有化的水平。

当然，从全社会范围来说，集体企业是有局限性的。因为它具有较大的经营自主权和灵活性，有自己独立的经济利益，容易产生只顾本集体单位的局部利益，忽视全社会的整体利益，致使自己的经营项目、范围和方式方法同国家计划的要求不一致。怎么解决这个矛盾呢？是不是可以把集体企业一律升级过渡成为国营企业呢？这个办法我们曾经尝试过，证明效果是不好的。那么，怎样解决集体企业局部利益与社会整体利益的矛盾，使集体企业的经营活动符合国家计划的要求呢？除了国家颁布有关的集体经济管理法规、条例并加强管理以外，最重要的是，国家通过价格、税收、信贷等经济杠杆，引导集体企业按国家计划的需要开展自己的经营活动。国家加强对集体企业职工进行政治思想教育，要求他们正确处理局部利益与整体利益的关系，在二者发生矛盾的时候，自觉地服从整体利益。由于在社会主义条件下，个人与集体、局部与整体之间没有根本的利害冲突，只要我们的经济和社会发展战略决策正确，又善于协调国家、集体和个人的利益，是完全可以把集体企业的经营管理活动纳入社会统一计划的轨道的。随着集体企业经营管理水平的提高，随着社会生产力的极大发展，全社会的劳动者都将逐渐富裕起来，他们的共产主义觉悟程度也将大大提高。那时，全民企业与集体企业之间、集体企业与集体企业之间的经济差别将逐渐缩小以至逐步消失，所有的企业都能更加自觉地按全社会的总计划行事，并平等地参加全社会经济中心的管理活动。这样，集体企业与全民企业的界限将逐渐消失，共同过渡到全社会的统一的所有制。马克思在驳斥资产阶级污蔑共产主义要消灭一切所有制的谬论时曾说："如果联合起来的合作社按照总的计划组织全国生产，从而控制全国生产，制止资本主义生产下不可避免的经常的无政府状态和周期的痉挛现象，那末，请问诸位先生，这不就是共产主义，'可能的'共产主义吗？"① 这就是说，只要合作社的经营活动是在全国总的计划指导下进行，服从全国总的计划要求，那么，这种合作社的所有制同全社会统一的所有制即马克思所说的共产主义就没有什么差别。或者说，这种合作社所有制实质上已经过渡到统一的社会所有制了。看来，这也是我国集体所有制企业向统一的社会所有制过渡的一种趋势。

以上我们扼要地分析了国营企业实行经营承包责任制在理论上给我们的启示。这些启示对我们的实际经济工作有什么意义呢？

第一，国营企业实行经营承包责任制，企业职工群众直接参加企业的经营管理，在实现劳动者同生产资料直接结合方面前进了一大步，也就是向更高级的全民或社会所有制前进了一大步。经营承

---

① 《马克思恩格斯选集》第二卷，人民出版社1972年版，第379页。

包责任制把企业和职工的利益同经营管理效果、劳动贡献更好地结合起来，更好地实现按劳分配原则。所有这些，都是坚持了社会主义经济制度的基本特征，并且丰富和发展了它们的内容。可以说，这是继我国农村亿万农民实行联产计酬责任制，丰富和发展了马克思主义的农业合作化理论的伟大创造之后，我国国营企业广大职工在企业管理上的又一伟大创举，它丰富和发展了马克思主义的企业管理理论和社会主义公有制的理论。总之，国营企业实行经营承包责任制能够更好地发挥社会主义公有制的优越性，这一改革的方向是完全正确的，应该大胆放手进行。当然，由于工商业比农业的情况复杂得多，改革更要有领导有计划有步骤地进行，并且一切改革都要经过试点。切忌一哄而起、一刀切。同时，也不要因为改革中出现了一些问题而惊慌失措，动摇改革的决心。我们的任务是不断总结经验，使各种形式的经营承包责任制更加切合不同类型企业的实际，使它更加完善，发挥更好的作用。

第二，提高集体所有制经济的社会主义公有化水平，一般不能采取硬把集体企业升级过渡到国营企业的办法，而是要加强对集体企业的计划指导，逐步把它们的经营活动纳入全国统一计划的轨道。这就要求我们提高计划的科学性，学会运用多种经济杠杆引导集体企业按照全国统一计划的要求来开展自己的经营活动。这样，通过长期的努力，为集体企业和全民企业将来的融合，共同向单一的社会所有制逐步过渡创造条件。

三　坚持计划经济制度，充分发挥市场调节的辅助作用

社会主义经济是计划经济。我国三十多年来也是依靠实行计划经济制度取得了巨大的成就。但是，怎样有效地对整个社会的经济活动实行计划管理，才能充分发挥计划经济制度的优越性，这个问题还没有真正解决。过去，由于经济发展战略决策的失误，也由于计划管理制度上的缺陷，我国经济发展曾经发生过几次大的挫折，

而且由于计划管得过多过细过死，束缚了职工的手脚，使经济效益很不理想。因此，有些同志怀疑计划经济的优越性，甚至怀疑我国现阶段有没有条件实行计划经济制度。这显然是不对的。

一个国家实行什么样的经济制度，这不取决于人们的主观愿望，而决定于生产力的性质和占统治地位的生产关系特别是生产资料占有的形式。生产社会化决定了全社会的劳动时间按比例分配于各生产部门的必要性；生产资料社会主义公有制决定了社会有可能对社会再生产进行统一的、有计划的管理。在资本主义制度下，生产社会化达到了极高的程度。但是由于生产资料是资本家私人占有的，生产什么，生产多少，完全是资本家私人的事情。国民经济发展所要求的各种比例关系，不可能由社会统一计划来调节，整个社会生产是无政府状态的。资本家完全按市场行情的波动来调整自己的经营活动，资本主义经济是在"看不见的手"即价值规律的支配下运转的。社会再生产所要求的比例，只能通过经济动荡和周期性经济危机来实现。马克思说："资产阶级社会的症结正是在于，对生产自始就不存在有意识的社会调节。"[①] 过去和现在，无论现代资本主义国家怎样加强国家干预，都无法根治这一痼疾。

在社会主义制度下，生产资料公有制的建立，消除了生产社会化同生产资料资本主义私有制的矛盾，克服了人们之间的利益对立，使国民经济成为根本利益一致的整体。这就使国家有可能根据国民经济发展的需要，制订统一的计划，在各个部门之间合理地分配生产资料和劳动力，有效地使用资金，合理地利用自然资源，正确规划生产布局，恰当安排国民经济的重大比例关系和发展速度，自觉地实现按比例发展的要求。这就使社会主义国家有可能集中全社会大部分的人力、物力和财力，用于解决经济建设的重要任务，保证国民经济的协调发展，不断满足人民日益增长的物质和文化生活的需要。这是社会主义经济区别于资本主义经济的基本特征之

[①] 《马克思恩格斯选集》第四卷，人民出版社1972年版，第369页。

一，也是社会主义制度优越性的一个重要表现。

怎样实现计划经济制度呢？马克思和恩格斯没有为我们设计具体的模式。他们只是作了一些原则性的指示，即按社会需要来有计划地安排社会生产。马克思说，在社会主义社会，"社会需要，即社会规模的使用价值，对于社会总劳动时间分别用在各个特殊生产领域的份额来说，是有决定意义的"①。恩格斯说："在共产主义社会里无论生产和消费都很容易估计。既然知道每一个人平均需要多少物品，那就容易算出一定数量的人需要多少物品；既然那时生产已经不掌握在个别私人企业主的手里，而是掌握在公社及其管理机构的手里，那也就不难按照需求来调节生产了。"② 苏联是第一个实行计划经济的国家。它的计划管理制度的基本特征是实行单一的指令性计划。具体的做法是：由国家计划机关制订全国统一的产、供、销和人、财、物计划，然后以指令的形式向企业下达。国家向企业下达的指标最多的时候达到一百多个，企业完全没有经营自主权。这是一种高度集中的中央集权的管理体制。从形式上来看，似乎是最直接了当地实现了有计划地发展，实际上，却经常造成产销脱节，货不对路，积压浪费很严重。原因很简单，全国企业几十万个，产品上千万种，人民的消费需要又经常变化，因此，任何中央计划机关，即便使用最先进的计算技术，也不可能把社会需要计算得那么精确，更不要说随着社会需要的变化而及时调整计划了。与此同时，企业却没有权力修改计划，而且这样做对自己没有好处。因为反正盈亏都由国家包下来了，企业根本没有生产新产品、改进生产技术和工艺的兴趣。所以，产品品种单调，二三十年"一贯制"，技术进步缓慢，经济效益差，成了这种计划管理体制的通病。

显然，实行这样的计划管理体制不符合社会主义经济发展的要

---

① 《马克思恩格斯全集》第 25 卷，人民出版社 1974 年版，第 716 页。
② 《马克思恩格斯全集》第 2 卷，人民出版社 1957 年版，第 605 页。

求，因而并不是社会主义计划管理的理想模式。

首先，它把社会主义经济的集中管理绝对化了，否定了企业的经营管理自主权。社会主义经济要求对整个国民经济进行集中的管理，预先安排国民经济的主要比例关系，以保证社会再生产的顺利发展。这同资本主义的生产无政府状态有根本区别。但是，社会主义的集中管理并不排斥企业的经营自主权。如上所述，国家不可能把几十万个企业的人财物、产供销的具体事务都管起来，事实上也不可能管好。而且，这种完全否定企业经营自主权的做法，同社会主义公有制的性质也是不相符的。社会主义公有制意味着劳动者同生产资料直接结合，劳动者是生产的主人，具有不可剥夺的经营管理权。同时，也只有依靠他们的劳动和经营管理的积极性，才能把企业办好。因此，要把国家必要的集中和企业的经营自主权恰当地结合起来。办法就是：宏观的决策权集中在中央，微观的决策权基本上交给企业。这就是说，经济发展的方针、任务、增长速度、主要比例（特别是积累和消费、农轻重、经济和国防、经济和科学教育等比例），固定资产投资规模、投资方向、生产力布局和重大建设项目，以及主要产品价格和重要服务收费，信贷、税收政策，外贸等重大经济政策和科学技术发展政策，这些关系到全局的决策，必须由中央统筹安排，以求得社会总需求和社会总供给之间的平衡，保证整个国民经济的协调发展。至于企业的内部事务，以及企业之间的经济往来，应该主要依靠企业职工，让企业在服从国家计划指导和遵守国家政策规定的范围内，自主地进行活动。只有这样，才能把集中和民主很好地结合起来，做到管而不死，活而不乱。

其次，由于实行单一的指令性计划，企业又没有经营自主权，企业不能对自己的经营效果负责，统收统支，企业之间吃"大锅饭"，平均主义就成为不可避免的了。这样，由于违反了物质利益原则，企业既缺乏外在的压力，又没有内在的动力，当然就不可能健康发展了。

最后，这种计划管理体制忽视市场和价值规律的作用。制订计划往往从主观愿望出发，从实物需要出发；在执行计划中，也不注意研究市场的变化，更谈不上根据市场的变化而修订计划了。这同理论上否认社会主义存在着商品生产和商品交换有直接关系。

我国现行的计划管理体制，基本上是50年代从苏联学来的，存在着同样的弊病。党的十一届三中全会以来，对如何改革开展了热烈的讨论。看来，首先要解决对改革的思想认识问题。从过去的讨论和若干试点的经验来看，我认为应该着重明确以下几点，第一，在保持宏观经济的决策集中在中央的前提下，适当扩大企业的经营自主权，把必要的集中管理同适当的分散经营结合起来，这不仅是管理方法问题，而且是关系到劳动者能否直接参加管理的原则问题。而劳动者在生产过程中当家作主，是社会主义公有制性质所要求的。第二，承认在社会主义阶段，企业具有相对独立的经济利益。在企业执行国家计划过程中，不能只要企业承担责任，而不赋予它们相应的权力和利益，要把责、权、利结合起来。第三，承认社会主义社会还广泛存在着商品生产和商品交换。制订计划、执行计划和修订计划，都必须注意研究、利用市场和价值规律的作用。

根据我国现实的情况，党中央已经决定，要改革单一的指令性计划制度，实行指令性计划、指导性计划和市场调节相结合的多种计划管理形式。对国营企业中关系国计民生的生产资料和消费资料的生产和分配，对集体所有制的一些重要的农副产品的征购和派购，实行指令性计划。对许多产品和企业实行主要运用经济杠杆以保证其实现的指导性计划。同时，允许对部分产品的生产和流通不作计划，由市场来调节，也就是说，根据不同时期的具体情况，由国家统一划出一定的范围，由价值规律自发地起作用。同时，无论实行指令性计划还是指导性计划，都要注意研究市场供需状况的变化，自觉地利用价值规律的作用。

现在，通常都把指令性计划和指导性计划称计划经济，而把企业自行安排生产的部分称为市场调节。这就发生一个问题：似乎计划经济不包括市场调节，市场调节不在计划经济的范畴之内了。这样理解对不对呢？我认为，应该把具体的计划管理方法同反映某种生产关系特征的经济范畴区别开来。在计划管理形式上，我们把单一的指令性计划改革为指令性计划、指导性计划和市场调节（更准确地说是由企业自行安排生产）三种形式。但是，从理论上来说，这三种形式都属于计划经济的范畴。因为所谓市场调节的部分，也包括在国家统一计划之内，是有计划地"划出一块"。这一块究竟多大，也是计划规定的。其次，社会主义经济中广泛存在着商品生产和商品交换，不但国家、集体和个人之间存在着商品交换关系，而且全民所有制企业之间的交换也是商品交换，必须贯彻等价交换原则，维护交换双方的利益。这种情况表明，在社会主义阶段，虽然社会可以预先有计划地把人、财、物分配到国民经济各个生产部门，而主要不是通过市场竞争和价值规律的自发作用来实现，但是，由于劳动还是谋生手段，还保留着旧的社会分工，人们之间还保留着物质利益的差别和矛盾。在这种情况下，国家计划的实现仍需要利用市场和价值规律的作用，而不能采取无偿调拨的办法。实践证明，无偿调拨（例如资金的供给制等）和不尊重价值规律的作用（价格与价值长期背离、各种新品价格畸高畸低等），其结果都是违反了物质利益原则，造成企业之间苦乐不均，影响企业执行国家计划的积极性。长期以来，长线产品价高利大，往往突破计划限产指标；价低利小产品，往往完不成计划任务，这里就有着市场和价值规律的调节作用。正是从这个意义上说，社会主义经济存在着一个统一的市场。它包括直接计划市场（在现阶段，包括指令性计划和指导性计划）和间接计划市场（即国家不下达计划，由价值规律自发调节的市场调节部分）。换句话说，社会主义的统一市场都是有计划的，但存在着直接计划与间接计划的差别。这同完全受无政府状态支配的资本主义的自由市场是根本不同的。既然存在着统一的市场，价值规律就普遍发生一定的调节作用。只是由于计划管理的形式不同，价值规律的调节作用，也就是市场调节在不同的计划管理形式下所起的作用，程度就不同。在指令性计划中，作用较小；在指导性计划中，作用较大；在市场调节中，作用最大。总之，我认为，社会主义计划经济包括对整个国民经济（而不是一部分或大部分）实行计划指导，这是必须坚持的原则。同时，又必须充分发挥市场调节的辅助作用。只有这样，才能既保证我国经济沿着社会主义道路前进，又能把经济搞活，促进国民经济的健康发展。

（原载《学习与思考》1983年第4期）

确保经济和社会的协调发展

最近召开的党的全国代表会议通过了《中共中央关于制定国民经济和社会发展第七个五年计划的建议》（以下简称《建议》）。它的主要内容是：其一，"七五"期间我国经济工作的指导思想和奋斗目标；其二，经济和社会发展的战略方针和主要政策措施；其三，经济体制改革的设想和实施步骤。贯穿《建议》的一个重要精神是确保经济和社会的协调发展。"七五"计划不仅包括经济内容，而且包括社会发展的内容，是二者协调发展的计划。《建议》提出的经济和社会发展的战略方针和主要政策措施都是为了保证经济和社会的协调发展。而所有这些，都必须以改革旧的僵化体制，建立起充满生机和活力的社会主义经济体制为前提。本文拟从以下三个方面谈谈学习的体会。其一，经济和社会协调发展是我国发展战略的重大转变；其二，合理确定经济增长速度是保持经济和社会协调发展的需要；其三，体制改革要确保经济和社会的协调发展。

一

《建议》提出，"七五"期间要求达到的经济增长率是：国民生产总值平均每年增长 7% 以上；工农业总产值平均每年增长 7% 左右，其中农业总产值平均每年增长 6%，工业总产值平均每年增长 7%。为了实现这些指标，《建议》要求在"七五"期间以至更长一些的时间内，在经济建设的总体布局上解决好三个问题：进一步合理调整产业结构；坚决把建设重点切实转到现有企业的技术改造和改建扩建上来，走内涵型为主的扩大再生产的路子；正确处理地区经济发展的关系，促进地区经济布局的合理化。为此《建议》提出了振兴农村经济，积极发展消费品工业和民用建筑业，加强能源、交通、通信和原材料工业建设，加快发展第三产业，加强现有企业的技术改造，正确处理东部、中部、西部三个经济地带的关系等六条主要方针政策。

关于社会发展方向，《建议》专设"人民生活和社会保障"一章作了论述。它的主要内容包括：（一）不断提高人民的物质文化生活水平，使全社会成员共同富裕。既要继续落实鼓励一部分地区、一部分企业和一部分人先富起来的政策，同时又要防止收入差距的悬殊，到1990年全国居民的平均实际消费水平要比1985年增长25%左右，城乡居民消费水平的差距要进一步有所缩小。（二）把改善生活环境作为提高城乡人民生活水平和生活质量的一项重要内容。加强公用设施的建设，使人民生活更加便利。注意环境保护，大力发展园林、绿化，逐步为人民创造清洁、舒适的生活和劳动环境。（三）严格控制人口的增长，力争五年内人口平均增长率控制在12.5‰左右。同时进一步发展卫生保健事业，提高人民的健康水平。（四）建立形式多样、项目不同、标准有别的社会保障制度，包括社会保险和社会福利制度。

把社会发展的要求这样明确、系统、具体地加以表述，在我国的计划工作历史上还是首次。不仅如此，《建议》还把社会发展的要求放在最优先的地位。《建议》指出，"在生产发展基础上，不断提高人民的物质文化生活水平，使全体社会成员共同富裕，是我们党和国家推进社会主义现代化建设的全部政策的基本出发点"。《建议》提出的"七五"计划的奋斗目标充分体现了这一点。"七五"期间经济和社会发展的主要奋斗目标是：争取基本上奠定有中国特色的新型社会主义经济体制的基础，大力促进科学技术进步和智力开发，不断提高经济效益，使1990年的工农业总产值和国民生产总值比1980年翻一番或更多一些，使城乡居民的人均实际消费水平每年递增4%—5%，使人民的生活质量、生活环境和居住条件都有进一步的改善。由此可见，社会发展既是经济发展的出发点，又是它的归宿。这标志着我国经济和社会发展战略的根本转变。

长期以来，我们片面强调经济发展，忽视社会发展。国家计划的名称就叫做"国民经济发展计划"。我们过去长期实行的经济发展战略是：以重工业为中心，努力增加工农业总产值，力争在较短时期内赶上和超过发达的资本主义国家。在这种战略思想指导下，片面强调优先发展重工业，在国家基本建设的生产性建设投资总额中，绝大部分用于重工业，轻工业和农业占的比例很小。为了追求工农业增长的高速度，甚至不惜破坏生态环境，砍伐山林，大炼钢铁，毁林开荒。为了积聚高速度发展所需要的资金，就提高积累率，挤了人民消费。当然，实行这样的发展战略，并不是说完全不顾社会发展的需要，甚至主观愿望还是好的。例如，过去我们强调优先发展重工业，总是说这是实现社会主义工业化、奠定社会主义社会的物质技术基础的需要，是人民的根本利益所在，只要工农业生产发展了，人民生活自然会得到改善。但实践证明不是这样。1949年以后的近三十年中，我国工业特别是重工业生产增长并不算慢，但这是靠挤了农业和轻工业、紧缩人民消费、保持过高的积累率来维持的。结果，生产发展了，而市场供应却越来越紧张，人民的温饱问题长期没有得到解决，生态平衡遭到破坏，带来许多严重的社会问题，使整个国民经济陷入极其困难的境地，不得不一再进行调整。

党的十一届三中全会对实现我国发展战略的转变具有决定意义。会议决定从1979年起全党工作的重点转移到社会主义现代化建设上来，用几年的时间调整国民经济一些重大比例，妥善安排城乡人民生活中多年积累下来的一系列问题。这就是说，要扭转经济发展与社会发展的脱节现象。随后，我国经济理论工作者和实际工作者开展了关于社会主义生产目的的讨论，一致认为，我国应借鉴外国计划工作的经验，把经济发展和社会发展协调起来；不断满足人民的日益增长的物质和文化生活的需要，是社会主义生产的目的；在我们的发展计划中，包括改善人民生活在内的社会发展的需要，应该是计划工作的出发点。只有这样，才能充分体现社会主义制度的优越性，充分调动人民群众的积极性，促进经济蓬勃发展。1982年12月，全国人大五届五次会议正式通过了《关于第六个五年计划的报告》的决议，我国的发展计划正式改为"国民经济和社会发展计划"，并把社会发展作为独立的一篇。这是一个很大的进步。但是，由于我们过去对社会发展战略研究不够，还没有能够提出一个比较完整的社会发展指标体系。在我们的发展计划中，经济发展指标比较具体、明确，而社会发展指标比较笼统、模糊。《建议》进一步明确了社会发展计划的内容和要求，必将增强我们贯彻经济和社会协调发展的自觉性。

二

"七五"计划的一个重要指导思想是："坚持社会总需求和总供给的基本平衡，使积累和消费保持恰当的比例。"我国经济建设的历史表明，要做到这一点很不容易。社会的年产品不仅应该能够满足当年生产消费和生活消费的需要，而且还应该有一定的剩余，这是社会再生产顺利进行的必要条件。马克思说，由于补偿已经消耗的固定资本是逐年不同的，"因此，生产资料的生产总额在一个场合必须增加，在另一个场合必须减少。这种情况，只有用不断的相对的生产过剩来补救；一方面要生产出超过直接需要的一定量固定资本；另一方面，特别是原料等的储备也要超过每年的直接需要（这一点特别适用于生活资料）。这种生产过剩等于社会对它本身的再生产所必需的各种物质资料的控制。但是，在资本主义社会内部，这种生产过剩却是无政府状态的一个要素。"① 由此可见，只要我们认真按照社会再生产的客观经济规律办事，就不但不会造成物资供应长期紧张的被动局面，相反，可以真正做到"留有余地"，整个经济生活就松动得多了，经济和社会就可以得到协调发展了。我国过去屡次发生主要比例关系失调，经济和社会发展不协调，主要的原因是发展战略失误——脱离社会发展而孤立片面地追求经济发展，脱离国力的可能，盲目追求工农业总产值的增长速度。为了追逐经济增长的高速度，就扩大固定资产投资规模，拉长基本建设战线，造成社会总需求超过总供给，出现全面"紧张"状态。在这方面我们过去吃过不少亏。党中央和国务院一再强调要力求避免重蹈覆辙。但是，盲目追逐经济高速度增长的倾向至今仍然没有彻底扭转过来。从 1982 年起，固定资产投资规模再次失控。近几年全民所有制单位固定资产投资每年都比上年增加 100 亿元以上（1982 年增加 178 亿元，1983 年增加 106 亿元，1984 年猛增 233 亿元）。结果，使物资和市场供应紧张，物价上升幅度较大，潜伏着威胁经济和社会的不稳定因素。《建议》强调指出，"这里的中心问题是根据国力的可能，在妥善安排人民生活的同时，十分注意确定合理的固定资产投资规模，做到国家财政、信贷、物资和外汇的各自平衡和相互间的综合平衡。这是保证经济比例关系协调、经济生活稳定和体制改革顺利推进的根本条件。"这是完全正确的。

为了保持社会总需求和总供给的基本平衡，必须合理确定经济增长率。防止盲目攀比和追求产值产量的增长速度，避免经济生活的紧张和紊乱。为了控制目前已经过大的建设规模，《建议》要求 1986 年、1987 年两年的固定资产投资规模大体维持 1985 年的水平，后三年再根据情况适当增加。在固定资产投资规模不扩大的情况下，经济增长主要走内涵扩大再生产的路子，即加强现有企业的

---

① 《资本论》第二卷，人民出版社 1975 年版，第 527 页。

技术改造和改建扩建，运用先进技术武装国民经济各部门。所有企业的技术改造都要以提高产品质量和性能，扩大品种、降低消耗为中心，不能片面追求扩大生产能力，真正把企业的工作转移到以提高经济效益为中心的轨道上来。

三

《建议》要求"七五"期间坚持把改革放在首位。把改革作为指导思想贯串于整个五年计划之中，以改革推动现代化建设，这是我国开始制定五年计划以来的头一次。这是"七五"计划的重要特征之一。也可以说，"七五"计划，是一个改革的计划，计划的改革。社会主义经济是有计划的商品经济，新的经济体制要与此相适应。首先，要求承认企业特别是全民所有制企业的商品生产者和经营者的地位，赋予它们相应的权力，使它们成为相对独立、自主经营、自负盈亏的经济实体。目前存在的主要问题是，对全民所有制的大中型企业控制较严，使它们在同小企业和集体企业的竞争中处于不利地位。大中型企业是我国的骨干企业，在国民经济中举足轻重，只有把大中型企业搞活，整个经济生活才能真正活起来。《建议》强调，必须坚决落实党中央和国务院已经颁布的关于扩大企业自主权的决定和条例，继续从外部和内部两个方面采取措施，增强企业特别是大中型企业的活力，把大中型企业内部蕴藏的潜力充分挖掘出来。

其次，新的经济体制要求打破条块分割封锁，建立社会主义的统一市场，正确处理计划和市场的关系。要逐步形成和发展计划指导下的市场体系，随着市场体系的逐步完善，有步骤地适当缩小指令性计划的范围，扩大指导性计划的范围。逐步形成和完善市场体系的关键是改革价格体系和价格管理制度。在新的经济体制下，我国的社会主义统一市场是直接计划市场和间接计划市场的结合体，按指令性计划和指导性计划生产和销售，由国家规定计划价格和浮动价格的部分，属于间接计划市场。进入这个市场的产品虽然是由国家直接干预，但仍然是作为商品进行生产和销售的，价值规律也起调节作用，所不同的是通过国家自觉利用而不是自发地起作用。国家不下达计划，其生产和销售由市场供求情况进行调节的部分，属于间接计划市场。这个市场也不同于资本主义的自由市场，对这个市场，虽然国家不直接干预，但是社会总需求和总供给是经过国家综合平衡后确定的，自由生产和自由定价的范围是国家根据客观需要和条件有计划地加以规定的，国家还通过全民所有制工商企业和物资部门参与市场活动，积极参与调节市场，发挥吞吐调剂、平抑物价的作用。总之，我国社会主义统一市场是计划指导下的市场，具有统一性和灵活性相结合的特点，同资本主义无政府状态的自由市场是有本质区别的。

最后，要把微观搞活和宏观控制有机地结合起来。随着简政放权、扩大企业自主权和市场调节的扩大，国家对企业的管理逐步由直接控制为主转向间接控制为主。微观搞活和宏观控制应同步进行。要根据国家对各项经济活动的间接控制能力，确定国家减少直接控制微观经济活动的范围、程度和步骤。国家对企业间接控制的主要手段是：其一，计划手段。对整个国民经济活动进行综合平衡，坚持社会总需求和总供给的基本平衡。在这个前提下，微观放活不会导致整个经济生活的紊乱。其二，法律手段。把更多的经济关系和经济活动的准则用法律的形式固定下来，使法律成为调节经济关系和经济活动的重要手段。其三，经济手段。利用其各种经济杠杆调节社会经济活动。一般说来，价格是调节供求和影响生产的最直接和最有力的工具。但是，在逐步缩小指令性计划范围、扩大市场调节范围、国家直接定价的范围逐步缩小以后，要寻求其他间接影响价格，从而对企业进行间接控制的途径，银行信贷也是国家对微观经济活动进行间接控制的重要手段。《建议》要求，"七五"期间要充分发挥银行系统筹集融通资金、引导资金流向、提高资金运用效率和调节社会总需求的作用。各专业银行一定要按国家批准的计划和信贷政策发放贷款。中国人民银行作为国家的中央银行，要制定综合信贷计划，控制货币供应量和贷款总规模、对各金融机构的业务要加强监督和稽核，并有权在必要时采取强制手段，严格控制各专业银行和其他金融机构的信贷活动。各级银行通过利率、汇率、准备金等形式对微观经济活动进行间接控制。

经济体制改革涉及国家与企业以及企业与职工之间的关系。要妥善处理三者之间的利益关系，以利于协调社会关系，保证经济建设和体制改革的顺利进行。《建议》指出，从根本上说，改革必将促进社会生产力的蓬勃发展，给人民群众带来巨大的实际利益，但也不能企求每项改革都能立竿见影地给每个人带来好处，因为改革的效益往往要经过一定时期的实践才能充分表现出来。要教育广大干部和群众充分认识改革的艰巨性和复杂性，充分认识改革中还可能出现某些问题和风险，加强政策观念、法制观念和全局观念，作好克服困难的思想准备。总之，经济改革决不仅是经济问题，而且是社会问题。任何一项改革方案，都必须预测它可能引起的社会后果，预先提出妥善安排人们之间关系的对策。只有这样，才能保证经济和社会的协调发展。

（原载《经济研究》1985 年第 11 期）

认真完善和发展承包制

承包经营责任制（以下简称承包制）是我国职工首创的。它的内涵是，在坚持企业的社会主义全民所有制的基础上，按照所有权和经营权分离的原则，以承包经营合同形式，确定国家与企业责、权、利关系，使企业做到自主经营、自负盈亏的经营管理制度。承包制是首都钢铁公司等少数企业率先搞起来的。全面推行承包制，是从1987年5月开始的。截至1988年年底，全国85%的预算内工业企业，93%的大中型企业已实行了承包制。

由于承包制调动了企业和职工的积极性，1987年当年全国预算内企业实现利税比上年增加118亿元，增长9.9%，由于推行承包制增加的财政收入达60多亿元。1988年本来应当是企业承包大见成效的一年，但是受到物价上涨的猛烈冲击，企业多负担约90亿元，即使在这种情况下，承包企业都没有调低上交基数，而经济效益仍然有所增长。1988年1—10月，预算内工业产值增长11.1%，实现利税净增18亿元，增长16.8%，其中税金增长19.8%，利润增长13.6%。从1987年5月到1988年10月，全面推行承包制所创造的利税总额在300亿元以上。以上数字说明，承包制不仅有效地发掘了企业的潜力，而且使企业有了消化价格上涨的能力。否则，1988年财政收入将面临不堪设想的局面。实践证明，承包制具有强大的生命力。党的十三届三中全会提出治理经济环境、整顿经济秩序、全面深化改革的方针。在企业改革方面，特别强调要"认真完善承包制"。这是非常正确的。实践已经证明，承包制把企业和职工的积极性充分发挥出来，既能增加财政收入，又能增加社会总供给,对当前治理通货膨胀和今后经济的稳定发展都是至关重要的。

值得深思的是,与此同时在我们的报刊上,流传着各种非议承包制的言论。主要的论据是:承包制以公有制、特别是全民所有制(国有制)为前提,产权不明确,种种弊病由此而来,根本的出路是实行私有化。还有些同志主张用股份制代替承包制,等等。所以,在探讨如何认真完善和发展承包制之前,首先澄清这些认识问题是必要的。

一 企业改革的不同思路

1. 是坚持公有制(国有制)还是实行私有化?

如前所述,承包制是在坚持社会主义全民所有制(国有制)的前提下,使企业做到自主经营、自负盈亏的经营管理制度。首钢是率先实行承包制的,也是承包制搞得最好的典型。1986年9月,首钢党委扩大会议工作报告明确提出:"经过10年的实践经验充分证明,承包制是企业自主经营,职工当家做主,使全民所有制得以实现的好形式,是构成社会主义企业经营的基本模式,应该成为我国城市改革的基本思路。"相反的观点认为,公有制特别是全民所有制(国有制)产权模糊,名义上人人有份,实际上是无人所有,无人负责,种种弊病由此产生。他们说,全民所有制或国有制已经成为"现代生产力发展的桎梏",不如"干脆走私有化的道路",实行"社会主义私有制",等等。10年来,西方许多著名学者也一再主张,只有实行产权私有化,才是中国经济改革的根本出路。《世界经济导报》最近发表澳大利亚莫纳石大学两位作者的文章,认为中国目前的经济混乱,"根本原因是没有实行私人财产为基础的民营制度造成"的,"不放弃国有制,不推行以私有财产为基础的民营制,则价格改革、放权让利、承包制等改革弊多于利",

"实行国营企业民营化是使改革彻底成功的唯一出路",等等。①

其实,提出这些主张的人不但不了解社会主义中国的国情,而且也无视了资本主义国家经济发展的历史和现实。大家知道,同三次技术革命、生产社会化相适应,资本主义生产关系也经历了三次大调整,形成了资本主义发展的三个阶段,即以单个资本和股份资本为基础的自由竞争时期,资本高度积聚和集中的私人垄断资本主义时期,以及以国家参与为特征的国家垄断资本主义时期。在第三个阶段,出现了资本主义的国有制经济。

第二次世界大战以后,资本主义各国的国有企业(包括国家和私人合营的混合企业)都有不同程度的发展。国有企业的产生,一般通过两个途径:一是"国有化",即由国家用高价或其他补偿办法收买私人企业变为国有企业;二是国家用财政拨款投资建立国有企业。此外,国家还通过购买私人企业股票的办法,实现国家所有制和私人所有制的结合,形成半国有企业,实质上也是国家垄断资本主义企业。60年代末到70年代初,主要资本主义国家中,国有企业及国私共有企业在国民经济中的比重大致如下:国有经济投资占投资总额的比重,美国为18.4%,日本为24.1%,联邦德国为22.7%,法国为33.5%,英国为30.0%,意大利为28.0%;国家在物质财富再生产中所占的比重,美国为13.0%,日本为22.0%,联邦德国为20.0%,法国为42.0%,英国为13.5%(占国内生产总值中的比重),国家信贷在金融业资产中所占的比重,美国为14.7%,日本为16.2%(按存款和储蓄计算),联邦德国为54.0%,法国为60.0%(按存款和储蓄计算),英国为2.0%,意大利为75.0%。②进入80年代以来,许多国家出现了私有化的浪潮,纷纷出售国有企业的股份。有人甚至预言,资本主义私人自由企业将席卷全球。前景是否果真如此呢?这是值得认真思索的

---

① 参见黄有光、杨小凯《为何中国应一跳过河地进行民营化?》,《世界经济导报》1989年2月6日。

② 参见《世界经济》第二册,人民出版社1981年版,第56页。

问题。

前面已经提到，国家垄断资本主义的发展，资产阶级国有和半国有企业的建立和发展，是同技术进步、生产社会化的要求相适应的。同时，这并没有改变资本主义生产方式的性质，资本主义生产方式仍然以生产资料的资本家私人占有为基础，国有和半国有企业并不占优势，而且是为资产阶级的整体利益服务的。60 年代和 70 年代，资本主义各国的国有和半国有企业，主要集中在以下部门：或为资产阶级积累资本提供资金的金融部门，或为资本主义企业再生产提供基本原材料和基础设施的部门，如钢铁、动力、燃料、交通运输、邮电等；或是具有巨大军事意义的原子能、宇宙空间、现代军事工业部门；或是一些投资大、赢利小和有风险但对维护资产阶级总体利益有益的部门。近 10 年来，由于技术进步而促进了产业结构的调整，既出现了对资产阶级来说不再是关键的"夕阳工业"，又出现了对他们来说至关重要的新技术部门。因此，资本主义国家对国有和半国有企业的结构也相应地进行必要的调整，但不是全部实行私有化。1988 年年初，我国全国人大财经委员会代表团应邀赴意大利访问，王连洲同志写了一篇访问记，其中谈到一些情况很有启发意义。文章说，据意大利国家参与部部长格纳内利介绍，意大利很多企业都是国有企业，国家资本相当雄厚。仅伊利、埃尼、埃菲姆等三大国家企业集团就控制着近千家企业公司，年产值占全国工业总产值的 1/3 以上。具有战略意义的行业，由国家垄断，或者由国有资本控制大部分股份，成为主要股东。从 80 年代初开始，意大利对国有企业进行调整、并出售了一些企业。但是，这种变化并不意味着削弱国有经济在意大利整个国民经济中的地位和作用。因为已出售和准备出售的是大多数被称为"夕阳工业"的和严重亏损的企业。而对于新技术部门，对于基础工业和基础设施部门以及为缩小南北地区的差距、支持开发较晚的南方地区的国家投资，不仅没有减少，反而有大幅度增加。对于国有经济的地位，意大利经济界人士普遍认为，在某些行业、某些生产领域，国有企业取代不了私营企业，如服务行业、纺织业等加工业，交给私人经营，可能更有利于其发展。但是私有企业要想获得进一步的发展，也必须有国家政策的指导，还得靠国有经济创造诸如交通、能源等基础条件。埃尼集团董事长雷维利奥认为，目前广为流行的私有企业效率一定高、国有企业效率一定低的说法其实是一种偏见。他说，国有企业在世界市场上具有私有企业不可替代的竞争力，就是例证。国家参与部部长格纳内利说，在意大利，调整经济结构，有些企业要公有，有些企业要私有，调整的原则就是看是否有利于国家的长远利益，是否有利于发展社会生产力。他说，意大利的方针是对具有战略意义的企业，国家仍继续参与管理，并不断地增加投资，以保证实现政府所要达到的社会经济目标。① 众所周知，国有经济和国家参与管理经济，对缓和资本主义国家的经济和社会矛盾，促进社会生产力的发展起了重要作用。但是应该清楚地认识到，资本主义制度是以生产资料资本家私人所有制为基础的。资本主义的国有化无论如何都不能动摇私有经济的主体地位。相反，其国有经济和国家干预是为私人经济的发展创造更为有利的条件服务的，从而也是为资产阶级的整体利益服务的。恩格斯指出："无论转化为股份公司和托拉斯，还是转化为国家财产，都没有消除生产力的资本属性……现代国家，不管它的形式如何，本质上都是资本主义的机器，资本家的国家，理想的总资本家。它愈是把更多的生产力据为己有，就愈是成为真正的总资本家，愈是剥削更多的公民。工人仍然是雇佣劳动者，无产者。资本关系并没有被消灭，反而被推到了顶点。"② 我认为这个原理仍然有效。

综上所述，资本主义各国第二次世界大战后国有化的浪潮是由技术进步、生产社会化推动的，目前的私有化的浪潮也是出自同一原因。但是私有化的浪潮只是资本主义国有经济产业结构的调整，

---

① 以上参见王连洲《国家坚持参与经济管理——意大利经济考察记》，《经济日报》1988 年 4 月 1 日。

② 《马克思恩格斯选集》第三卷，人民出版社 1972 年版，第 436 页。

国有和私有结构、比例的调整,而决不可能废除国有经济的存在。全盘私有化既不符合客观经济规律的要求,也不符合资产阶级的整体利益。同时,资本主义的国有经济只是作为资本主义私有经济的补充,并没有真正解决生产社会化同生产资料私人占有这一资本主义基本矛盾,因而也不可能消除资本主义经济的震荡、危机的根源。战后资本主义经济确实发生了很大变化,资本主义世界处于相对稳定时期。但是不能认为,资本主义已进入理想的"千年王国"了。前年震动整个资本主义世界的"股灾",使现在有些资产阶级经济学家也对未来的世界性危机而忧心忡忡,这倒是值得我们深思的。总之,只有经过社会主义革命,实行生产资料占有的社会化,首先是无产阶级领导的社会主义国有化,才能真正解决资本主义的基本矛盾。公有制是社会主义的基本制度,这一马克思主义的基本原理也未过时。

那么,怎样理解我国目前多种经济成分并存的格局呢?有些资产阶级经济学家和社会学家把我国一定程度上恢复和发展私人经济也归结为全球私有化浪潮的组成部分。有些人还把这种现象说成是抛弃社会主义道路,实行资本主义自由化的重要象征。他们是大错特错了。

社会主义国家包括我国的国有经济,也是适应生产社会化的要求而产生的,是国家调节经济和社会协调发展的物质基础。这一点同国家垄断资本主义的国有经济没有什么差别。不同的是,社会主义的国有制是全民所有制,资本主义的国有制是资产阶级的"共有制"。我们过去的错误在于,不顾生产力发展的多层次性,企图一步登天,要求在所有制关系上纯而又纯。近10年来,我们纠正了在生产资料私有制改造上盲目追求"一大二公"的"左"的错误,适当恢复和发展了个体经济,并且容许私营经济在一定范围内存在和发展。现在已经初步形成了以社会主义公有制为主体,多种经济并存的格局。目前个体经济和私营经济的工业产值还不到全国工业总产值的1%。看来,私人经济还有相当大的发展余地。我们的原则是，对社会化程度较高、关系国家经济命脉的行业和大中型企业维持国有制；其余的产业则鼓励个体经济和私有经济发展；把社会化程度较低、适宜于分散经营的小型国有企业转为集体企业，或者租赁，拍卖给私人经营，以补充社会主义公有经济之不足。究竟私人经济（包括个体经济和私营经济）发展到什么程度为宜，这是有待于探讨的问题。但是无论如何要以不危及社会主义公有制的主体地位为最高限度。正如资本主义国家的国有化不能危及资本家私人所有制的主体地位一样。如果说，资本主义的国有化是资本家私人所有制必要的有益的补充，那么，社会主义国家的"私有化"，就是作为社会主义公有制经济的必要的、有益的补充。二者的界限是十分清楚的。社会主义国家只有坚持以公有制为主体，才有统一的社会利益，才能协调多元化的利益要求，确保长远的发展目标，保证经济和社会的协调发展，最终达到共同富裕的目的。

其次，谈谈全民所有制（国有制）是不是注定无人负责、低效率？关于这个问题，首钢公司董事长、党委书记周冠五同志说得好："许多人往往把全民所有同无人负责、效率低下联系在一起，似乎不改变所有制就没有出路。而首钢的实践证明：通过企业对全民的承包和企业内部层层到人的承包，可以做到全民所有，人人负责，使经济效益大幅度持续增长，使社会主义公有制的优越性充分发挥出来。"首钢改革10年来取得了优异的成绩：纯利润连续10年每年递增20%；增加的钢材产量相当于一座大型钢铁厂；国家从首钢得到的财政收入成倍增长；经过改造的主体设备实现了现代化；跨地区、跨行业的经营开发取得了突破性进展；职工生活的改善超过了改革前的30年。首钢的技术进步也是非常突出的。在全国重点钢铁企业55项主要技术经济指标中，首钢有33项名列第一；精矿品位、高炉利用系数、入炉焦比、转炉利用系数、吨钢可比能耗等指标一直处于世界先进行列。首钢已拥有国家专利25项，在全国企业中是最多的。首钢自己设计并已应用成功的高炉喷煤、顶燃式热风炉两项技术诀窍已输出到欧美。与发达国家大型钢铁企业同口径相比，改革 10 年来，首钢按净产值（含折旧）计算的劳动生产率增长 2.6 倍，平均每年递增 13.66%，达到了所有发达国家钢铁企业增长率的 2 倍以上。按同口径的人均创利税，首钢 10 年增长 3.7 倍，平均每年递增 16.85%，也是世界最快的。首钢的经验有力地证明，不断完善和推广承包制，必将更充分地发挥社会主义公有制的优势，创造出高于资本主义的劳动生产率是可以做到的。

最后还应指出，不能把调动企业经营者和职工积极性即激励机制单纯归结为所有权。对现代化大中型企业来说，更重要的是利益机制，即把报酬和贡献紧密结合起来。例如，人们现在普遍推崇的资本主义大企业的特别是股份公司中的经理阶层或管理精英的决定作用，而他们恰恰不一定是企业和公司的所有者。我们的全民所有制的国有企业，职工不仅仅是名义上的所有者，而且通过承包制责权利相结合的机制，直接参与企业的管理和分配，把激励机制中的所有制因素和利益机制紧密地结合起来，一定能更充分地调动全体职工的积极性。这也是首钢等实行承包制企业的经验所证明了的。

2. 普遍推行股份制存在的一些疑难问题

据最近一些媒体报道，理论界普遍认为克服承包制困难的根本出路是实行国有企业的股份化。据我所知，最早提出股份化方案的是世界银行。它建议国营机构互相持股，使每个企业的所有权多元化，并逐渐允许股权买卖。后来我国一些学者进一步主张实行混合所有制，即将国有企业资产改造为国家股、企业股、个人股。最近，更有一些学者主张普遍实行以个人持股为基础的股份经济。

主张股份制的主要理由是"明确产权"。据一些地方试点经验，国有企业要明确产权困难很大：一是国家股归中央还是归省市，引起无穷争议。二是企业股能否成立，又有争议。有人认为它是国有资产增殖的，不能化大公为小公。如归企业由谁代表又成了问题。三是职工股，职工无钱购买，无偿分配又不合适。如果分给工人，是否也应分一些给农民？因为过去农产品价格低，农民也为积累作过贡献。这样，势必带来财产纠纷，等等。

主张股份制的另一理由是有利于实现所有权和经营权分离、政企分离。但是根据股份制要求，股东具有决策权，而且按拥有股份额大小来决定。这样，以国家股为主同过去国家直接管理企业只有过之而无不及；企业自己拥有股权，又自己管理自己，怎样体现所有权和经营权分离？职工只占有小额股份，又怎样体现"主人翁地位"？如果普遍实行私人股，私人按占有股票份额多寡而参与企业决策，又同资本主义的股份公司有什么两样？

有人说，股份化使人人都成了股东，"联股如联心，谁联谁关心"，可以促使职工关心企业经营管理，提高劳动积极性，增强企业自我约束能力，等等。首先，要把集资、合股和股份制区别开来。例如，我国有些合作经济单位就是靠职工集资办起来的，中外合资经营企业就是合股办起来的，它们共同的特点是经营者同时就是所有者。这些单位的资金虽然也叫做股份，但属于合作经济或合资经营经济性质，不是股份制。股份制的特点是向社会发行股票，所有者（股东）和经营者是分离的。其次，在股份制条件下，人们购买股票是指望股票价格上升，获得额外收入。而股票价格升降，并不完全取决于企业经营好坏，还受到利率、经济周期甚至政治局势等多种因素的影响。在这种情况下，职工即使关心企业经营管理也是无能为力的。何况股票是随时可以转让的，当股东看到企业经营管理不善，或因外部条件变化而股票价格下降时，他们就会争相抛售股票，而不会死心塌地地同企业"共命运"。资本主义国家多次猛烈的股市风潮反复证明了这一点。

有人说，实行股份化可以集资，变消费基金为生产资金，加快经济发展速度。我认为，除发行股票外，集资还有多种形式，有政府债券、公司债券、金融债券和国际债券等等。国有企业资金也有多种来源。如果根据国家的产业政策，某些国有企业确有增加来扩大再生产的必要，第一，国家应给予贷款支持；第二，经过国家有关管理部门批准，可以发行公司债券；第三，国家应给这些企业保留足够的利润或减免税收，使它们具有自我积累、自我发展的能力。而且应该明确，我们是实行计划经济的国家，积累基金和消费基金是有一定比例的，投资规模是有一定控制的，各行业的发展是受宏观调节的。近年来，一些地区和企业不顾国家的宏观控制，滥用"股票"形式以高额红利集资，这是造成投资规模和消费基金膨胀的原因之一。

社会主义国家是否也可以采取股份公司形式呢？我认为，作为集资的一种形式，在某些新办企业、集体企业、中外合资企业是可以试行的。对个别大型的私营企业，国家也可以参股，作为控制、监督其经营活动的手段。但是，对于国有大中型企业来说要十分慎重。要知道，这些企业一般都对国民经济起举足轻重的作用，是国家财政收入的主要来源，是国家调控市场的物质力量，一般要由国家直接控制。目前，即使资本主义国家的私有化或出售国有企业的股票，也主要限于亏损或无足轻重的部门，至于稳定盈利或具有战略性的企业，是不实行私有化或股份化的。据说新加坡的民航实行股份化，但机场却一直坚持国营。因为机场稳收使用费，没有风险，是国家的重要财源，"肥水不流外人田"。试想，如果我国的首钢、攀钢、二汽、北京第一机床厂等每年利润递增20%以上的大批国有企业普遍实行股份化，每年将有多少"肥水"流进私人的腰包？

总之，我认为，我国国有大中型企业改革的方向不是私有化，股份制目前只能试点。在相当长的时期内，比较可行的是，在坚持全民所有制的前提下，实行所有权和经营权分离的原则，其具体形式就是承包制。

二 认真完善和发展承包制

在社会主义条件下，对全民所有制或国有制企业如何进行管理，这是迄今所有社会主义各国都在努力探索而仍然没有获得完满解决的重大课题。过去，社会主义各国都由国家直接经营企业。把全社会设想成一个大工厂，一个个企业就像一个个车间，所有企业的产供销、人财物都由国家管理起来，企业的一切活动都按国家的指令行事，完全没有经营管理自主权。由于经济技术进步层出不穷，企业之间、企业内部的各种协作关系必须随之变化适应。但是企业数量那么多，各种指标数据那么复杂，企业又无权自己处理，必须事事请示。在这种体制下，国家机关无论多么庞大，都不可能管得那么及时、那么恰当，办事拖拉、指挥失当等官僚主义弊病就成为不可避免的了。而且，由于企业没有经营自主权，当然也就不能对自己的经营效果负责，职工的劳动报酬也无法同企业的经济效益挂钩。企业吃国家的大锅饭，职工吃企业的大锅饭也就成了这种管理体制的通病。其结果是极大地压抑了企业和职工的经营管理和劳动积极性，经济效益低下，人们对这种国有企业的种种责难是有道理的，的确也到了非改革不可的时候了。但是怎样改革呢？前面已经讲过，私有化的道路不可行，股份化问题也很多。看来，基本的思路应该是，在坚持全民所有制的前提下，对企业的管理体制进行根本的改革，走所有权和经营权适当分离的道路。

在这里，首先必须澄清一个理论问题，即全民所有制企业必须由国家或一个社会中心直接经营管理是不是马克思和恩格斯的原意？有的同志作出肯定的回答。其根据是恩格斯说过，在无产阶级夺取政权并以社会名义占有全部生产资料以后，"一切生产部门将由整个社会来管理，也就是说，为了公共的利益按照总的计划和在社会全体成员的参加下来经营。"① 但是，从这里不能得出全民所有制企业必须由国家直接经营的结论。且不说现在所有的社会主义国家都没有占有全部生产资料，而且国家直接经营企业是直接违反"社会全体成员的参加下来经营"的原则的。而生产资料公有制的实质还是"使社会的每一成员不仅有可能参加生产，而且有可能

---

① 《马克思恩格斯选集》第一卷，人民出版社1972年版，第217页。

参加社会财富的分配和管理"①。那么怎样实现这一要求呢？马克思和恩格斯有没有过具体的设想呢？就我所知，他们曾经大致上谈过这方面的问题。1886 年，恩格斯在致奥·倍倍尔的信中说："我的建议要求把合作社推行到现存的生产中去。正象巴黎公社要求工人按合作方式经营被工厂主关闭的工厂那样，……至于在向完全的共产主义经济过渡时，我们必须大规模地采用合作生产作为中间环节，这一点马克思和我从来没有怀疑过。但事情必须这样来处理，使社会（即首先是国家）保持对生产资料的所有权，这样合作社的特殊利益就不可能压过全社会的整个利益。"② 马克思在驳斥资产阶级攻击"公社想消灭构成全部文明基础的所有权"③ 时说："如果联合起来的合作社按照总的计划组织全国生产，从而控制全国生产，制止资本主义生产下不可避免的经常的无政府状态和周期的痉挛现象，那末，请问诸位先生，这不就是共产主义，'可能的'共产主义吗？"④ 马克思和恩格斯的意思很清楚，第一，社会主义社会必须坚持对生产资料的所有权，在存在国家的情况下即国家所有制；第二，国有企业可以采取合作方式进行经营，即实行国家所有，合作（或集体）经营；第三，这不是权宜之计，而是整个社会主义阶段的一种基本模式。由此可见，把国家直接经营企业说成是马克思主义创始人的设想是没有根据的。

以首钢为代表的全员承包经营责任制基本上符合并丰富和发展了马克思和恩格斯当年的设想。大家知道，合作社或合作方式经营的特点是独立经营、自负盈亏、民主管理、按劳（按股）分红。首钢虽然坚持企业的全民所有制性质，不是合作社，但它在承包对国家的一定义务后，获得经营自主权。在公司内部是按合作方式进行经营管理的。例如首钢公司明确规定，职工代表大会是公司的最

---

① 《马克思恩格斯选集》第三卷，人民出版社 1972 年版，第 42 页。
② 《马克思恩格斯全集》第 36 卷，人民出版社 1975 年版，第 416—417 页。
③ 《马克思恩格斯选集》第二卷，人民出版社 1972 年版，第 378 页。
④ 同上书，第 379 页。

高权力机构，公司主要领导人由职工直接选举产生；职代会还选举产生监察委员会，对各级行政干部实行民主监督，直至罢免不称职者；举凡公司的长远规划和年度计划、企业内部承包方案和各项重大改革措施，都要经全体职工充分酝酿，由职代会讨论决定。职工的集体福利事业，由职代会选举产生的生活委员会全权负责组织领导和实施。所有这些，都是丰富和发展了合作方式经营原则的。

有人说，承包制还没有完全摆脱国家行政干预，而行政干预正是自然经济、产品经济的产物。不错，承包经营合同不仅包上交国家利润，包技术改造任务，而且还规定企业的经营方针，有些合同还规定必须完成某些重要产品的指令性计划指标，等等。说明我们的企业还没有变成完全的"自由企业"。但是，这恰恰说明全民所有制企业或"企业所有制"企业的区别。这是保证国有企业按照国家宏观经济管理和完成国民经济和社会计划所必需的。如果国有企业完全脱离国家的宏观管理，不顾国家计划需要，完全受市场自发调节，那不是又陷入生产无政府状态了吗？其实不仅商品经济不发达的社会主义国家，包括商品经济高度发达的资本主义国家，对国有企业都实行不同程度的干预。例如，前面引用的王连洲同志的文章介绍，意大利国家企业集团总部的董事长、副董事长由政府总理提名，总统任命，任期三年；国家设立国家参与部，负责向企业集团规定基本政策和经营方向。企业集团及其控股投资公司的一些重大决策问题要通过国家参与部并报请议会专门委员会讨论。可见，国家干预企业是国有经济的性质决定的，同自然经济、产品经济毫不相干。

"承包制助长企业的短期行为。"这是不了解承包制内部机制的一种误解。承包制一般包死基数，超收全留，在留利中按一定的比例用于生产发展基金、集体福利基金、工资奖励基金。其中用于奖励基金部分，又按工资总额与实现利润一定比例浮动。这样，企业要超收，就要不断追求企业的发展，提高经济效益，把留利的大部分用于技术改造和扩大再生产。同时，由于每个职工的物质利益都同企业的经济效益和长远发展挂起钩来，使全体职工都为企业的发展和经济效益的增长争做贡献，使人人都能把长远利益与短期利益统一起来。正确对待积累与消费、生活与生产的关系，形成一种自我激励、自我调节、自我控制的机制，使企业的经营形成良性循环。首钢设想把纯利润平均每年递增20%的速度保持到1995年，到时年利润将达到100亿元（1988年预计实现利润为16.14亿元）。二汽规划到2000年自筹资金建成年产30万辆轿车的新厂。所有这些项目都不能说是"短期行为"。

"承包制包盈不包亏。"这也是相当普遍的看法。其实，承包制不仅规定超收全留或超收分成，而且规定欠收自补。不仅如此，即使企业有了盈利，只要盈利额少于上缴利润额或递增额，还要用企业资金补足，这已超出一般意义上的自负盈亏。有的同志说，企业破产了怎么办？经理和工人赔得起吗？最后还不是由国家兜着？！我认为这要看如何理解负担亏损的责任。在资本主义国家，除了独资企业的资本家自己负责甚至跳楼了事外，对于受雇的经理人员，最多也只是追究责任、解雇而已，要他赔偿全部损失是不可能的事。在我国，对经理和其他高级管理人员，也只能降低他们的工资，一般职工只发生活费，重新就业。这已经是够重的惩罚了，过高的要求是不合理的，也是不现实的。

当然，这并不是说目前实行的承包制已经很完善了，完全没有缺点了。承包制同任何新事物一样，有个完善、发展的过程。全面推广承包制刚刚一年多，出现一些问题是不奇怪的，不能求全责备。正确的态度应该是总结经验，认真完善和发展承包制。根据几次承包制讨论会的意见，大体可归纳为以下几个方面：

（一）承包制要逐步规范化

一是承包形式要规范化。目前各地实行多种承包形式，有些不是真正承包，不过是利改税、利税分流的变种。例如所谓税后承包就是这样。一般说来，在实行承包的同时，应停止执行上缴所得税和调节税，企业只按一定基数上缴，多收全留、欠收自补。只有这样才能充分调动企业的积极性。而税后承包，企业除多收多缴所得税外，还要上缴利润，再加上税后还贷、缴纳能源交通建设费、购买国库券等等，企业实现利润的90%都被收走了。在这种情况下，承包的意义——给企业留有主动创造的余地，有扩大再生产的能力——也就丧失了。因此，应该明确规定，承包的形式限于利润定额包干、递增包干、减亏包干等，并且严格实行超收全留。

二是工资总额要与企业实现利润挂钩。现在有的企业工资总额与上缴利润挂钩，结果企业职工有了多缴、多分的积极性，挤了发展基金。应该是工资总额与企业实现利润挂钩。如首钢规定为0.8∶1。这样才能使国家、企业、职工三者利益统一起来。

三是发展全员承包。现行的有个人承包、合伙承包、全员承包等。由于企业具体情况不同，不能强求一律。但个人承包和合伙承包带来经营者与职工的矛盾，只有全员承包才能最充分体现职工当家做主的精神，调动全体职工的积极性。我们的目标应该是发展全员承包。

四是承包期要长。现在一般是三年五年，甚至有些是一年一包。这在开始阶段没有经验是难免的。但承包期太短，企业很难作长期打算，难免出现短期行为。许多同志建议，企业的承包期越长越好。今后承包到期的大企业，在续订承包合同时，一般都应延长到2000年。

(二) 行业包干的部门应进一步落实企业承包制

现在实行行业投入产出包干的有石油、石油化工、有色金属、煤炭、造船、铁道等部门，除铁道部门外，都没有实行企业承包，仍然是"大锅饭"的体制。总公司把企业的人财物、产供销、内外贸权力都收上来，实行集中管理，企业没有经营自主权，极大地压抑了企业和职工的积极性。行业包干的企业都是骨干企业、中央直属企业，但由于没有经营自主权，它们的困难最大，迄今为止还没有扭转利润连续下降的趋势。这些企业的职工强烈要求实行承包制。

铁路系统自1986年实行行业承包后,对系统内部的企业承包采取了积极态度。1988年各铁路局、各工厂实行全面承包,不仅包生产经营,而且包基本建设,铁路企业成为相对独立的经济实体,使铁路生产经营很快出现了新面貌。因此,应明确所有行业包干部门,都应毫无例外地执行中央、国务院的落实、完善、发展企业承包的方针。

(三) 配套进行宏观经济管理体制的改革

完善承包制的关键是进行宏观配套改革,即以承包制为中心,进行计划、投资、物资、财政、外贸等体制的配套改革。目前,指令性计划指标仍然过多,企业投资权太小,物资统配份额过大,企业留利过小,没有外贸权等。而在这些方面,个体、私营、乡镇企业比全民大中型企业灵活得多,形成了个体、私营、集体挤全民的反常规现象。而这些问题靠全民大中型企业自身努力是无法解决的。关键是国家机关要给大中型企业进一步放权。许多同志都建议,首先对承包以来效益较好而其产品又符合社会需要的企业,授予投资、外经贸自主权,使它们有权投资新建、改造项目,有权直接同国外企业进行合作。计划部门可提供咨询、建议,但应尊重企业上述自主权。

当前,我们正处于治理经济环境、整顿经济秩序的过程中,一方面要防止悲观失望、对社会主义公有制丧失信心而走上私有化的邪路上去,另一方面也要防止把企业有限的自主权收上来,重新走高度集中管理的老路。我们要在治理、整顿过程中,深化改革,主要是认真完善和发展承包制,真正把全民大中型企业搞活。真正做到这一点,我们不仅能够很快地制止通货膨胀,而且可以出现一个产业结构合理、市场商品丰富、经济日益繁荣的大好局面。

(原载《经济研究》1989年第4期)

进一步深化改革和扩大开放

1991年，我国基本完成了治理整顿的任务，工业保持了适度的增长；农业在遭受严重灾害的情况下，仍获得较好收成；市场商品丰富，物价稳定，人民安居乐业，政治和社会稳定。这些都为进一步深化改革和扩大开放创造了更为宽松的环境，同时也向经济理论界提出了更为繁重的任务。

党的十一届三中全会以来，我国各地区、各部门沿着邓小平同志开创的改革开放路线，解放思想，实事求是，努力把马克思主义同中国的实际结合起来，建设具有中国特色的社会主义。在这个过程中逐步形成了党的"一个中心、两个基本点"的基本路线。10多年来，我国的改革开放取得了巨大的成就。同时，由于这是一个空前伟大的创举，难免出现一些曲折。在这同时，我国经济理论研究也取得了突破性进展，为摆脱僵化的经济模式作出了应有的贡献。其间，在探索过程中，也出现了一些失误，干扰了改革开放的进程。这是次要的，也是难以完全避免的，完全可以通过实践和不断总结经验加以纠正。

进一步深化改革和扩大开放，给经济理论界提出了一系列新课题。我国目前已形成了以社会主义公有制为主体，个体经济、私营经济和"三资"企业等多种经济成分并存的格局。需要研究的是，如何掌握各种经济成分合理的比例和范围；如何搞好国有大中型企业，以确保公有制经济在竞争中始终占主体地位和起主导作用；公有制特别是国有制企业具有哪些实现形式；计划经济和市场调节相结合的具体形式；在扩大市场调节范围的同时，如何加强计划的宏观调控；如何进行计划、财政、信贷、税收、价格等体制的配套改革，发挥它们在宏观调控中的作用；在多种经济成分并存的情况下，如何实现以按劳分配为主的多种分配形式，各种经济成分之间的收入差距是否存在一个"合理"的界限；在社会主义商品经济条件下，公有制企业如何贯彻实行按劳分配原则；在公有制企业特别是国有制企业实行自主经营、自负盈亏的情况下，公有制特别是国有制企业之间如何贯彻按劳分配原则；等等。在扩大开放方面，除了继续办好经济特区、对外开放城市和开放地区、搞好浦东的开发和开放外，如何开展内陆地区的开放，如何继续深化外贸体制的改革、发展外贸市场的多元化，特别是同周边国家和地区的贸易，进一步开拓国际市场等，这些都是亟待研究的问题。

　　总之，进一步深化改革和扩大开放，要求理论工作者振奋精神，刻苦钻研，用自己的研究成果为党和国家决策提供理论依据。广大人民群众在社会主义建设的实践中，天天创造着新经验，提出新的问题，要求理论工作者进行概括、升华和解答。当然，这是一个艰苦的探索过程。由于事物是复杂的，在这个过程中出现各种不同观点，提出不同的解决方案，甚至发生某些失误，那是很自然的。在这里，关键是要解决立场和方法问题。江泽民同志最近在会见出席全国哲学和社会科学"八五"规划工作会议和中国社会科学院工作会议的代表时提出，希望社会科学工作者坚定地全面地贯彻执行党的基本路线，用马克思主义世界观、方法论进行科学研究。只要我们按照江泽民同志的殷切期望去做，并本着解放思想、实事求是、坚持真理、修正错误的态度，坚持百花齐放、百家争鸣的方针，就不仅会进一步活跃学术讨论、繁荣社会科学，而且会逐步达到比较一致的认识，丰富和发展党的改革开放理论，促进改革的深化和开放的扩大。

（原载《经济研究》1992 年第 1 期）

转变政府职能　转换企业机制

转换企业经营机制，增强企业活力。把企业推向市场，是国有企业特别是国有大中型企业改革的首要任务。转变政府管理经济的职能和方式是企业转换经营机制的重要条件。改革13年来，我们在转变企业机制方面采取了许多措施，也取得了一定的成效，但是，政府职能方面却没有相应地转变，成了企业机制转换和生产力迅速发展的制约因素。从这个意义上说，转变政府职能是当前深化改革的关键。

我国过去实行的是中央高度集权的管理体制，政府不但掌握宏观经济的决策权，而且具体地掌握企业微观经济的决策权，"统收统支""统购统销""统调统配""统包统管"成为这种管理体制的基本特征。在这种体制下，企业是国家各级行政机构的附属物，没有经营自主权，丧失了生机和活力。从指导思想上来说，这是把全民所有同国家机构直接经营企业完全等同起来了。这种体制是造成国民经济僵化和半僵化、企业效率低下和官僚主义的根源，必须进行根本的彻底的改革。早在1978年，邓小平同志就指出："现在我国的经济管理体制权力过于集中，应该有计划地大胆下放，否则不利于充分发挥国家、地方、企业和劳动者个人四个方面的积极性，也不利于实行现代化的经济管理和提高劳动生产率。应该让地方和企业……有更多的经营管理的自主权。"[①] 1980年，邓小平同志在论述党和国家领导制度的改革问题时，尖锐地揭示了官僚主义

[①]《三中全会以来重要文献选编》（上），人民出版社1982年版，第24—25页。

现象同国家管理体制的关系。他说：它同我们长期认为社会主义制度和计划管理制度必须对经济、政治、文化、社会都实行中央高度集权的管理体制有密切关系，我们的各级领导机关，都管了很多不该管、管不好、管不了的事，这些事只要有一定的规章，放在下面，放在企业、事业、社会单位，让他们真正按民主集中制自行处理，本来可以很好办，但是统统拿到党政领导机关、拿到中央部门来，就很难办。谁也没有这样的神通，能够办这么繁重而生疏的事情。这可以说是目前我们所特有的官僚主义的一个总病根。根据小平同志关于经济体制改革的思想，党的十一届三中全会以后，我国采取了许多放权让利的具体办法和措施。1984年通过的《中共中央关于经济体制改革的决定》，明确规定实行所有权和经营权适当分开的原则，国有企业在服从国家计划和管理的前提下，有权选择灵活多样的经营方式，有权依照规定自行任免、聘用和选举本企业的工作人员，有权自行决定用工办法和工资奖励形式，有权在国家允许的范围内确定本企业产品的价格，等等。总之，要使企业真正成为相对独立的经济实体，成为自主经营、自负盈亏的社会主义商品生产者和经营者；具有自我改造和自我发展的能力，成为具有一定权利和义务的法人。1988年4月，全国人大第七次代表大会第一次会议通过的《中华人民共和国全民所有制工业企业法》，具体规定了企业的13项权利。应该说，改革以来，国有企业具有了一定的经营自主权，有了一定的生机和活力，效果也是好的。但是，国家管理经济的职能和方式相对来说却没有多大的变化，仍然习惯于用行政机构、行政层次、指令性的办法管理经济。这就大大限制了企业自主权的落实。例如，首钢作为国家确定的改革试点单位，拥有较大的经营自主权，但至今指令性计划比重仍然很大，产品自销部分和定价权仍然很小。外贸自主权和资金融通权没有落实下来，也没有与企业实力相当的立项权。至于其他企业，情况就更差了。据上海市经委有关部门调查，《企业法》规定的企业权利，基本能落实的仅5条。在这种情况下，企业即使有转换经营机制、面向市场的愿望和决心，也是心有余力不足的。

我国原来的管理体制是建立在产品经济模式基础上的：把全国看成是一个大工厂，所有企业都是一个个车间，国家在全社会范围内用指令性计划管理企业的人财物、产供销。随着经济发展，企业越来越多（我国现有各种类型企业超过 500 万家，其中国有企业约 100 万家），政府势必被迫增设机构、增加人员。据报载，重庆市属的正式机构 10 年增加了一倍多，临时机构也从 1984 年的 40 个猛增到 220 多个。就是这些机构，仅人头费一项就吃掉财政收入的三分之一以上。全国情况大致也是这样。统计资料表明，1979 年全国由预算经费开支的人员为 1500 万人，1990 年已达 4000 万人以上。同期的国家行政管理费，年递增 15.5%，超出年财政收入增长 5.9 个百分点。这是造成我国财政困难的主要原因之一。不仅如此，由于政府部门林立、机构臃肿，而且要求从中央到地方乃至企业都要上下对口，在这种情况下，办事效率低、官僚主义膨胀就难以避免了。企业要搞一个技改项目，或者新建、扩建一个项目，要层层审批，要跑遍各有关部门，要盖上百个、几百个公章，历时数年，而且还不一定能办好，这是常有的事。这同邓小平同志 1992 年年初"南方谈话"时提出的"加快改革开放步伐，解放生产力，加快我国经济建设速度"的要求是很不适应的。正如有人形容的那样，不转变政府职能，"两权分离分不离，政企分开分不开，想把企业推上市场推不上"。改革政府对经济的管理职能和方式已经到了刻不容缓的时候了。

改革政府对经济的管理，转变政府职能，首先要转变观念，从产品经济模式转到有计划的商品经济模式上来，按商品经济规律办事，使企业从行政机构的附属物变为相对独立的商品生产者和经营者，赋予它们相应的权利，当务之急是不打折扣地落实《企业法》规定的各项权利。要下决心使政府不再直接干预企业的直接经营活动，把政府经营管理工作的重点转移到制定法规、宏观调控、提供服务、强化监督等方面来。在这个基础上，大力精简政府机构，压缩政府工作人员编制，力求做到"小政府，大服务"。在这方面，有些县级、地级政府已进行了有益的尝试。据《中华工商时报》4月20日报道，内蒙古乌兰察布盟从1990年以来，选择"精简上层、充实基层、转变职能、强化服务"为主要内容，作为综合配套改革的突破口。在全盟15个旗、县、市和盟直各单位全面开展机构改革工作。乌盟机构改革的原则是"砍、归、组"。砍直接指挥和管理企业的经济专业部门，归并部分职能重叠、业务相近的机构，将各种要素进行优化配置和合理组织，成立新机构，发挥整体优势。察右前旗党政机构由63个减为28个，减少了57%，人员减少600人。截至4月1日，全盟党政机关和事业单位已经裁掉干部6789人，其中与财政脱钩的4622人，凡被精简的干部，最终将全部与财政脱钩。全盟计划三年裁员两万人，被精简的人员将主要从事生产、流通或第三产业。乌盟把创办经济实体、鼓励各级干部与财政脱钩叫作"开渠放水"，并制定了优惠政策，在公司审批、资金扶持上作了明确的规定，为创办经济实体创造了有利的外部条件。乌盟和其他一些地方政府机构改革的经验，值得各级政府包括中央政府借鉴。

在政府转变职能、企业获得比较充分的自主权以后，企业经营机制的转换就比较容易解决了。比如，目前正在热烈讨论的企业的人事、劳动、分配制度的改革，这本来是企业自己的事，但在政府职能未转变之前，有关行政管理部门不可能完全不干预。据一些地方反映，虽然劳动部门承认企业自行录用职工，但实际操作则完全由劳动部门及主管部门包办，从考试一直到最后录用，全由上述部门定夺，企业根本无权过问。大中专毕业生、复员军人都带指标进入企业，无法择优选用，辞退职工权力也徒有虚名。报批手续十分繁杂，从上级部门直至社会各层次、各方面都来干预，相反，在政府下决心不干预企业的内部经营事务、赋予企业自主权后，企业会根据自己的实际情况较好地加以处理。例如，首钢对传统干部职务终身制进行了一系列改革，打破干部与工人的界限，按统一的德才标准，实行"双考"（考试考核）的人才选拔制度，并实行严格的考核，三个月完不成承包任务，六个月打不开局面的干部要调下。1979—1990年，厂处级干部的调整面平均每年达9.1%。这就有效地搬掉了"铁交椅"，在分配制度方面，实行以"包（任务）、保（协作）、核（考核）"为内容的分工承包制，拉开了分配档次，打破了"铁工资"。特别值得称道的是，首钢既打破"铁饭碗"，又不是简单地把富余人员推给社会，而是自行消化。改革以来，首钢由于技术改造、生产自动化等原因从生产上节约下来的劳动力共4万5千人，他们把其中一部分人充实到新建厂矿，一部分人去发展多种经营。随着一业为主、多种经营的发展，首钢从单一经营钢铁的企业发展成经营钢铁、机械、电子、建筑、航运等15个行业，拥有8大公司、100多个工厂、20万职工的大型企业。他们算了一笔账，精简一个行政人员到生产科研第一线，不仅可以节约管理费1万元，还可以多创造净产值3万多元。更重要的是可以减少官僚主义、文山会海，有利于廉政勤政建设。除首钢以外，最近我到山西、河南等地对一些企业进行调查，在同一些政府职能部门和企业干部的座谈中，"三铁"问题已经不同程度地解决了。他们希望政府进一步简政放权，并在实现社会保障社会化、待业保险社会化、发展多种经营、开展横向联合、开拓国内外市场等方面，为企业转换经营机制、走上市场创造良好的外部环境，切忌用行政手段、行政命令的方式"破三铁"，以免在条件不具备的地方和企业造成混乱和困难。

（原载《南方研究》1992年第5期）

论社会主义国有制与市场经济的兼容性

党的十四大确定，建立社会主义市场经济体制，是我国经济体制改革的目标。社会主义市场经济体制，是以公有制（包括全民所有制和集体所有制）为主体，个体经济、私营经济、外资经济为补充的所有制结构，和以按劳分配为主体、其他分配方式为补充的分配结构为基础的。这就突破了把市场经济看成属于社会基本制度范畴，同社会主义经济制度不相容的传统观念；也突破了把市场经济看成是必然以私有制为基础，同公有制不相容的传统观念，是我们党对市场经济认识上的重大飞跃，必将对深化我国经济体制改革，特别是搞活国有大中型企业产生巨大的推动作用。个体经济、私营经济和外资经济天然地以市场为活动舞台；集体经济作为具有独立经济利益的群体，必然要以市场为导向，这些都没有什么异议，而对全民所有制（国有制）是否能与市场经济兼容，有些同志持否定的观点。他们主要的理由是，正如斯大林所说，国有企业的生产资料所有权同属一个所有者——国家，国有经济内部不存在不同利益的主体，国有企业之间互相交换的产品不改变所有权。因此，国有企业之间不存在实质性的商品交换关系。在资源配置方面，国家根据社会需要决定生产什么、生产多少，并向企业下达产供销的指令性计划，不通过市场。在国有制基础上产生的只能是计划经济，而不是市场经济。按照这种认识，为了建立市场经济体制，有的同志提出"非国有化"的一些设想，或主张大力发展集体经济、个体经济、私营经济、外资经济，国有经济只保留在一些必要的部门和行业；或主张把国有制改为集体所有制，甚至也有人主张干脆实行私有化，等等。因此，作为我国国民经济中起主导作用的国有制是否就是与市场经济根本不相容的，从而为了建立社会主义市场经济体制，就必须否定和摒弃国有制，这是摆在我们面前必须回答的问题。

实践是检验真理的唯一标准。回顾我国 14 年来经济改革的历程，实际上也是对社会主义全民所有制（国有制）与商品经济、市场经济是否兼容、怎样才能兼容的理论探索过程和体制改革过程。

商品经济存在的条件是社会分工和生产资料及产品的不同所有者。社会主义全民所有制经济内部也存在着广泛的分工。数以万计的国有企业生产着种类繁多的不同产品，国营企业之间也需要互相交换自己的产品。问题在于，国有企业的生产资料同属于一个所有者，即国家。它们之间的交换是否具有商品交换的属性？分歧由此而产生。传统观念对此持完全否定的立场。其主要理由是，国有企业之间互相交换（计划调拨）的产品并不改变产品的所有权。因此，这种交换不是商品交换而是产品交换，国有企业之间相互交换的产品虽然也要计价、算账，但完全是为核算社会劳动消耗的需要，只保留着商品的外壳而不是实质性的商品。社会主义经济运行不受市场价值规律的支配，最多只受其影响，等等。社会主义的实践证明，这种无视价值规律的作用，排斥市场机制的传统观念和与此有关的高度集权的指令性计划经济体制，给国民经济和社会发展带来极大的危害：国民经济基本比例长期失调、技术进步缓慢、经济效益低下，产需脱节，人民生活得不到应有的改善。这些弊病迫使人们对传统观念和传统体制进行反思，并寻求改革的途径。

在我国，早在党的十一届三中全会前后，经济学界就开展了关于社会主义国有经济内部是否存在商品交换关系的讨论。经过反复辩论，多数人达成了共识：国有企业之间的交换也是商品交换关系。

首先，国有企业之间存在着不同的利益关系，它们之间是作为不同利益主体互相对待，具有商品经济属性。国有企业虽然都同属一个所有者，根本利益是一致的，但在社会主义阶段，劳动还存在着本质差别，而且是谋生手段，社会不能不默认不同等的工作能力是劳动者的"天然特权"，承认劳动者个人的物质利益，从而也不能不承认联合在企业中的劳动者的集体的物质利益。这种个人和集体的物质利益决定，必须在生产、交换、分配和消费的全部过程中实行全面的核算，即严格计算每个劳动者贡献的劳动数量和质量，严格核算每个企业占有、使用和支配属于全民所有的生产资料的经济效益，并根据这种计算来确定劳动者个人和企业集体的经济收益。社会主义全民所有制的这些特点决定了，国有企业是具有各自特殊利益的主体，它们互相交换自己的产品同样必须遵循等价交换的原则，商品经济的基本规律——价值规律——在这里仍然起支配作用。这种交换仍然属于商品交换范畴。所谓商品交换，形式上是物与物的交换，实质上是人与人之间的一种特殊关系，即具有不同利益的个人或集团之间等量劳动交换关系。社会主义国有经济内部的商品交换，区别于一般商品交换的是，它不是反映生产资料不同所有者之间的关系，而是反映同一所有者内部不同利益主体之间的关系。

其次，国有企业对自己生产的产品拥有所有权，国有企业之间互相交换的产品同样改变产品的所有权。投入交换的这些产品是实质性的商品，而不是只具有商品的外壳。这是生产资料所有权和经营权分离，从而生产资料所有权和产品所有权分离决定的。这种情况在资本主义社会表现得最为突出、最为普遍。货币资本家把自己的钱借出去，产业资本家用借来的钱从事经营，股份公司的股东大多数并不参与公司的经营；地主出租土地，收取地租，至于租地农场主怎样经营，他从不过问，也无权过问。总之，货币所有者、股东、地主凭所有权取得利息、红利、地租，经营者除了履行契约承担的义务外，完全独立自主经营和处置他们所生产的产品。在这些场合，生产资料所有权和产品所有权的分离是十分清楚的。

在社会主义条件下，虽然全民所有制企业的生产资料都属于国家所有，但直接从事经营的都是独立的、利益有差别的企业和经济组织。为了贯彻物质利益原则，应赋予它们经营自主权，并要求把它们经营管理的效益同企业和职工的利益直接联系起来。换句话说，就是实行生产资料所有权和经营权相分离的原则。企业除对国家履行一定的义务以外，有权处置自己生产的产品。从这个意义上说，企业拥有产品的所有权。国有企业之间互相交换产品是具有独立经济利益的主体（独立法人）之间的交换关系。通过交换改变了产品的所有权。所以，这种交换也是商品交换。

在讨论过程中，许多同志从更深层次上探讨社会主义全民所有制经济内部存在商品交换关系的原因，提出一些不同的见解，如社会分工论、劳动者个人所有制决定论、按劳分配和物质利益原则决定论，等等。虽然见解不同，但都承认社会主义全民所有制经济也是商品经济，这一共识在党和国家的有关文件中得到充分的反映，1984年《中共中央关于经济体制改革的决定》（以下简称《决定》）指出，社会主义经济"是公有制基础上的有计划的商品经济"，《决定》确定了国有经济所有权和经营权适当分开的原则。《决定》写道，"过去国家对企业管得太多太死的一个重要原因，就是把全民所有同国家机构直接经营企业混为一谈。根据马克思主义的理论和社会主义的实践，所有权同经营权是可以适当分开的。"在服从国家的宏观调控下，企业有权选择灵活多样的经营方式，有权安排自己的产供销活动，有权拥有和支配自留资金，有权依照规定自行任免、聘用和选择企业的工作人员，有权自行决定用工办法和工资奖励方式，等等。随后，国家又颁布了《企业法》，赋予国有企业13项经营自主权，1992年颁布的关于国有企业转换经营机制的《条例》，在经营自主权方面比《企业法》更有所突破。所有这些，都是要使国有企业成为相对独立的经济实体，成为自主经营、自负盈亏的商品生产者和经营者，并具有自我积累和自我发展的能力。这是在理论上认识社会主义国有经济也是商品经济以后，对传统国有企业管理体制进行的根本改革。

既然社会主义国有经济是商品经济，国有企业是自主经营的主体，一切经营活动都经过市场，市场对国有企业的经营活动具有决定意义，市场在资源配置中就必然起基础性作用。从这个意义上说，社会主义国有经济也是市场经济。从今天来看，这似乎是不言自明、不成问题的问题。但是在相当长时期内，我们许多同志，包括我在内，虽然较早地认识到社会主义商品经济，却不赞成使用社会主义市场经济概念。根本的原因是把市场经济同资本主义制度等同起来。在我们的计划管理体制中，往往把计划与市场对立起来，即使在承认社会主义经济是商品经济以后，也回避使用市场经济概念。当然，人们的认识是要有一个发展过程的。在这方面，我们党的认识也有一个发展过程。党的十二大提出"计划经济为主，市场调节为辅"。相对于过去排斥市场的高度集中的计划体制来说，这是一个进步。但是没有完全摆脱计划经济同市场经济不相容的传统观念，把市场限制在一个很小的范围之内。党的十二届三中全会指出，商品经济是社会主义经济不可逾越的阶段，社会主义经济是公有制基础上的有计划的商品经济，第一次承认社会主义经济既是计划经济，又是商品经济。这是认识上的一次飞跃。党的十三大提出，"有计划的商品经济的体制是计划与市场内在统一的体制"，同时提出"国家调控市场，市场引导企业"的间接调控方式，突出了市场的作用。1990年，《中共中央关于制定国民经济和社会发展十年规划和"八五"计划的建议》提出，"90年代我国经济体制改革总的目标是，初步建立起社会主义有计划商品经济的新体制和计划经济与市场调节相结合的经济运行机制"。这个提法没有突出市场在资源配置中的基础性作用。这不是偶然的，是在前几年经济调整时期较多地使用行政手段在理论上的反映。随着改革的深入，特别是去年（1992年，下同）年初邓小平同志"南方谈话"指出，计划经济不等于社会主义，资本主义也有计划；市场经济不等于资本主义，社会主义也有市场。计划和市场都是经济手段。计划多一点还是市场多一点，不是社会主义与资本主义的本质区别。邓小平同志的这一精辟论断从根本上解除了把计划经济和市场经济视为同属于社会基本制度的传统观念的束缚，把计划和市场如实地看作资源配置的两种手段。党的十四大根据邓小平同志谈话的精神和我国 10 多年改革开放的实践经验确定：我国经济体制改革的目标是建立社会主义市场经济体制。江泽民同志在党的十四大报告中阐明："我们要建立的社会主义市场经济体制，就是要使市场在社会主义国家宏观调控下对资源配置起基础性作用，使经济活动遵循价值规律的要求，适应供求的变化；通过价格杠杆和竞争机制的功能，把资源配置到效益较好的环节中去，并给企业以压力和动力，实现优胜劣汰；运用市场对各种经济信号反应比较灵敏的优点，促进生产和需求的及时协调。"这样，社会主义市场经济概念才在党的正式文件中确立下来。

我国经济体制改革是从改革高度集中的计划经济体制，逐步扩大市场的作用开始的。在所有制结构上，从单一的公有制逐步过渡到以公有制为主体多种经济成分并存。非公有制经济成分从它们的产生起就是按市场经济规律运行的。对国有企业特别是国有大中型企业，实行所有权同经营权适当分开，逐步扩大企业经营自主权，把企业推向市场。计划管理体制上，把单一的指令性计划改革为指令性计划、指导性计划和市场调节三部分。并随着经济的发展，逐步扩大指导性计划和市场调节部分，更多地发挥市场的作用。现在，我国农业生产已基本上在国家政策和计划指导下由市场调节；工业生产中，国家指令性计划部分只占总产值的 10% 多一点。绝大部分工业消费品和相当部分生产资料已放开经营；在社会商品零售额中，由国家定价部分只占 10%，基本由市场调节价格的部分占 90%；工业生产资料销售额中，基本由市场调节价格的部分已占到 70% 左右。国家直接掌握的投资，大体只占全社会固定资产投资的 1/7①。以上情况说明，我国经济运行机制已经发生了很大变化，资源配置基本上已由计划为主过渡到市场为主。所以，党的十四大提出的建立社会主义市场经济体制，实际上也是我国十多年经济体制改革经验的总结。所有这些，都是在坚持以社会主义公有制为主体、国有制为主导的前提下实现的。实践已经作出回答，市场经济是可以同国有制兼容的。

当前的一个重要课题是，继续深入研究这种兼容性的客观依据，彻底改革那种排斥市场的僵化的集中计划管理体制，使国有企业作为利益主体，真正从旧体制的重重束缚中解放出来，成为市场竞争的主体和资源配置的主体，在建立社会主义市场经济体制中发挥应有的作用。总之，不是摒弃国有制，更不是私有化，而是根据国有制内在的客观要求，转换国有企业的经营机制，把企业推向市场，才是唯一正确的出路。江泽民同志在党的十四大报告中说："转换国有企业特别是大中型企业的经营机制，把企业推向市场，增强它们的活力，提高它们的素质。这是建立社会主义市场经济体制的中心环节，是巩固社会主义制度和发挥社会主义优越性的关键所在。"这是完全正确的。

根据建立社会主义经济体制的要求，我们既要坚持国有制，又要破除所有国有企业都必须由国家直接管理那种"国有国营"的传统观念和传统体制，寻求国有制其他适当的实现形式。改革以来，除了将一些国有小型企业出售给集体或个人经营，鼓励有条件的企业联合、兼并、合理组织企业集团以外，对绝大多数企业实行经营承包制和股份制试点。股份制有利于促进政企分开、转换企业经营机制和积聚社会资金。但是，鉴于目前我国市场发育不健全，缺乏充分的商品市场和股票市场，有关法规有待制定，以及具有专业知识的人才和经验不足的现状，国有企业的股份制改革只能处于试点阶段。现在，我国已有 80% 以上的国有企业实行了不同形式

---

① 参见桂世镛《论建立社会主义市场经济体制》，《人民日报》1992 年 11 月 6 日。

的经营承包制，而且不少搞得好的企业取得了明显的效益。看来，从实际出发，也许在90年代，应该把进一步完善经营承包制作为转换国有企业经营机制，建立社会主义市场经济体制的适当形式。

经营承包制是我国广大职工创造的国有企业的新型企业经营管理制度。它是由首都钢铁公司等少数企业在80年代初率先搞起来的。与其他一般的"承包"不同，国有企业实行的经营承包制具有特定的内涵：在坚持全民所有制（国有制）的基础上，按照所有权和经营权分离的原则，以经营承包合同形式，确定国家与企业的责、权、利关系，使企业做到自主经营、自负盈亏、自我发展、自我约束的企业经营管理制度。经营承包制从根本上改变了传统的企业管理体制，使国有企业从"国有国营"，变为"国有民营"，从实践经验来看，经营承包制在现阶段较好地适应建立社会主义市场经济体制的要求。

首先，经营承包制有利于理顺国有企业的产权关系，使企业不仅成为具有自己特殊利益的经济实体，而且成为拥有充分经营自主权的商品生产者和经营者，经营承包制意味着：国家拥有狭义的产权（生产资料所有权），为企业规定行为准则和进行宏观调控，不插手企业内部的经营事务。企业在服从国家宏观调控和保证完成对国家承担的责任（上缴利润、资产保值、增值等）的前提下，有权占有、使用和处置企业的资产，并获得与其经营效果相适应的利益（利润分成、利润递增包干等）。经营承包制较好地实现了所有权和经营权分离、政企分开。这方面，首钢做得比较好。通过对国家的承包和公司内部的分工承包，首钢较好地处理了国家、企业和职工三者的利益关系（这也是体现产权的重要方面）；做到了不仅存量资产属国家所有，而且增量资产，即占每年留利80%的发展生产基金和集体福利基金中，用于生产建设和非生产建设形成的资产也属于国家所有。但在承包期内，国家不能随意抽调公司的资金。公司有充分的资金支配权和经营自主权。而且，作为国有企业，首钢全体职工也是国有资产的主人。从这个意义上说，在公司内部，所有权和经营权是结合在一起的。公司实际上是作为全民所有制的代表，行使着包括所有权、占有权、使用权和处置权在内的全部权力（即广义的产权）。经营承包制就是通过这样的机制，解决国有企业"产权虚置""所有者缺位"问题，使国有企业以具有充分权力的国有资产所有者的身份投入市场经济的海洋中谋求自我发展，显示公有制的优越性。

其次，经营承包制有利于把企业推向市场。在传统高度集中的管理体制下，国有企业的技术改造、扩建、新建项目的立项和投资必须申请国家批准和拨款，职工工资福利的提高，也只能向国家伸手。一句话，企业的发展只能"等、靠、要"。实行经营承包制以后，企业不仅有权按照市场需要安排自己的产供销活动，而且有权拥有和支配自留资金，有权在国家政策允许的范围内确定本企业产品的价格，有权自行决定劳动、人事制度和工资奖励形式，等等。同时要自己承担经营风险，一切都要靠企业自己到市场上去闯，去创造更高的经济效益。这就迫使企业面向市场，按照市场经济规律的要求转换经营机制。企业面向市场的程度，决定企业的兴衰，首钢比其他国有大企业具有较大的活力，原因之一是它拥有较多的产品自销权。其他钢铁企业计划内产品自销权只有2%—3%，而首钢则达15%，而且超产全部自销，超产越多，自销越多。1991年，首钢产钢材403万吨，其中超产137万吨，计划内和超产自销共159万吨，占全部产量的近40%。这些钢材部分用于公司内部技术改造，部分用于同其他单位串换急需的物资，部分用于议价销售。最近，国家又完全取消首钢的指令性计划任务。这样，首钢便完全面向市场，可以生产更多更好的适销对路的产品，取得更大的经济效益。青岛双星集团公司也是靠实行经营承包制，面向市场，迅速兴旺发达起来的。它原来是一家专门生产"解放牌"胶鞋、只有几百名职工的工厂，过去也是按指令性计划生产和销售的。由于产品单一，样式陈旧，商业部门拒绝收购，产品大量积压，企业陷于绝境。1987年实行全员经营承包以后，企业全面面向市场，彻底转换经营机制，取得了惊人的发展速度和经济效益，"七五"期间，产值年平均递增37%，实现利税平均递增22%。现在，双星集团公司已发展成为拥有75家企业、1.8万多职工的、全国规模最大、技术一流、品种齐全的制鞋集团，创造了受市场欢迎的名牌，产品畅销国内外。河南周口味精厂的发展壮大过程也是发人深省的。该厂创建于1983年，是由濒临破产的几个县办"五小"企业合并办起来的。县政府既不给投资，也不下达产供销的指令性计划，只给包死基数、超收全留的经营承包政策和充分的经营自主权。企业从一开始就完全面向市场，把自己置身于市场大环境中，通过市场竞争，求生存，求发展，终于在全国200多家味精企业中脱颖而出。1983年刚建厂时，周口味精厂产量只有400多吨，1990年猛增到2万吨，产值和效益几乎年年翻番，都是70%左右。近二年来，它又与外商合营，生产能力达到6万吨，成为全国第一、世界第二的大型味精厂。首钢、双星集团公司、周口味精厂的例子是富有启发性的。如果说首钢生产的钢和钢材是市场紧俏产品（其实，首钢在实行利润递增承包的1982年，由于市场疲软，钢材是滞销的），多少有点"特殊性"的话，那么，双星集团公司生产的鞋类，周口味精厂生产的味精就不能这样说了。无论是首钢，还是双星集团公司、周口味精厂，都是靠经营承包制，企业有了动力，并在市场竞争压力下自觉转换经营机制，加强管理和依靠科技进步，由此而发挥出无穷的潜力。

最后，经营承包制有利于实现资源配置主体的转化。在传统高度集中的计划经济体制下，不但全国生产力的布局、重大项目的建设、重要物资的分配，都按国家指令性计划进行，而且企业的技术改造和扩大再生产，都必须经国家主管机关批准和拨款，国家是资源配置的主体。在市场经济条件下，国家不再统包统揽企业的经营活动，企业成为资源配置的主体。国有企业在实行经营承包制以后，拥有较大的自主权。特别是那些包死基数、超收全留的企业，生产高速增长，效益显著提高，留利急剧增加，不仅有权而且有能力根据市场需要调整产品结构、产业结构和扩大规模。有些企业采取联合、兼并等形式,进行跨地区、跨行业甚至跨国经营,成为庞大的企业集团。改革开放以来,首钢从单纯经营钢铁业发展成为经营钢铁、矿业、机械、电子、建筑、化工、轻工、造船、航运、宾馆、服装、农机、军工等15个行业,拥有8大公司、104个大中型厂矿,职工逾20万人的特大型企业集团。截至1991年年底,首钢已拥有境内外三资企业25家,其中境外5家。去年7月,国务院授予首钢投资立项、外经外贸、资金融通权后,首钢迅速捕捉市场机遇,采取了一系列果断措施,先后与山东省联合建设齐鲁钢铁厂;与香港长江实业集团有限公司及加拿大怡东集团有限公司,联合收购香港东荣钢铁集团有限公司,接着独资买下美国加州钢厂、秘鲁大型铁矿。首钢的这些重大举措在国内外引起了轰动。首钢的实践有力地说明,国有企业实行经营承包制,资源配置方式由计划为主转为市场为主,资源配置主体由国家为主转为企业为主以后,发挥了多么大的潜力!这在旧体制下是难以想象的。

去年5月,邓小平同志在视察首钢时说,首钢改革方向对,路子也走得好。江泽民同志在十四大的报告中,也把进一步完善经营承包制作为转换国有企业特别是大中型企业经营机制把企业推向市场的主要形式(同时积极进行股份制试点)。当然也应该看到,目前实行不同形式的经营承包制的国有企业中,真正搞得好的还是少数。原因是多方面的,除了一些企业以包代管,放松了内部管理和机制转换以外,同承包制本身不完善、不规范有关,需要在今后的实践中不断加以完善。尽管如此,当前一些搞得比较好的实行经营承包制的国有企业的实践经验,也给予我们一种启示,国有制不仅完全可以与市场经济兼容,而且,也必须与市场经济兼容,这样才能建立起覆盖全社会的真正的社会主义市场经济体制。

建立和完善社会主义市场经济体制,是一项艰巨和复杂的社会系统工程,需要做持久的努力。我们对社会主义市场经济的认识有一个从不自觉到自觉的过程,至今也不能说完全认识清楚了。面对这种形势，需要我们深入研究，开展百家争鸣，各抒己见，取长补短，共同提高。更重要的是，要深入实际，向建设和改革第一线的干部和群众学习。他们天天在那里创造新经验，提出新问题，实践中又不断出现新的情况。只有深入实际，向群众学习，总结他们的经验，研究和力求回答实践中出现的新情况、新问题，才能得到比较符合我国实际的认识，有助于建立具有中国特色的社会主义市场经济体制。

（原载《经济研究》1993年第3期）

坚定信心　深化国有企业改革

一

"搞好国有企业特别是大中型企业，既是关系到整个国民经济发展的重大经济问题，也是关系到社会主义制度命运的重大政治问题。""我国经济体制改革的目标是建立社会主义市场经济体制，而不是搞资本主义市场经济，重要的是要使国有经济和整个公有制经济在市场竞争中不断发展壮大，始终保持公有制经济在国民经济中的主体地位，充分发挥国有经济的主导作用。如果失去公有制经济的主体地位和国有经济的主导作用，也就不可能建设有中国特色的社会主义。"① 国有企业是国民经济的骨干和支柱，曾经为我国社会主义制度的建立和社会主义现代化建设作出了重大贡献。改革开放以来，非国有经济的发展，也得益于国有经济提供的种种有利条件。迄今为止，国有企业特别是大中型企业仍然是国家财政收入的主要来源。1993 年，我国独立核算的国有大中型企业有 1.37 万家，占全部工业企业的 3.4%，上缴国家利税占 65% 左右。无论过去还是今后，国有企业都是我国改革发展和稳定的主要依托，是社会主义现代化建设的主力军。

但是，国有企业目前面临着严峻的形势。1993 年，国有工业

---

① 江泽民：《坚定信心，明确任务，积极推进国有企业改革》，《人民日报》1995 年 7 月 13 日。

比上年增长8.9%，占乡及乡以上工业的比重由上年的59.9%，下降为52.2%。非国有工业比上年增长44.9%，增幅高于国有工业36个百分点，非国有工业新增产值占全部工业新增产值的77.7%。[1] 1994年，国有工业的比重又下降到43.7%，非国有工业新增产值占全部工业新增产值的84.8%。[2] 近几年预算内国有企业亏损面都达40%左右。这种情况说明，一方面我国改革开放取得了巨大成就，已经形成了公有制为主体、多种经济成分共同发展的新格局。非国有经济的发展，给国民经济注入了生机和活力，是大好事，今后仍然要支持和鼓励其发展；另一方面也说明，国有企业发展缓慢，经济效益差。以国有工业为代表的国有经济在整个国民经济中的比重，由1978年的80%左右，下降到1994年的43.7%，平均每年下降2个百分点以上，近年又呈加速下滑的趋势。这样下去，不出10年，国有经济将无足轻重，国有经济的优势及其在国民经济中的主导作用将成为一句空话。

面对这种形势，国有企业何去何从，成为国内外关注的一个焦点。西方舆论断言，中国经济非搞私有化不可。在国内也流传着"全民（国有）不如集体，集体不如私营，私营不如外资"的口头禅，出现了要求国有企业退出竞争性领域、缩小国有企业的经营范围和国有经济规模，实行"非国有化"的呼声。南方某市将该市大部分国有企业出售给外商，北方某市将该市所属轻工业全行业同外商"嫁接"。由外商控股，个别地方将效益好的国有企业出售给私人或外商，形成了一股不大不小的"靓女先嫁"的浪潮。当然，在改革开放过程中，出售部分社会化程度低、效益差的小型国有企业是必要的，同外商以及其他非国有经济成分搞多种形式的合作、合资、合股经营也是应该鼓励的。但这决不是利用它们来改造、削弱乃至最后取代国有经济，而是为了以强大的国有资本调动、支配

---

[1] 见《中国经济年鉴1994》，中国经济出版社1994年版，第62页。
[2] 见《经济日报》1995年2月21日。

更多的外资和其他社会资本来壮大发展和扩大国有经济的辐射范围。上述的种种说法和做法，显然不符合我国经济体制改革必须始终坚持以公有制为主体，国有经济为主导的方针，以及十四届三中全会关于建立社会主义市场经济体制的要求——国有企业要积极参与市场竞争，在市场竞争中壮大和发展。

对国有企业目前的状况要具体分析。国有经济发展速度比较慢，困难重重，问题很多，这是事实。但是应该看到，非国有经济基数小，或者是从无到有，又享受国家的各种优惠政策，因而发展较快，是很自然的。更深层次的原因是，国有企业在市场竞争中处于极其不利的地位。直到现在，国有企业上缴的利、税、费仍占企业纯收入的90％左右（非国有企业一般占50％左右）。企业留利少，无力进行自我积累、自我改造，导致设备老化、生产工艺落后，自主开发能力薄弱。财政制度由拨款改为贷款以后，企业流动资金和技术改造资金几乎全部依赖贷款。1993年年末，国有工业资产负债率为68.2％，远高于50％的适当水平，还本付息成为企业不堪负担的包袱。"企业办社会"迄今没有得到实质性的改变。离退休职工的工资、福利待遇基本上仍由企业包下来。国有企业还担负着维持劳动就业、维护社会稳定的任务，企业富余人员高达30％—50％。这些困难是非国有企业所没有的，而且在企业外部条件配套改革和社会保障体系建立、完善以前，是难以完全解决的。沉重的负担使国有企业难以轻装上阵，在市场竞争中立于不败之地。但是，不能因此而把国有企业看成一无是处，注定应该被淘汰。关于这个问题，国外一些有识之士的看法倒是比较客观的。例如，美国著名经济学家米勒认为，国有企业在中国当前的社会经济生活中具有广泛的功能。许多集体企业是在国有企业的支持下建立的，其经营活动也是在国有企业支持下进行的，其资金相当一部分是从国有企业流过去的，有的无偿使用国有企业的房屋设备；国有企业向非国有企业提供了无偿的补贴和保险。国有部门的雇员进入非国有部门，继续部分或全部享受国有部门社会保障方面的利益，甚至可以再回到国有企业。这意味着国有企业实际上向非国有部门提供一定数量的补贴和保险；有一定技术和经验的人员从国有企业流入非国有部门工作，国有企业实际上为非国有部门免费培训人员；国有企业与非国有企业的商业交往中，由于一方面是利益软约束，另一方面是利益硬约束，再加上一些社会因素的影响，许多国有企业的利益流到了非国有企业。这种利益让渡以及由此引起的"增长速度让渡"不应忽视。鉴于上述理由，米勒认为，既不能把国有企业在社会经济生活中的积极作用估计过低，也不能把它的消极作用估计过高。否则，对国有企业过早过大地动手术，则不但使国有企业本身的效率受到影响，而且还可能对非国有企业产生间接的不良影响。① 米勒的上述论述，说明国有企业在我国改革和发展中的支撑作用，并对促进多种经济成分的形成与发展、繁荣经济，作出了一定牺牲；同时也说明了国有企业比非国有企业发展速度较慢、效益较差的部分原因。

当然，不能把国有企业目前存在的困难和问题完全归咎于外部环境，更不能归咎于国有制本身，部分国有企业缺乏生机和活力，主要是企业机制问题，即未能及时适应市场经济的要求转换生产经营机制。事实上，80年代以来，即使我们改革的措施不完全配套和完善，企业的外部环境基本相同，也已经涌现了一大批锐意改革，机制活、效益好、速度快，在国内外市场上享有盛誉的国有企业，并积累了搞好国有大中型企业的一定经验，证明国有企业的潜力是很大的，是可以搞好的。因此，对国有企业从而对国有制悲观失望、丧失信心是没有根据的。当前，除了继续改善企业生产经营的外部环境和解决企业历史遗留问题以外，重点是深化国有企业改革。这种改革不是削弱乃至取消国有经济，而是江泽民同志所说的："在建立社会主义市场经济体制的过程中，国有经济和整个公

---

① 孔泾源：《美国著名经济学家谈中国经济体制改革》，《经济研究资料》1995年第1期。

有制经济只能搞好，只能加强，而决不能削弱；只能使它们形成新的优势，而决不能使它们失去优势。我们要下定这个决心，不能有丝毫动摇。"我国改革的实践也证明，国有企业只要深化改革，转换机制是可以搞好的。

二

国有企业改革是我国经济体制改革的重点，建立现代企业制度是国有企业改革的方向。现代企业制度的基本特征，党的十四届三中全会《关于建立社会主义市场经济体制若干问题的决定》概括为"产权清晰、权责明确、政企分开、管理科学"。江泽民同志的讲话进一步明确指出："这四句话是相互联系的统一整体，缺一不可，不能只强调某一方面而忽略其他方面，必须全面、准确地领会和贯彻。"

当前，我国学术界在这方面存在较大的分歧。有些同志把"产权清晰"放在压倒一切的地位，认为国有企业"财产关系不明确，不清晰"，企业管理不好，"一切根子在产权问题"；"国家所有制非改不成"，改革的办法，就是把集中的国家资金分散化、多元化、股份化"；"将来的社会主义公有制的基本形式就是劳动者个人所有制"，"劳动者个人所有制就是每一个劳动者都应该是有产者。"[①] 另一些同志认为，"我国全民所有制的产权是明确的"；"我国的宪法明文规定：'国有经济，即社会主义全民所有制经济，是国民经济的主导力量。国家保障国有经济的巩固和发展。'《民法通则》中也规定，'国家财产属于全民所有。国家财产神圣不可侵犯，禁止任何组织或个人侵占、哄抢、私分、截留、破坏。'全民所有制的产权问题，已经由宪法和法律规定得很明确了。""全

---

① 《现代企业制度——中国改革的方向》，中国经济出版社1994年版，第89—106页。

民所有制企业当前存在的主要问题是管理方法问题。"① 前一种意见实际上否定社会主义国有制，可能导致私有化，是不可取的。后一种意见实际上把现代企业制度所要求的"产权清晰"看成是无的放矢了，这是值得商榷的。其实，只要我们以马克思主义的产权理论为指导，并结合我国企业改革的实践来分析，这些问题是可以澄清的。

马克思主义产权理论认为，生产资料所有制是一切社会经济形态的基础，所有权即产权是所有制关系的法律表现。狭义的所有权是指生产资料归谁所有，广义的所有权包括所有权（狭义）、占有权、使用权、支配权。后三权可以概括为经营权。在小商品生产和早期的资本主义生产中，四权即所有权和经营权是结合在一起的。随着社会化大生产和市场经济的发展，单个资本已不能适应大规模生产和经营的要求，股份制便应运而生。在股份制公司内，一些资本所有者把资本投进去，但他们并不直接经营这些资本，而是由资本所有者即股东选定经理人员使用这些资本从事经营。于是，资本的所有权和经营权便互相分离了。在《资本论》中，马克思通过对资本主义产权关系发展变化过程的分析，阐明了资本主义生产关系的本质，资本主义私有制必然被社会主义公有制所代替的规律。

按照马克思主义的产权理论，我国国有企业的产权，从狭义上即从生产资料归谁所有方面来说是明确的、清晰的，我国全民所有制企业的产权归我国全体人民所有，国家代表全民是全民所有制企业的所有者。但是，从广义上即从所有权和经营权的关系方面来看，国有企业的产权关系确实存在一些模糊不清的地方。例如，有些地方政府和国家专业经济部门可以随意处置自己分管的国有企业资产，甚至不经国家批准，大量出售国有企业。这就实际上把国家所有制变为地方所有制、部门所有制了。又如，在明确国有企业产

---

① 见《西方经济学与我国经济体制改革》，中国社会科学出版社 1994 年版，第 203—204、206 页。

权属于国家以后,由谁来代表国家行使所有者职能?是财政部门还是国家其他专业经济部门,是不清楚的。总之,我国原来实行所有权和经营权合一、高度集中的经济管理体制,也存在许多问题。国家直接经营企业,国家经济部门拥有很大的权力,却不对企业经营效果负责;企业没有经营自主权,职工参与企业管理和分配的权利就无从谈起,当然也不能负责。企业吃国家"大锅饭",职工吃企业"大锅饭",就是由此而来。这种权责脱节、政企不分的体制,显然不能适应社会化大生产和市场经济发展的要求,弊病很多,必须改革,怎样改呢?邓小平同志说:"企业改革,主要是解决搞活国营大中型企业的问题。用多种形式把所有权和经营权分开,以调动企业积极性,这是改革的一个很重要的方面。"① 针对旧体制权责脱节、无人负责、效率低下的现象,邓小平同志强调要实行严格的责任制。他说:"工业有工业的特点,农业有农业的特点,具体经验不能搬用,但基本原则是搞责任制,这点是肯定的。"② 可见,邓小平同志是主张通过贯彻所有权和经营权分离、权责明确的原则对国有企业进行改革,理顺国有企业产权关系的。党的十四届三中全会的《决定》,对国有产权关系问题进一步作出明确规定:首先,"对国有资产实行国家统一所有、政府分级监督、企业自主经营的体制。按照政府的社会经济管理职能和国有资产所有者职能分开的原则,积极探索国有资产管理和经营的合理形式和途径。加强中央和省、自治区、直辖市两级政府专司国有资产管理的机构。"这些规定显然是针对国有资产被分割为地方所有、部门所有,以及国家专业经济部门直接经营企业来说的。《决定》要求改变政资不分,即改革国家的社会经济行政管理职能和国有资产的运营职能合一的旧体制,建立新型的国有资产管理和经营体系。统一代表国家行使国有资产所有者职能。其次,在国有制关系内部,主要是理顺

---

① 《邓小平文选》第3卷,人民出版社1993年版,第192页。
② 同上书,第29页。

国家与企业之间，所有者、经营者和职工之间的责、权、利关系。《决定》关于现代企业制度基本特征的规定，具体体现了这方面的要求，并加以规范化、制度化：（1）严权关系清晰。企业中的国有资产所有权属于国家。企业拥有包括国家在内的出资者投资形成的全部法人财产权，成为享有民事权利、承担民事责任的法人实体；（2）企业以其全部法人财产，依法自主经营、自负盈亏、照章纳税，对出资者承担资产保值增值的责任；（3）出资者按投入的资本享有所有者权益，即资产受益、重大决策和选择管理者的权利，企业破产时，出资者只以投入企业的资本额对企业负债负有限责任；（4）企业按照市场需求组织生产经营，政府不直接干预企业的生产经营活动；（5）建立科学的领导体制和组织管理制度，调节所有者、经营者和职工之间的关系，形成激励和约束相结合的经营机制。只要我们按照党的十四届三中全会指出的方向，积极探索，认真试点，国有企业的产权关系是可以做到更加清晰、逐步走出一条具有中国特色的社会主义现代企业制度、搞好国有企业的新路子的。

《决定》把产权清晰放在建立现代企业制度的首位，这是有道理的。生产资料所有权及其在法律上的表现即产权，是决定一切经济关系的基础，所有权制约着经营权。但是不能由此推论，其他方面的改革不重要，与产权制度无关。国有企业产权模糊不清导致权责不明、政企不分、管理混乱；反过来说，权责不明、政企不分、管理混乱，又制约着国有资产的保值增值，损害国有资产的权益。可见，现代企业制度的四个特征是有机地、辩证地联系在一起的。当然，这也不是说没有重点，平均使用力量。从我国的实际情况来看，症结仍然主要是政企不分，所有权和经营权还没有真正分离开来，政府干预企业的生产经营活动仍然过多，其他弊端都或多或少与此有关。从这个意义上说，政企分开是当前建立现代企业制度的中心环节。因此，要切实转变政府职能，继续并尽早完成政府的机构改革，专业经济部门要逐步减少，综合经济部门要强化国有资产的管理和监督,做好综合协调工作;企业要转换经营机制,搞好内部管理,努力做到自主经营,自负盈亏,自我发展,自我约束,为建立现代企业制度做好各项基础工作。

三

政企分开决不是政府对企业完全撒手不管,而是政府从直接经营企业,转变为对企业服务、协调、监督和指导,为企业改革、发展创造良好的环境。现在,政府正在着手帮助解决企业生产经营中的困难。对企业过度负债问题,按不同情况分别处理。除极少数资不抵债、扭亏无望的企业依法破产以外,对清产核资中清理出来的企业潜亏、各类资产损失以及不可抗拒的自然灾害和政策性原因造成的企业贷款损失,按规定分别冲销企业的公积金、资本金和银行呆账准备金。由于"拨改贷"和基本建设贷款形成的历史债务,确实无力偿还的,可以延期或先停息,有条件的可以结合企业公司制改建,转为国家投资或银行股份。通过企业债务的清理和资产重组,使企业资产负债结构达到合理水平,并逐步建立正常的企业增补生产经营资金的机制。

政府在处理企业富余人员安置和减少企业亏损方面,也有义不容辞的责任。一般说来,效益好的大企业或企业集团,通过开展多种经营,拓宽就业门路,可以自行安置富余人员。问题是效益差的企业特别是中小企业没有这种能力,需要政府帮助解决。政府除了逐步建立统一的社会保障体系以外,可以通过调整产业结构、行业结构、企业组织结构加以缓解。在这方面,不少地方已经做了大量工作,取得了很好的成效,其经验是值得借鉴的。

德阳市从 1988 年以来,市属国有企业连续 7 年无亏损。他们的主要做法是政府出面牵线搭桥,促进国有企业联合、兼并,优化社会资产结构,并帮助解决联合、兼并中出现的问题,建立和健全有关的政策、法规。现在,德阳全市联合、兼并各类企业 200 多家。通过兼并，德阳市属预算内国有企业，由原来的29户减少到19户，但企业固定资产净增长1.4倍，国有经济整体实力得到加强。通过兼并，有2亿多元资产和近3000亩厂区转向优势企业，一些略具规模的企业集团脱颖而出。他们还主动要求上海的优势企业兼并本地已资不抵债的企业。帮助改善经营管理，加强市场开拓，使企业很快扭亏为盈。北京市一轻局千方百计把所属企业存量资金盘活，他们利用级差地租，把处于市内的企业迁出，通过土地转让获得资金2亿多美元。在下属各类企业中举办100多个中外合资项目，吸收外资2亿多美元。通过盘活存量资金，调整产业结构、产品结构和企业组织结构，大力进行技术改造和新产品开发，迅速扭转了全行业亏损的被动局面，富余人员也得到了妥善安置。德阳市和北京一轻局的经验生动地说明，政府积极为企业服务，协调企业间的关系，对搞活搞好一个地区、一个行业的国有经济的积极作用是巨大的。

政企分开意味着企业获得了经营自主权，成为享有民事权利、承担民事责任的法人实体，由政府附属物变为市场竞争的主体。过去，企业一切活动由政府主管部门安排，根本谈不上制定自己的生产经营战略。现在，企业作为自主经营、自负盈亏的市场竞争的主体，能否制定适应市场经济要求的生产经营战略，转换企业机制，便成为企业成败兴衰的关键。改革以来，许多搞得好的国有企业都是在这方面下了很大功夫，取得显著成效的。邯郸钢铁总公司是近年来取得成功的又一个典型。

邯钢是国有独资大型企业，1991年处于亏损边缘，促使他们从深化改革中找出路，在企业内部实行"模拟市场核算、成本否决"的管理制度，较好地转变了生产经营战略，健全了企业内部管理。他们的具体做法是：（1）在生产经营战略上，根据市场需求，按用户要求组织生产和销售。用户需要什么品种就生产什么品种，用户什么时候需要就什么时候供应。下大力气开发新品种，狠抓产品质量，实行薄利多销，努力开发国内外市场。（2）在企业内部机构设置上,根据模拟市场核算、成本否决的要求,先后新建或充实了质量、销售、财务、计划、外经、预结算、审计等方面的机构,强化和理顺了各方面的管理职能,加强了各项专业管理和各项基础工作。(3)在劳动、人事和分配制度方面,实行全员劳动合同制、干部聘任制和岗位技能工资制。(4)在企业内部实行层层承包责任制。在总厂下达成本指标后,各单位进一步将构成产品成本的各项指标,层层分解,落实到科室班组和职工个人,层层签订承包协议,并与奖励挂钩,使责权利结合起来,形成"责任共同体"。他们认为,通过这个途径,将国有资产的管理、使用落实到每一个职工身上,让广大职工当家理财,真正成为企业的主人。邯钢就是这样适应市场经济的要求,进行扎扎实实的改革,转换了企业机制,使企业内部各个机构灵活地运转起来,充分调动了职工的积极性,取得了显著的经济效益和社会效益。几年来,邯钢的产品数量和质量、新品种开发、各种技术经济指标都跃上了一个新台阶,实现利润连年翻番,由1990年的100万元,猛增到1994年的7.8亿元。邯钢只是许多搞得好的国有企业的一个例子。

　　实践证明,国有企业只要认真按市场经济规律办事,从本企业实际出发,苦练内功,转换机制,是可以在市场竞争中发展壮大的。

(原载《经济学动态》1966年第1期)

关于继续调整和完善所有制结构的几个问题

一　继续调整和完善所有制结构的理论依据

江泽民同志在党的十五大报告中说:"十一届三中全会以来,我们党认真总结以往在所有制问题上的经验教训,制定以公有制为主体、多种经济成分共同发展的方针,逐步消除所有制结构不合理对生产力的羁绊,出现了公有制实现形式多样化和多种经济成分共同发展的局面。继续调整和完善所有制结构,进一步解放和发展生产力,是经济体制改革的重大任务。"

改革开放以前一个相当长的时期,我们脱离了我国生产力落后的实际,盲目追求所有制关系上的"一大二公",形成了公有制一统天下,严重束缚了生产力的发展。邓小平同志恢复了党的实事求是的思想路线,根据我国生产力落后和发展不平衡,商品经济和国内市场不发达,封建主义残余、资本主义腐朽思想和小生产习惯势力在社会上还有一定影响的实际状况,确定了我国处于社会主义初级阶段的理论。这是我国最大的实际,必须从这个实际出发来制定我们的路线、方针、政策。在所有制结构上,不能是纯而又纯的单一公有制,而必须是以公有制为主体,多种经济成分共同发展。我们党正是根据邓小平同志的这一理论,对我国所有制结构进行了调整,从而大大解放和发展了生产力,在短短的十几年中,综合国力有了很大提高,人民生活得到很大改善。但是总的说来,我国生产力不发达的状况没有根本改变。目前,国民经济中还存在许多困难和问题，特别是国有企业亏损额增加、亏损面扩大，全国有7个行业出现全行业亏损，亏损的国有工业企业职工达1800万人，占国有工业企业职工的50%。1996年城镇失业人数达552万人，比1985年的238万人增加一倍多。国有企业存在的困难和问题原因很多，有产业结构、组织结构不合理、利润转移，也有经营管理不善等原因。更深层次的问题是所有制结构还没有完全理顺，公有化程度仍然过高，公有制的实现形式仍然过于单纯。因此，深化改革的首要任务是继续调整和完善所有制结构。

过去，调整所有制结构是从认识我国处在社会主义初级阶段开始的。现在，提出继续调整和完善所有制结构是更深刻认识社会主义初级阶段的结果。江泽民同志在党的十五大报告中说："关键还在于对所处社会主义初级阶段的基本国情要有统一的认识和准确把握。"党的十五大报告用了相当大的篇幅，从九个方面论述了社会主义初级阶段的内涵。实际上，我国现在农业人口占很大比重，仍然是主要依靠手工劳动的农业国；市场化程度比较低，自然经济和半自然经济占很大比重；科技教育文化落后；贫困占很大比重，人民生活水平比较低；地区发展很不平衡；同世界先进水平差距很大。要摆脱这种不发达状态，至少需要一百年时间，现在仅仅是开始。可否这样说，我们现在实际上是处在社会主义初级阶段的起步阶段。关于这个问题，我很同意全国政协副主席、十五大主席团常委叶选平同志的意见。他在十五大结束后接受《人民政协报》记者采访时，形象地谈了自己的体会。他说，毛主席曾在一首词《十六字令》中写道："山，快马加鞭未下鞍，惊回首，离天三尺三"，表达了革命的形势要如此快的发展。但是如果从我们现在探索如何进行社会主义建设这个角度来讲，恐怕用这首词来形容就不太合适了。确实，我们的愿望促使我们要"快马加鞭未下鞍"，但猛干了一阵子之后，再惊回首一看，不是"离天三尺三"，而是"离地三尺三"。我们还处在社会主义的初级阶段，而且还是初级阶段的开始，离天还远着呢。因此我们真正的惊回首就是重新认识国情，从现实情况出发。①

从我国的实际国情出发，当前我们必须集中力量发展生产力，而目前阻碍生产力持续、快速、健康发展的重要因素仍然是所有制结构不够合理和不够完善。因此，十五大提出："经济体制改革要有新的突破。"我体会，突破口就是继续调整和完善所有制结构。

公有制内部结构也存在继续调整和完善的问题。党的十五大提出，"公有制实现形式可以而且应当多样化"的论断，是理论上的又一重大突破。李鹏同志说，这是我们党继抛弃"以阶级斗争为纲"，确立以经济建设为中心的党的基本路线，明确我国经济体制改革的目标是建立社会主义市场经济体制后的第三次思想大解放。② 公有制的实现形式，除国有制和集体所有制外，还包括国家和集体控股的混合所有制经济、劳动者的劳动联合和劳动者的资本联合为主的股份合作经济，等等。

公有制经济的多种实现形式，为所有制结构进一步调整和完善提供了广阔的回旋余地。国家和集体控股的混合所有制经济，具有明显的公有性。但是，由于引进了个体、私营、外资等非公有经济的股份，公有化的程度降低了，不是那么纯粹的公有制经济了。从这方面说，是后退了一步。同时，它扩大了公有制经济的辐射范围，增强了公有经济的控制力，公有制的主体地位更加巩固了，更加有利于促进社会生产力的发展。从这方面看，又是一大进步。股份合作经济情况不同，要具体分析。一些个体劳动者为了实现规模经营，进行劳动联合和资本联合，不但有利于促进生产力发展，而且也从个体经济转化为低水平的集体经济（即保留部分私有因素的集体经济）。另一种情况是，部分国有和集体小企业，根据低层次生产力的要求，实行股份合作制改造，则国有企业从国有制转化为集体所有制；集体企业从完全的公有转化为带有某些私有因素的

---

① 参见《人民政协报》1997 年 9 月 16 日。
② 参见《人民日报》1997 年 9 月 14 日。

集体所有制。无论前者或后者，都是根据不同层次生产力的实际状况，对所有制结构进行有进有退的调整，使我国所有制结构更趋于合理和完善。

二 坚持和发展马克思主义的所有制结构理论

社会主义社会的所有制结构理论，是马克思主义的重要组成部分。马克思主义者历来坚持理论联系实际的原则，根据不同历史时期的实际，提出他们的设想，并随着实际情况的变化，不断发展他们的理论。

1. 马克思和恩格斯的设想

公有制是社会主义和共产主义制度的基础，这是马克思主义的基本原理。马克思和恩格斯在《共产党宣言》中明确指出："共产党人可以用一句话把自己的理论概括起来：消灭私有制。"[①] 代替资本主义私有制的将是全民所有制，即"把资本变为属于社会全体成员的公共财产。"[②] 在存在国家的条件下，这种全民所有制将采取国家所有制的形式："无产阶级将利用自己的政治统治，一步一步地夺取资产阶级的全部资本，把一切生产工具集中在国家即组织成为统治阶级的无产阶级手里，并且尽可能快地增加生产力总量。"[③] 总之，消灭私有制，建立以全体社会成员共同占有的公有制即全民所有制（国有制）为基础的社会主义和共产主义社会，是共产党人为之奋斗的理想和目标。必须指出，这里所说的是理想和目标，而不是无产阶级革命胜利后马上就必须实现的任务。恩格斯在回答"能不能一下子就可以把私有制废除"这个问题时，斩钉截铁地说："不，不能。正象不能一下子就把现有的生产力扩大到为建立公有经济所必要的程度一样。因此，征象显著即将来临的

---

① 《马克思恩格斯选集》第一卷，人民出版社 1972 年版，第 265 页。
② 同上书，第 266 页。
③ 同上书，第 272 页。

无产阶级革命，只能逐步改造现社会，并且只有在废除私有制所必需的大量生产资料创造出来之后才能废除私有制。"① 此外，恩格斯晚年在《法德农民问题》一书中，考虑到法国和德国当时生产力不够发达，存在广泛的小农经济的实际状况，提出了公有制的另一种形式，即合作社的集体所有制。他说："……当我们掌握了国家权力的时候，我们绝不会用暴力去剥夺小农（不论有无报偿，都是一样），象我们将不得不如此对待大土地占有者那样。我们对于小农的任务，首先是把他们的私人生产和私人占有变为合作社的生产和占有，但不是采用暴力，而是通过示范和为此提供社会帮助。"② 由此可见，马克思和恩格斯认为，社会主义革命胜利后的一定时期内，公有制的基本形式是全民所有制即国家所有制和合作社的集体所有制，同时存在私有制。至于这个时期究竟有多长，取决于生产力的高度发展，达到创造出消灭私有制所必需的大量生产资料的程度。马克思和恩格斯在这个问题上也是坚持从实际出发，坚持生产力标准的。

2. 邓小平同志的构想和实践

我国的社会主义建设是坚持贯彻马克思主义的公有制理论的。我国的宪法和有关法律规定，公有制即全民所有制和集体所有制，是社会主义制度的基础。邓小平也明确指出："公有制包括全民所有制和集体所有制。"③ 但是，长期以来我们不同程度上违背了生产关系一定要适合生产力的规律，在所有制结构上，超越生产力发展水平，盲目追求公有化程度愈高愈好、社会主义愈纯愈好，形成单一的公有制结构，由此带来严重后果。由于生产力落后，社会没有足够的物力和财力创办那么多的企业和事业，以容纳大量新成长的劳动力，又堵塞了非公有制的就业门路，结果只能是"三个人的活五个人干，三个人的饭五个人吃"，导致平均主义，造成普遍

---

① 《马克思恩格斯选集》第一卷，人民出版社 1972 年版，第 219 页。
② 《马克思恩格斯选集》第四卷，人民出版社 1972 年版，第 310 页。
③ 《邓小平文选》第 3 卷，人民出版社 1993 年版，第 138 页。

的贫穷。严重压抑了劳动者的积极性,阻碍了生产力的发展。邓小平同志创造性地把马克思主义的基本原理同我国实际结合起来,纠正了我们过去对马克思主义公有制理论片面的或扭曲的理解,开创了建设有中国特色的社会主义道路。首先,他根据我国生产力落后的实际状况,指出我国目前仍处于社会主义初级阶段。他说:"社会主义本身是共产主义的初级阶段,而我们中国又处在社会主义的初级阶段,就是不发达的阶段。一切都要从这个实际出发,根据这个实际来制订规划。"[1] 其次,在社会主义初级阶段,要实行以公有制为主体,多种经济共同发展的方针:"我们允许个体经济发展,还允许中外合资经营和外资独营的企业发展,但是始终以社会主义公有制为主体。"[2] 他认为,公有制占主体是"社会主义的根本原则"[3],事关"在改革中坚持社会主义方向"[4],必须坚定不移。最后,邓小平反复强调,巩固和发展社会主义公有制,巩固和完善社会主义制度,归根结底取决于生产力的发展。因此,"社会主义阶段的最根本任务就是发展生产力"[5],"社会主义的首要任务是发展生产力。"[6] 综上所述,邓小平既坚持生产力标准,反对盲目追求公有化程度的"左"的倾向,又反对完全否定公有制的右的私有化思潮,倡导在社会主义初级阶段,实行以公有制为主体、多种经济成分共同发展的方针,从而坚持和发展了马克思主义的公有制特别是所有制结构理论。

3. 十五大继承、丰富和发展了邓小平同志社会主义初级阶段所有制结构的理论

十五大重申:"公有制为主体、多种所有制经济共同发展,是我国社会主义初级阶段的一项基本经济制度"。同时,十五大总结

---

[1] 《邓小平文选》第 3 卷,人民出版社 1993 年版,第 252 页。
[2] 同上书,第 110 页。
[3] 同上书,第 111 页。
[4] 同上书,第 138 页。
[5] 同上书,第 63 页。
[6] 同上书,第 116 页。

了我国近 20 年改革开放的经验，根据对我国社会主义初级阶段国情的进一步深刻认识，提出"公有制实现形式可以而且应当多样化。一切反映社会化生产规律的经营方式和组织形式都可以大胆利用"；股份制是现代企业的一种资本组织形式，资本主义可以利用，社会主义也可以利用；公有制有多种多样的实现形式，等等。在这个基础上，十五大作出继续调整和完善所有制的决策。所有这些都是与马克思主义一脉相承，坚持并丰富发展了马克思主义、邓小平理论的所有制结构理论。

三 股份制的性质及利用其为社会主义服务

关于这个问题，社会上有较大的分歧。有的人认为，"股份制就是公有制"。资本主义社会的股份制，是对私有制的否定，是资本主义社会内部的社会主义因素。股份公司的发展就是资本主义向社会主义和平演变。社会主义社会对国有和集体企业实行股份制改造，意味着社会主义和资本主义趋同。与此相反，有的人认为，"股份制不是公有制的所有制形式"。在社会主义社会搞股份制改造，就是化大公为小公最后是化公为私。十五大明确地回答了这个问题："不能笼统地说股份制是公有还是私有，关键看控股权掌握在谁手中。"这是完全正确的。

在资本主义制度下，股份公司的资本是联合起来的私人的资本，采取直接社会资本的形式，从这个意义上说，它是与私人资本相对立，是对私人资本的扬弃，但是这种"社会资本"又是建立在私人资本基础上，并受大股东的控制和支配。资本主义的股份公司的资本是私人出资者的共有，而不是联合劳动者的共同占有，借用马克思的话来说，它是"资本主义的共产主义"。股份公司并没有改变生产资料的资本家私有制的性质。马克思说："在股份制度内，已经存在着社会生产资料借以表现为个人财产的旧形式的对立面；但是，这种向股份形式的转化本身，还是局限在资本主义界限之内;因此,这种转化并没有克服财富作为社会财富的性质和作为私人财富的性质之间的对立,而只是在新的形态上发展了这种对立。"①

在社会主义制度下,国有和集体企业改组为有限责任公司或股份有限公司,有些是公有制法人之间相互参股,其公有性是不言而喻的。在中外合资企业中有相当部分是由国家和集体控股,这就使得这些企业带有明显的公有性,不能把它们完全看成是非公有制企业。

社会主义为什么还要利用股份制?这要从股份制的作用(功能)说起。股份制是现代企业的一种资本组织形式。它的主要功能是能够迅速集中大规模建设所需要的巨额资本。马克思说:"假如必须等待积累去使某些单个资本增长到能够修建铁路的程度,那末恐怕直到今天世界上还没有铁路,但是,集中通过股份公司转瞬之间就把这件事完成了。"② 也许有人会说,社会主义的优越性之一是能够集中力量办大事,国家可以通过财政和银行集中大量资金,无须依赖股份制渠道,中华人民共和国成立几十年来,我们不正是这样做而迅速建立起社会主义工业体系的么?事实的确也是这样。但是,这是靠高积累、低消费(低收入),以及工农业产品"剪刀差"的政策,从工人、农民那里集中资金的,其结果是人民生活水平提高缓慢,影响他们的劳动积极性。与此同时,由于普遍的低收入,银行储蓄增加也受到制约,高积累、低消费的财政政策难以为继。改革开放以来,国家对企业实行放权让利的政策,企业在收入分配中向职工个人倾斜,职工收入增加很快。在农村中,国家多次提高农副产品收购价格,在价格敞开以后,农副产品市场价格提高,农民收入也有很大增长。与此同时,国家财政收入在国民生产总值中的比重,从改革开放前的 30% 左右,下降到现在的

---

① 《马克思恩格斯全集》第 25 卷,人民出版社 1974 年版,第 497 页。
② 《马克思恩格新全集》第 23 卷,人民出版社 1972 年版,第 688 页

10%左右。在这种情况下,继续完成或主要依靠国家财政拨款搞大规模经济建设已经不可能了。1996年,国有经济固定资产投资12056亿元,其中,国家预算内资金只有556.95亿元,占4.6%。其余靠利用外资、银行贷款和通过各种渠道集资(自筹资金)。现在,城乡居民储蓄达4万亿元左右,企业可以向银行贷款搞建设,事实上也这样做了。但是要知道,银行贷款一是要付利息的。"八五"期间(1991—1995年),国有企业支付利息达34476亿元,相当于同期国有企业利润总额的105%。负债过重已成为国有企业亏损的重要原因之一。二是贷款是要偿还的。企业由于经营不善或其他原因而亏损无力还贷,或者资不抵债而破产,形成大量呆账、坏账,将给银行造成损失,造成信用危机,影响社会稳定。可见,单一的银行融资有很大的局限性。

股份制的优点,一是保证企业有稳定的资本金。出资人购买股票成为股东,股票可以转让,但不能收回股本,企业无须"还债"。二是分散风险。企业经营得好、盈利多、股息(分红)高,股价上升,投资者可以得到丰厚的回报;企业经营不好,股息低,股价下跌,投资者受损失甚至血本无归。社会主义初级阶段存在多种经济成分,融资渠道更为宽广,我们要实现第二步、第三步战略目标,需要集中数以万亿计的巨额资金,我们完全可以而且必须通过股份制的融资渠道,兴办大量的公有制控股的股份公司,集中并支配更多的社会资本为社会主义现代化建设服务。

社会主义利用股份制的另一个原因是,它有利于实现所有权和经营权的分离。股东拥有所有者权益,但不直接干预公司的经营事务。股东大会是公司的权力机构,选举产生董事会、监事会,审议决定公司章程、经营方针和收益分配方案。董事会是公司的经营决策机构,执行股东大会决议、任命总经理。总经理依照公司章程和董事会授权,统一负责公司的经营和管理,对董事会负责。监事会对董事和经理行为实施监督。这一整套体现所有权和经营权分离,股东大会、董事会、总经理、监事会各司其职、相互配合,又相互制衡的经营和组织形式,是符合社会化生产规律要求的,对于克服长期以来困扰我们的国家既是所有者,又是经营者,政企不分、权责不明的弊病是有利的。

综上所述,股份制在集资和实现所有权同经营权分离方面,符合社会化生产要求的经营方式和组织形式,资本主义可以用,社会主义也可以用。在社会主义制度下,在公有制控股的股份公司中,国家和集体拥有所有者的权益,而且处于控制和支配的地位。这种企业具有明显的公有性,不失为公有制的一种实现形式。

四 股份合作制的性质及其发展趋势

目前城乡出现了多种多样的股份合作经济。其中,劳动者的劳动联合和劳动者的资本联合为主的股份合作经济,是集体经济的一种实现形式,是低水平的集体经济。这是比较容易理解的。问题是由国有企业和集体企业改组成为股份合作企业以后,其所有制性质是否发生了什么变化?有人说,公有制企业的股份合作制改造,改变的只是企业的组织和所有制实现形式,它的公有制性质没有丝毫改变。这是值得商榷的。试问,既然"没有丝毫转变",那这种改革又有什么意义呢?我认为,公有制企业实行股份合作制改造,实质上是引进了某些私有因素,虽然它仍然是公有制的一种实现形式,但已不是原来意义上的联合劳动者共同占有,不包含个人股份的全民所有制和集体所有制经济,而是由原来的国有经济和集体经济衍生(派生)的低水平的集体经济。

关于这个问题,邓小平同志对我国农村实行家庭联产承包经营责任制的论述,对我们正确认识股份合作制的性质具有重要指导意义。我国农村中实行的以家庭联产承包经营为主的责任制和统分结合的双层经营体制,是根据农业生产力实际状况,对所有制关系进行必要调整的成功经验。邓小平同志高度重视这一改革,认为是我国亿万农民的伟大创举,同时指出这是低水平的集体经济。1980

年 5 月，当包产到户刚刚兴起的时候，邓小平同志就敏锐地指出："我们总的方向是发展集体经济。实行包产到户的地方，经济的主体现在也还是生产队。这些地方将来会怎么样呢？可以肯定，只要生产发展了，农村的社会分工和商品经济发展了，低水平的集体化就会发展到高水平的集体化，集体经济不巩固的也会巩固起来。关键是发展生产力，要在这方面为集体化的进一步发展创造条件。"[①] 1990 年 3 月，邓小平同志又发表了著名的"两个飞跃"的论断。他说："中国社会主义农业的改革和发展，从长远的观点看，要有两个飞跃。第一个飞跃，是废除人民公社，实行家庭联产承包为主的责任制。这是一个很大的前进，要长期坚持不变。第二个飞跃，是适应科学种田和生产社会化的需要，发展适度规模经营，发展集体经济。这是又一个很大的前进，当然这是很长的过程。"[②] 股份合作制是借鉴农村改革的经验发展起来的，邓小平同志关于农村家庭联产承包经营责任制的论述，我认为基本上也适用于股份合作经济。顺便说说，我们说股份合作制是低水平的集体经济，丝毫没有贬义。恰恰相反，是纠正过去脱离实际，盲目追求公有化程度高级化的"左"的失误，从天上回到地上，无论从认识论还是从实际工作上说，都是一大进步。

股份合作制是劳动合作和资本合作的有机结合。劳动合作是基础，职工共同劳动，共同占有和使用生产资料，利益共享，风险共担、实行民主管理。资本合作采取股份的形式，是职工共同为劳动合作提供的条件，职工既是劳动者，又是出资者。根据这些年来改革的经验，股份合作制落实了企业资产经营责任，提高了职工对企业生产经营的关心程度和风险意识，增强了企业的凝聚力，调动了职工积极性；促进了政府职能转变，加快了企业成为自主经营、自负盈亏、自我约束、自我发展的进程，为企业开辟了一条新的融资

---

① 《邓小平文选》第 2 卷，人民出版社 1994 年版，第 315 页。
② 《邓小平文选》第 3 卷，人民出版社 1993 年版，第 355 页。

渠道，促进了技术改造、机构调整、机制转换和企业管理的改善，提高了企业的经济收益。搞得好的地方不但把包袱甩掉了，而且发展了地方经济，增加财政收入、保障职工就业，保持了社会稳定。股份合作制不失为"抓大放小"的一种有效的途径和方式。

　　当前实践中的主要问题是，有些地方的股份合作企业内部，职工持股额悬殊。有些企业是按原来的厂级干部、中层干部、一般职工，各按三分之一认股；有些按3：3：4的比例认股，结果前二者与一般职工持股额差别达十几倍、几十倍、近百倍，部分职工甚至不持股，致使一般职工产生为经营者"打工"的雇佣思想。有些地方的股份合作制企业，职工持股额差别不大，实行几年后发现股权对职工的激励作用不大甚至有逐渐削弱的趋势。因此考虑鼓励股权在企业内部流动，使股权逐步转移到经营者手中。不过这样一来，又有背离"合作"之嫌。看来，既要避免持股额悬殊，又要保持适当差距，以激励经营者的积极性是必要的。至于差别多大为宜，要以"三个有利于"为标准，由实践来检验。不过应该指出，现代企业制度调动职工积极性，主要不是依靠职工持股，因为在大企业中，职工持股占企业总资本的比重不大，股权收入在职工全部收入中占的比重很小；在股份合作制企业中，如果持股差额不大，股权的激励作用也不会很大。现代企业调动职工积极性主要依靠工资、奖金、福利等利益机制，以及吸收职工参加管理，充分尊重职工当家作主的民主权利。为了调动经营者的积极性，有些地方实行年薪制，按年终企业经营实绩兑现高薪和重奖，也是可以考虑的一种办法。

　　股份合作制企业应坚持职工民主管理，无论持股与否，职工都享有平等权利，实行职工股东大会制度。职工股东大会是企业的权力机构，应当实行一人一票的表决方式。职工股东大会选举产生董事会和监事会成员，由董事会聘任总经理，一人一票是股份合作制企业与一般股份制企业的主要区别所在。后者是按拥有股票多少决定表决权大小的。现在有些股份合作制企业不但职工持股额悬殊，企业的领导层也不是经职工股东大会选举产生，而基本上是在企业改制时原封不动照转过来，实际上拥有企业大政方针、生产经营的决策权，显然是与股份合作制的性质和要求不符的，应当改正过来。

股份合作制是城市小企业改革的重要形式，但不是唯一形式。十五大指出"采取改组、联合、兼并、租赁、承包经营和股份合作制、出售等形式，加快放开搞活国有小型企业的步伐"。各地区应以"三个有利于"为标准，解放思想，实事求是，创造更多的符合本地区实际的放开搞活国有和集体小企业的具体形式。

五 所有制结构的调整与调整国有经济布局

所有制结构的调整，重点是调整国有经济布局。党的十五大提出："要从战略上调整国有经济布局。对关系国民经济命脉的重要行业和领域，国有经济必须占支配地位。在其他领域，可以通过资产重组和结构调整，以加强重点，提高国有资产的整体质量。"目前存在的主要问题是，国有经济的战线过长，几乎囊括了所有的行业和领域，而且都要求占支配地位。这同过去"左"的指导思想有关。调整国有经济布局，就是要从实际出发，适当收缩战线。同时要区分不同行业和不同领域的不同情况，区别对待，分类指导。

首先，属于国民经济命脉的重要行业和重要领域，如能源、交通、通信等基础产业；原材料、重要生产设备制造业等支柱产业；高科技等先导产业。这些行业和领域不但投资大、周期长、风险高，一般私人和集体不愿或无力兴办，主要由国家来办；更重要的是，这些行业对国民经济的发展起着举足轻重的作用，制约着其他行业的发展，是国家进行宏观调控的物质基础。这些行业应实行国家独资经营或控股经营，有条件、有限制地对其他经济成分开放，这些行业的企业，一般也要实行公司制改造，建立现代企业制度，按市场经济规律办事，也要讲求经济效益。但是，由于它们在国民经济中的特殊地位和作用，要把社会效益放在首位，服从国家的产业政策和宏观调控，即使暂时微利甚至亏损也要坚持生产经营，必要时国家给予适当的补贴和采取必要的扶持措施。

其次，一般性的行业和领域，如纺织、轻工、商业零售等，应尽量放开，放手让多种经济成分自由参与经营，由市场竞争决定它们的地位和作用。在这些领域中，国有企业同其他类型企业一样，经受优胜劣汰的考验，力求在市场竞争中不断发展壮大，经营不善而亏损或破产时，国家不予补贴。这些领域的国有企业，除特殊情况外，一般也要实行公司制改造和股份制改革，但不要求都是国家控股。有实力的企业，可以实行党的十五大提出的："以资本为纽带，通过市场形成具有较强竞争力的跨地区、跨行业、跨所有制和跨国经营的大企业集团。"

最后，对广泛存在于各个领域的、占国有企业总数95%以上的国有小企业来说，应尽量放开搞活。这些小企业的兴建，往往不是生产社会化的要求，而是在过去单一的公有制体制下，为追求公有化程度的高级化，从手工业、商业的合作社升级、过渡而来；有些则是各级政府为了安排本地区劳动就业而被迫上马；有些是为增加地方财政收入，甚至是政府官员为显示政绩（增加地方产值）而盲目投资兴建的。这些企业大多是技术落后和重复建设、管理混乱、政企不分、效益低下，在传统计划经济的"短缺经济"年代，还可以勉强维持，一旦转到市场经济以后，在激烈的市场竞争中纷纷陷入困境，产品无销路，技改无资金，亏损严重，许多企业陷于停产半停产状态，濒临破产的边缘。根本的出路是放开搞活，把为数众多的国有小企业改组成为多种形式的公有制企业，或者改造成为非公有制企业。有些通过联合、兼并，成为大型国有企业和企业集团的附属企业（子公司）；有些通过租赁、承包，变为"国有民营"（集体或私人经营）；有些改造成为股份合作企业；有些则出售给集体或私人，从国有企业变为集体企业或私人企业。通过多种途径和多种形式适当缩短国有经济战线，不但可以减轻各级政府的负担，而且更适应不同层次生产力的要求，更能充分调动各阶层人民的生产经营积极性，促使他们在广阔的市场上努力拼搏，使整个国民经济更加充满生机活力，促进社会生产力蓬勃发展。

党的十五大还提出，"要支持、鼓励城乡多种形式集体经济的发展"；"非公有制经济是我国社会主义市场经济的重要组成部分。对个体、私营等非公有制经济要继续鼓励、引导，使之健康发展"。可以预料，集体经济和非公有制经济将有更大发展。国有经济经过调整，战线有所收缩、比重会略有下降。但是，正如党的十五大指出的"只要坚持以公有制为主体，国家控制经济命脉，国有经济的控制力和竞争力得到加强，在这个前提下，国有经济比重减少一些，不会影响我国的社会主义性质。"国有经济经过调整和深化改革，整体素质将会大大提高，不但可以摆脱困境，而且将会得到更快发展，比重不断下滑的趋势将得到有效遏制，所有制结构更趋于完善，国民经济持续、快速、健康发展将会得到更可靠的保证。

（原载《马克思主义研究》1997年第6期）

正确认识和处理公有制同非公有制的关系

一

1999年6月28日，江泽民同志在纪念中国共产党成立七十八周年座谈会上的讲话中说："党的十五大提出要积极探索能够进一步解放生产力的公有制实现形式，允许搞股份制和股份合作制，国外有些人就以为中国要搞私有化了。而我们有的同志也产生了类似的错误认识，结果在一些地方的工作中出现了某些偏差。经过新中国成立以来五十年的发展，我国的国有资产已达八万多亿，这是属于全国人民的财产，是我国社会主义制度的重要经济基础。如果头脑不清醒，随意加以处理，比如不加区分、不加限制地把国有资产大量量化到个人，并最终集中到少数人手中，那样我们的国有资产就有被掏空的危险，我们的社会主义制度就会失去经济基础。那时，中国将会是一个什么样的局面？我们靠什么来坚持社会主义制度？靠什么来巩固人民的政权？靠什么来保证实现全体人民的共同富裕？所以，正确地认识和坚持以公有制为主体、多种所有制经济共同发展的基本经济制度，正确认识和处理公有制经济同非公有经济的关系，既是一个重大经济问题，也是关系党和国家前途命运的重大政治问题。"江泽民同志的讲话多么精辟、多么及时啊！

不能把允许搞股份制和股份合作制看成是搞私有化。党的十五大报告明确指出："不能笼统地说股份制是公有还是私有，关键看控股权掌握在谁手中。"国有和集体企业改组成为有限责任公司或股份有限公司，有些是公有制法人之间互相参股，其公有性是不言而喻的。国家和集体控股的中外合资企业和包含私人、外商投资的股份公司，具有明显的公有性，也不能说是搞私有化。相反，国家和集体的控制力加强，公有制的辐射范围扩大了，公有制更加巩固了。股份合作制是劳动者的劳动和资本合作的有机结合，劳动合作是基础，资本合作是条件，职工共同劳动，共同使用生产资料，民主管理，集体决策，利益共享，风险共担。股份合作制在我国兴起主要有两条途径。一种情况是，个体劳动者和私营企业是为了实现规模经营而联合起来，由私有制过渡到集体所有制。在股份合作制企业中，虽然仍有私人股权，但比较平均，而且实行一人一票的民主管理和集体决策，控制权掌握在集体而不是操纵在大持股者手中，因而仍不失为公有制的一种实现形式。另一种情况是，国有和集体企业适应低层次生产力的实际，改组为股份合作制企业，由全民所有制和劳动者共同占有的集体所有制，转变为带有私有因素（私人股权）的集体经济，仍然是公有制。那种把允许搞股份制和股份合作制说成是搞私有化，显然是对十五大精神的曲解，至于随意处理国有和集体资产，不加区分、不加限制地大量量化到个人（有偿无偿都一样），将破坏社会主义制度的经济基础，更是完全错误的。

　　在公有制与非公有制关系的问题上，认识上的错误和实际工作中的偏差，同理论上混淆社会主义制度的经济基础、社会主义初级阶段的基本经济制度、社会主义市场经济的组成部分三个不同概念有密切联系。公有制是社会主义制度的经济基础，这是马克思主义的基本原理。在社会主义初级阶段，公有制包括国有制和集体所有制，以及它们在混合所有制经济中的控股、参股部分。以公有制为主体、包括多种形式的非公有制在内的多种所有制经济共同发展，是社会主义初级阶段的基本经济制度。国有经济是整个国民经济中起主导作用的经济成分。非公有制经济是社会主义市场经济的重要组成部分。这些都是党的十五大报告明确规定了的。有的同志认为，既然多种所有制经济共同发展是社会主义初级阶段的基本制度，而且党的十五大报告没有再提非公有制依附于公有制，是社会主义公有制经济的"补充"；因此，公有制和非公有制都是社会主义初级阶段的经济基础，或者说，社会主义初级阶段的经济基础是混合所有制。这就突破了姓"公"、姓"私"的界限，也突破了"主体"和"补充"的界限。另外，十五大说非公有制是社会主义市场经济的重要组成部分，说明非公有制经济也姓"社"不姓"资"。总之，非公有制也是社会主义的经济基础，非公有制经济的发展也就是社会主义的发展。有的同志还反复论证，公有制特别是国有制同市场经济不相容；公有经济效率低，在同非公有制经济的竞争中注定要失败，对搞好国有企业丧失信心，把希望寄托于发展非公有制经济。所有这些认识，同样也是完全错误的。

首先，不能把社会主义初级阶段的基本经济制度同社会主义制度的经济基础混为一谈。不错，社会主义初级阶段的所有制结构中包含非公有制经济成分，但决定"初级阶段"性质是"社会主义"的依据是"以公有制为主体"。也就是说，社会主义初级阶段的经济基础是公有制，而不是多种所有制或混合所有制。其实，这也不是社会主义初级阶段特有的现象。历史上任何社会形态，都是多种所有制经济并存，但它们的经济基础都是占主体地位并起主导作用的所有制。原始共产主义社会存在家庭私有财产的萌芽；奴隶社会既有原始公社所有制的残余，也有独立的小生产者（自由民）的个体经济，末期又产生了封建地主所有制经济；封建社会既有奴隶制的残余、独立的小农和手工业者个体所有制经济，末期又出现了资本主义经济成分；资本主义社会既有封建地主经济、甚至奴隶制的残余，又有广泛的小商品生产者经济。但是不能说这些社会形态的经济基础是多种所有制或混合所有制，而只能说原始共产主义的经济基础是原始公社所有制，奴隶社会的经济基础是奴隶主所有制，封建社会的经济基础是封建地主所有制，资本主义社会的经济基础是资产阶级私有制。我国社会主义初级阶段虽然存在多种所有制经济，但占主体地位并起主导作用的是社会主义公有制。因此，社会主义初级阶段的经济基础也只能是公有制。

其次，党的十五大报告提出："非公有制是社会主义市场经济的重要组成部分。"这是一个经济运行机制的概念，是相对于过去公有制一统天下，排斥市场经济的单一计划经济体制而言的。如果说，在单一公有制条件下，高度集中的计划经济体制虽然有种种弊端，但可以勉强行得通的话，那么在多种所有制特别是非公有制并存的条件下，高度集中的指令性计划是根本行不通的。不同所有制经济之间唯一可以接受的交往方式只能是等价交换的市场经济原则。在这种情况下，非公有制经济理所当然地成为社会主义市场经济的重要组成部分。但是，不能由此得出结论，认为各种经济成分都姓"社"，没有必要区分什么"公"与"私"，"主体"和"补充"了。要知道，社会主义市场经济是同社会主义基本制度结合在一起的。而社会主义初级阶段基本经济制度的主要特征恰恰是以公有制为主体。没有"补充"，何来"主体"？

综上所述，社会主义制度的经济基础、社会主义初级阶段的基本经济制度、社会主义市场经济的组成部分，是三个不同的概念。它们的适用范围、性质和作用是不同的；混淆三者关系就容易导致认识上的混乱，导致在事关社会主义方面的重大原则问题上，走上不问姓"社"姓"资"、姓"公"姓"私"，否定以公有制为主体、瓦解社会主义制度经济基础的歧途。

二

正确认识国有经济的性质、地位和作用，采取切实的措施为国有企业解困，壮大发展国有经济，巩固社会主义制度，在当前具有特别重要的意义。

一般说来，国有经济古已有之，于今尤甚。国有经济的性质取决于国家政权的性质。奴隶社会、封建社会、资本主义社会的国家政权都是以私有制为基础、为协调剥削阶级利益和巩固剥削制度服务的国家机器。这些社会都不同程度地拥有国有经济，表面上也都披上"公有"的外衣，实际上只是剥削阶级的"共有"，是扩大了的私有制。我们的国家是以工人阶级为领导，以工农联盟为基础的人民民主专政机关。国有资产是全体人民的财产，是坚持社会主义制度、巩固人民政权、保证实现全体人民共同富裕的重要经济基础，是名副其实的社会主义公有制。无论过去还是现在，维护、壮大发展国有经济，都是人民政权的神圣职责。1995年春，江泽民同志在上海、长春召开的企业座谈会上说："我国经济体制改革的目标是建立社会主义市场经济体制，而不是搞资本主义市场经济，重要的是要使国有经济和整个公有经济在市场竞争中不断发展壮大，始终保持公有制的主体地位和国有经济的主导作用。如果失去公有制的主体地位和国有经济的主导作用，也就不可能建设有中国特色的社会主义。"一句话，国有经济是社会主义赖以生存和发展的物质基础、国家的命根子，没有国有经济也就没有社会主义。

1949年以来的前三十年，国家集中力量进行了大规模的经济建设，初步建立了比较完整的工业体系，国有经济不断发展壮大，成为国民经济的主要支柱和国家财政收入的主要来源。改革开放以来，我们依靠国有经济提供的能源、交通、重要的原材料和生产设备，对国民经济布局和所有制结构进行战略性调整。特别应该指出的是，国有经济为改革开放支付了巨大的成本。除了承担国有企业改革本身所支付的社会保障、再就业工程等费用以外，国有经济还为非公有制经济的发展提供了大量的财力支持。迄今为止，国有经济以占国民经济40%左右的实力，提供国家财政收入70%左右。正因为这样，国家才有可能在逐步提高人民收入和改善人民生活的同时，对非公有制经济实行税收上的"三减两免"等优惠政策。换句话说，非公有制经济发展到今天的"三分天下有其一"，得益于国有经济巨大的物力和财力支持。

在国家的大力扶持下，非公有制经济从无到有，特别是进入

90年代以后，国家加大了改革开放步伐，非公有制迅猛发展，在国民经济中占据相当大的比重。据1997年《中国统计年鉴》，1991年个体、私营工业企业所占比重为4.8%，1995年猛增到15%，外商及港澳台资工业企业的比重，也从1991年的不足5%增长到13.2%，集体企业从1991年的33%，增加到1995年的35%，国有工业所占的比重从1991年的56%，下降到1995年的32%。国有经济比重下降是所有制结构调整的结果，是很自然的。非公有制经济迅速发展，对于调动社会各阶层的生产经营积极性、充分利用一切可以利用的资源，促进社会生产力发展、增加供应，满足社会各方面多样化的需求，促进竞争，推动公有制经济的改革起了重要的积极作用，应该充分肯定。

同时也应该看到，国有经济同非公有制经济之间事实上存在不平等竞争。比如，国有企业税赋过重、资本金严重不足、银行利息等财务费用过高，使国有企业在市场竞争中处于极为不利的地位。根据市场经济税赋公平原则，各经济单位的税赋与其增加值的比例应该是平衡的。我国的实际情况却不是这样。以1995年为例，国有经济单位增加值占全国的39.0%，上缴的税赋占国家财政收入的71.19%；非公有制经济单位的相应数字为33.0%和11.7%。也就是说，国有经济单位上缴的税收比其增加值高32.19个百分点，非公有制经济单位则相反，低21.3个百分点。造成这种状况的原因是国家对非公有制经济采取税收减免等优惠政策的结果。这种政策在一定时期内是必要的。现在，非公有制经济的经济实力已经相当强大，继续让国有经济背负过重的税赋，显然是不合理的，也是违反市场经济税赋公平原则的。看来，现在到了适当降低国有经济的税赋，相应地适当增加非公有经济的税赋，逐步做到税赋平衡的时候了。

资本金严重不足，是国有企业陷入困境的重要因素之一。顾名思义，国有经济是国家投资形成的经济实体。1995年，由于实行了"拨改贷"的改革，国家预算内投资占全社会固定资产投资中的比重大幅度下降，由1978年的62.2%，降到1995年的3%。加上前述的税赋过重，企业留利有限，积累更少，无力补充资本金。国有经济单位不得不在日益增高的程度上利用银行贷款，或以比银行利息更高的代价自筹资金。到90年代中期，国有经济单位负债率高达90%左右。"八五"期间（1991—1995年），国有企业支付的利息达34476亿元。相当于同期国有企业利润总额的105%。由于资本金不足和资产负债比例严重恶化，还本付息压得企业喘不过气来，无力根据市场变化进行技术改造和新产品开发而陷入困境。非公有制经济资本金比较充足，资产负债率一般占60%左右，债务负担比较轻，在市场竞争中处于比较有利的地位。

为减轻国有企业负担，改善其财务状况，提高其竞争力，党中央、国务院已经采取一系列措施。对有条件的企业实行股份制改造，从社会上直接融资，补充企业资本金。在国有商业银行组建金融资产管理公司，依法处置银行原有不良资产的基础上，对部分企业的银行贷款，以金融资产管理公司作为投资主体实行债权转股权。对国家重点技术进行改造，实行技改贴息政策，等等。总之，要千方百计提高企业自有资本金的比重，切实减轻企业财务负担，为国有企业提供一个休养生息和公平竞争的机会。

重复建设，生产过剩，产品积压，过度竞争，是国有企业陷入困境的又一重要原因。这同宏观调控失灵、市场盲目发展有关。要采取行政、法律和经济手段，对一些严重过剩产品限产压库，淘汰技术落后、产品无销路的企业；对新建、扩建的大型投资项目，要按国家的产业政策严格审批；对非公有制企业采取适当的优惠政策，引导它们投资国家急需发展的行业和生产市场需要的紧缺产品特别是高科技产品，同时限制进入市场已经饱和的领域和行业，如纺织、家电、轻工等加工工业，以避免加剧重复建设和生产过剩。

三

　　维护公有制的主体地位和国有经济的主导作用，关键在于公有制特别是国有制自身的改革，壮大发展国有经济。

　　从宏观方面来说，正确处理公有制与非公有制的关系，要继续调整所有制结构，重点是调整国有经济布局，对关系国民经济命脉的重要行业和领域，国有经济必须占支配地位。这些行业应实行国家独资或控股经营，有条件、有限制地对其他经济成分开放。一般性行业和领域应尽量放开，放手让多种经济成分自由参与经营，由市场竞争决定它们的地位和作用。在这些行业和领域中，国有企业不是完全退出，而是同其他经济类型的企业一样，经受优胜劣汰的考验，力求在市场竞争中不断发展壮大，并力争以资本为纽带，通过市场形成有竞争力的跨地区、跨行业、跨所有制和跨国经营的大企业集团。把为数众多的国有小企业改组为多种形式的公有制，或者改造成为非公有制企业。有些通过改组、联合、兼并，成为国有大型企业和企业集团的附属企业；有些通过租赁、承包，变为"国有民营"（集体或私人经营）；有些则出售给集体或私人，变为股份合作制企业或私人企业。与此同时，对非公有制经济继续采取鼓励、引导的方针，使之健康发展。国有经济经过调整，战线有所缩短，近期内比重会有所下降，但力量更集中，整体素质提高了，竞争力得到加强，更有利于增强公有制的主体地位和国有经济的主导作用。

　　从微观方面来说，公有制特别是国有制企业无论采取什么组织管理形式，核心是落实责任制，即正确处理国家与企业之间，以及企业内部经营者与职工之间的责、权、利关系，以充分调动国家、企业、经营者与职工的积极性。前者主要体现在正确划分国家所有权与企业法人财产权。国有企业的资产所有权属于国家。国家按投入的资本享有所有者权益，即资产受益权、重大决策权和选择管理者的权利。企业拥有包括国家在内的出资者投资形成的法人财产权，享有充分的经营自主权。企业以其法人财产依法自主经营，自负盈亏，对出资者承担资产保值增值的责任。企业长期亏损、资不抵债依法破产时，国家只以投入的资本额承担有限责任。国有企业实行国家所有权与企业法人财产权的分离，有利于政企分开，使企业摆脱国家行政机关的干预，完全面向市场自主经营；国家则摆脱企业日常经营活动的困扰，解除对企业承担的无限责任，集中精力进行宏观经济和社会管理，确保国民经济和社会的协调、健康发展。需要强调指出的是，国家在行使所有者权益时，要充分照顾企业的利益。要尽量避免过去那种"竭泽而渔"，把企业挖得太苦的错误做法。要尽可能减轻企业负担，"放水养鱼"，企业由于改善经营管理而提高经济效益时，应获得相应的利益，使企业不仅有自主权，而且有"自主钱"，具有自我积累、自我发展的能力。

正确处理经营者与职工的利益关系，是国有企业改革的一个重要方面。经营者的素质对企业的生存和发展至关重要。一个具有开拓精神、通晓市场经济规律，善于经营管理的企业家，可以为企业带来无限的生机与活力。原有的企业分配制度没有充分体现企业家的特殊贡献，报酬偏低。即使后来有些地方规定厂长、经理的报酬可以相当于职工平均工资的3—5倍，也不如部分有突出贡献的职工收入高，难以体现物质激励的作用。面对这种情况，出现了两种截然不同的现象。有些经营者具有无私奉献精神，勤勤恳恳、努力拼搏、不计报酬，即使企业取得了突出成绩，也甘愿只拿全厂职工的平均工资和奖金，上级给予的重奖也通过各种形式转送给集体或其他公益事业。而有些经营者则把企业的优异业绩完全归功于自己，对个人较低的收入愤愤不平，在职时以权谋私、公款消费，大肆挥霍，临退休时更是不择手段，大捞一把，直到贪污受贿，违法乱纪，坠入犯罪的深渊，出现了所谓"59现象"。以上两种极端现象，在经营者队伍中属于极少数。前者具有崇高的思想境界，是值得宣传、学习的榜样，但在社会主义市场经济条件下，难以作为普遍的要求。后者是极端个人主义、拜金主义者，应受到社会谴责，触犯刑律的，要追究法律责任。

应该怎样正确认识和处理这个问题呢？作为社会主义国有企业的经营者，应该具有全心全意为人民服务、全心全意依靠工人阶级办好企业的思想境界。应当看到，企业取得良好、优异的业绩，首先得益于党和国家的改革开放政策，以及全体职工的辛勤劳动，不能把功劳完全记在自己的账上，更不能自外于工人阶级，同私营企业老板、外商企业的经营者盲目攀比。当然，社会主义阶段仍然要讲按劳分配，照顾个人利益，对优秀的经营者除了精神鼓励以外，还应建立必要的物质激励机制。这不仅对激励经营者个人是必要的，而且对激励全体职工学技术、学管理的积极性也是有益的。

激励机制不仅适用于经营者，而且应包括企业全体职工。如前所述，企业对国有资产承担保值增值责任。企业经营好坏、效益高低，不仅取决于经营者的能力，而且取决于广大职工的积极性。没有广大职工的积极性，经营者无论多么高明的治厂方案都是徒劳的。公有制企业调动职工积极性的根本途径是切实落实职工当家作主的权利。优秀的企业家善于把企业对国家承担的责任，落实到每个职工身上，并同他们的利益结合起来。邯钢之所以成为全国的一面红旗，无论市场环境怎样变幻，他们都能克服一切艰难险阻，创造良好的经济效益和社会效益，其秘诀在于，邯钢职工"有家可当，有财可理，有责可负，有利可得"。企业经营者比一般职工责任更大、操劳更多，收入较高是完全合理的。至于究竟是3倍、5倍还是更多，要看企业规模、经营情况、行业情况而定。除此之外，经营者也同普通职工一样，作出突出贡献者应予重奖，并获得相应的荣誉。

综上所述，国有企业通过深化改革，正确处理国家与企业，以及企业内部经营者与职工的责权利关系，就一定能发挥公有制的优越性，充分调动包括经营者在内的全体职工的积极性，使企业充满生机和活力，在市场竞争中不断壮大发展，为巩固公有制的主体地位，发挥国有经济的主导作用作出应有的贡献。

（原载《马克思主义研究》1999年第5期）

谈"放小"与"扶小"

——学习十五届四中全会《决定》的一点体会

《中共中央关于国有企业改革和发展若干重大问题的决定》（以下简称《决定》）指出，推进国有企业战略性改组，要坚持"抓大放小"，并第一次提出"要积极扶持中小企业特别是科技型企业"。换句话说，既要"放小"，又要"扶小"。这对我们正确理解和处理国有小企业改革具有重要指导意义。

"抓大"，是指国家集中力量抓好分布在关系国民经济命脉的重要行业和关键领域，对支撑、引导和带动整个社会经济的发展，实现国家调控目标发挥重要作用的国有大型企业。目前，这些国有大型企业占国有企业总数不到5%，但其利税占全部国有企业的60%以上，资产和销售总额占全部国有企业的70%以上。集中力量抓好控制国民经济命脉的少数国有大企业，国有经济的主导作用就有了可靠的保证。这些大企业必须由国家垄断经营，禁止或限制非国有资本特别是非公有资本进入，需要引进的也必须由国家控股经营，以确保我国的经济安全和经济社会发展的社会主义方向。

关系国家经济命脉的重要行业和关键领域以外的领域属于竞争性领域，则尽可能放开搞活，允许多种私有制经济成分进入，国有企业同其他经济成分的企业一样，开展自由竞争，优胜劣汰。由市场竞争决定它们的地位和作用。我国国有企业绝大部分分布在竞争性领域，规模一般较小，属于"放小"的范围。"放小"决不意味着国有企业退出竞争性领域。相反，《决定》明确指出，"竞争性领域中具有一定实力的企业，要多方吸引投资加快发展"。"放小"

也决不是只有出售一种形式，而是"要从实际出发，继续采取改组、联合、兼并、租赁、承包经营和股份合作制、出售等多种形式，放开搞活国有小企业，不搞一个模式"。在竞争性领域，资本的组织形式可以多样化。除重要的企业实行国有独资，控股经营外，其余的可以参股，以扩大国有经济的控制力；也可以通过承包经营、租赁、股份合作制、出售等形式，变为国有民营（集体或私人经营），改国有制为集体所有制和其他非公有制企业等等。这样，通过"有进有退，有所为有所不为"，实现从战略上调整国有经济布局和所有制结构的战略性改组。

《决定》明确规定，既要"放小"，又要"扶小"，具有深刻的理论意义和现实意义。

（一）"大"与"小"是统一的，"放小"与"扶小"并不矛盾

国有小企业是国有经济的有机组成部分，国有企业改革的目的，是提高包括国有小企业在内的国有经济的整体素质和整体实力。无论中外，小企业都是大企业生存和发展的基础。它们为大企业提供零部件和其他配套产品，或从事新科技的研究和新产品开发。任何成功的大企业，无不有数以百计、千计甚至万计的小企业与之分工协作、成龙配套，从而提高劳动生产率、降低成本，获得丰厚的经济效益。我国国有企业组织结构的弊病是重复建设严重。企业大而全、小而全，没有形成专业化生产、社会化协作体系和规模经济，缺乏市场竞争能力。放开搞活国有小企业，是对国有企业组织结构进行战略性改组的一项重要措施；国有小企业通过改组、改革和改造，向"专、精、特、新"的方向发展，成为大企业不可替代的经济力量，并与大企业分工协作；有些则通过联合、兼并，成为大企业的"子公司""孙公司"，形成社会化协作体系，从而提高国有经济的整体素质和整体实力、增强国有经济的竞争力。当然，"扶小"也不是要救活每一个小企业。那些产品没有市场、长期亏损、扭亏无望和资源枯竭的企业，以及浪费资源、技术落后、质量低劣、污染严重的小煤矿、小炼油、小玻璃、小火电等，要实行破产、关闭。对产品有市场、发展有潜力而暂时陷入困境的，只要通过改组、改革、改造和加强管理就可以改变面貌的为数众多的小企业，国家要千方百计帮助它们克服困难，摆脱困境。总之，"放小"莫忘"扶持"。中央和各级政府应该在融资、信息、技术进步、对外合作、市场开发、人员培训和社会保障等方面，为小企业提供服务。这应该是放开搞活国有小企业工作的重点。

（二）要从长远和发展的观点看二者的辩证关系

国家要集中力量"抓大"，着力培育实力雄厚、竞争力强的大型企业和企业集团，使之成为国民经济的支柱和参与国际竞争的主要力量。这是毫无疑问的。问题是，大企业从何而来？事物都是由小到大，这是一条规律。世界上最大的500家大企业、跨国公司，也是由小到大逐步发展起来的。还要看到，现有的大企业、大公司也不可能是"终身制"，它们中间的一部分可能由于跟不上科技进步、产业结构升级、产品更新换代和经营管理落后等原因，逐渐由盛变衰，直到倒闭、破产。这也是一条规律。我国现有的大企业和企业集团数量很少，规模也不大，如何始终保持国有大企业的优势地位，是一个值得认真对待的问题。当然，我们是社会主义国家，可以集中力量办大事，由国家投资建设若干大型企业。但数量终究有限。何况近年来国家财政收入已下降到只占国民生产总值的10%左右，力不从心。据统计，从第一个五年计划至第五个五年计划，国家财政用于基建和技改的支出占总支出的比例为40%以上，"六五"时期下降到30.85%，"七五"时期下降到26.02%，"八五"时期进一步下降为19.98%，"九五"即当前时期仍有下降的趋势。总之，从长远和发展来看，国有大企业的形成和壮大，恐怕主要不是依靠国家投资，而主要是依靠国有小企业逐步发展壮大而来。我国现有的几百家大企业和企业集团，不少也是由原来的国有小企业、校办企业、街道企业、乡镇企业发展起来的。深圳三九集团的成长就很能说明问题。他们从80年代初期借款500万元创业，经过十几年的拼搏，现在总资产已达 120 亿元。据国家经贸委近日发表的 1998 年统计年报，对全国药业工业企业按销售收入、利润总额、利税总额三项主要经济指标排序。三九企业集团南方制药厂独揽三项全国第一，名列全国制药业 500 强之首。类似三九企业集团的国有小企业由小变大的奇迹，全国各地区、各行业为数不少。

实践证明，国有小企业也同国有大企业一样，只要有一个好的领导班子，特别是有一个具有开拓、创新精神，通晓市场经济规律，善于经营管理，全心全意依靠工人阶级的一把手；有一整套能够充分调动全体职工积极性的激励机制和约束机制，国有企业是可以搞好的。应该认真总结广为宣传它们的成功经验，以利于统一认识，全面准确理解和正确贯彻中央关于放开搞活国有小企业的方针。

（三）要从讲政治的高度认识"扶小"的深远意义

经济是基础，政治是上层建筑，是经济的集中表现。政治为经济基础服务；经济基础壮大发展了，政治等上层建筑才能巩固。社会主义制度的经济基础是公有制。人民民主专政的国家政权要把培育包括国有制和集体所有制在内的公有制作为自己的天职。中华人民共和国成立初期，我们没收国民党反动政府的官僚资本，接收帝国主义在华的企业，加上原来解放区的公营企业，初步形成了全民所有制的国有经济，从第一个五年计划开始，国家集中力量进行了大规模的经济建设，国有经济的实力有了很大的发展，随后进行了对生产资料私有制的社会主义改造，终于在 1957 年形成了以公有制为主体，以国有经济为主导的社会主义经济基础，初步建立了社会主义制度。

改革开放以来，我们党根据我国仍处于社会主义初级阶段，生产力不发达和全国各地区、各行业发展不平衡的实际状况，对所有制结构进行战略性调整，实行以公有制为主体，包括个体、私营、外资在内的多种所有制经济共同发展的方针。到目前为止，我国的所有制结构已从公有制一统天下，变为国有、集体和各类非公有制经济"三分天下，各有其一"的格局。总的说来，包括国有和集体在内的公有经济仍占绝对优势。随着以公有制为主体，多种所有制经济共同发展的形成和推进，国有企业的战线有所收缩，但在经济总量中仍占有相当大的比重。截至1997年年底，在全部独立核算工业企业中，虽然国有工业户数只占16%，但资产总额、销售收入、增加值和实现利税分别占57%、44%、46%和51%。国有经济在关系国计民生的重要领域一直占据绝对优势。目前国家财政收入的55%仍来自国有企业上缴的利税。国有企业还通过控股、参股控制、带动和影响非国有经济的发展，继续发挥国有经济的主导作用。

以上情况是就全国而言的，我国地域辽阔，各地区发展不平衡。有些地区国有企业很少，集体企业也不多，公有经济在一定时期、一定范围内不占主体地位，是不足为奇的，只要对社会生产力有利，也是允许的。但是，对各地区的政府来说，也存在着如何正确处理好经济基础同上层建筑关系的问题。我国国有小企业主要分布在县和县以下的地区，也面临着如何正确认识贯彻放开搞活国有小企业方针的问题。不少地方在调整所有制结构过程中，在支持非公有制经济发展，出售少数资不抵债、起死回生无望的国有小企业的同时，对大多数国有小企业采取积极扶持的措施；有些地方还利用本地区特有的资源优势、区位优势、科技和人才优势，创办有发展前途的国有小企业，努力培育自己的经济基础。凡是这样做的地方，不但迅速使众多的国有小企业摆脱困境，走上健康发展的道路，而且带动非国有经济的发展，使地方财政收入增加，各阶层人民收入提高，人民生活得到改善。这同时也就为提高全国国有经济的整体实力和促进社会稳定，壮大社会主义制度的经济基础，巩固人民民主专政的国家政权作出了应有的贡献。

（原载《经济学动态》2000年第4期）

国有经济不能一退了之

国有经济是我国社会主义制度赖以存在和发展的最重要的基础，是国家和人民的命根子；没有国有经济，就没有社会主义。近些年来，我国的非国有化、私有化思潮几度泛滥，一些人借机鼓吹国有经济应退出竞争性领域，从而严重地干扰了我国的体制改革、特别是国企改革的进程。因此，这是一种极端错误的观点。

一

针对国有经济战线过长、布局过宽，各行各业几乎无所不包，力量过于分散，整体素质不高的不合理状况，党的十五届四中全会通过的《中共中央关于国有企业改革和发展若干重大问题的决定》（以下简称《决定》）提出："从战略上调整国有经济布局，要同产业结构的优化升级和所有制结构的调整完善结合起来，坚持有进有退，有所为有所不为。"这是深化经济体制改革、搞好国有企业的积极方针。正确理解和认真贯彻执行这一方针，必将进一步增强国有经济的实力，更好地发挥其主导作用。

目前学术界流行着这样一种观点，认为国有经济应该只存在于市场配置资源失灵的领域，即特殊性、自然垄断性、非营利性（公益性）的领域。《决定》提出的调整国有经济布局，就是让国有经济退出竞争性领域。这种观点完全违背《决定》的文字规定和其精神实质。首先，在社会主义市场经济条件下，国有经济不能局限于市场资源配置失灵的领域，而是要广泛得多。《决定》明确规定:"国有经济需要控制的行业和领域主要包括:涉及国家安全的行业,自然垄断的行业,提供重要公共产品和服务的行业,以及支柱产业和高新技术产业中的重要骨干企业。其他行业和领域,可以通过资产重组和结构调整,集中力量,加强重点,提高国有经济的整体素质。"在这里,哪有什么退出竞争性领域的影子呢?

其次,国有经济除包括国家需要控制的行业和领域外,还包括无需国家控制、但仍需国家参与的其他行业和领域。前者可称为垄断性经营领域,后者可称为竞争性领域。前者涉及国民经济命脉,必须由国家控制。正如《决定》所指出的:"国有经济在关系国民经济命脉的重要行业和领域占支配地位,支撑、引导和带动整个社会经济的发展,在实现国家宏观调控目标中发挥重要作用。"在这个领域中,国家通过独资、控股、参股等形式保持国有经济的支配地位,确保国家宏观调控目标的实现。目前,金融、铁路、航空、电讯、石油、冶金、电力等关键领域,基本上都掌握在国家手中;汽车、机械、电子、石化等支柱产业,国有经济都占支配地位。我国钢、煤、化肥等重要工业产品产量居世界首位,发电量和原油、化纤产量居世界前列,都是以国有企业为主生产的。过去,这些领域的行业都是国家独资经营,改革开放后,有限制、有条件地吸收其他经济成分参与投资,但一般仍需国家控股经营。通过股份制、中外合资、合作等形式,国有资本控制、带动和影响非国有资本越来越多,国有经济对非国有经济的辐射作用相应增强,继续在国民经济中发挥主导作用,根本不存在国有经济退出关系国家经济命脉的行业和领域的问题。

相对于必须由国家垄断经营的行业和领域而言,其他行业和领域就属于竞争性领域。这些领域和行业不要求都由国家独资或控股经营,而应尽可能放开搞活,允许多种经济成分自由进入,国有企业同其他经济成分企业一样,开展自由竞争,由市场竞争决定它们的地位和作用。我国国有经济战线过长、布局分散,主要表现在竞争性领域。1998年,在608个工业小类行业中,国有企业涉足的有604个，占99.3%。这就使国有资本使用分散，制约国有经济结构优化和总体素质的提高。为了集中力量，加强重点，优化结构，提高素质，适当缩小竞争性领域中国有经济布局，通过"抓大放小"，退出某些行业和领域是完全必要的。但是必须指出，这决不意味着国有经济完全退出竞争性领域。《决定》写得非常明白："竞争性领域中具有一定实力的企业，要吸引多方投资加快发展。""放小"也不是放弃，而是要从实际出发，继续采取改组、联合、兼并、租赁、承包经营和股份合作制、出售等多种形式，放开搞活国有小企业，不搞一个模式。在竞争性领域中，资本组织形式应尽可能多样化。可以通过控股、参股增强国有经济的控制力，也可以通过承包经营、租赁、股份合作制、出售等形式，变国有国营为国有民营（集体或私人经营），改国有制企业为集体所有制或其他非公有制企业。这样，通过有进有退、有所为有所不为，实现国有经济布局和所有制结构的战略性调整。

二

持国有经济退出竞争性领域主张者的主要理论依据是，公有制、特别是国有制同市场经济不相容；国有企业效率低，在市场竞争中注定要失败，等等。

传统观念认为，市场经济只能以私有制为基础，只有私有制企业才能产生竞争的动力和压力，成为市场竞争的主体；公有制特别是国有制企业缺乏这种动力和压力，不可能成为市场竞争的主体，因而同市场经济是不相容的。邓小平早就批驳过这种观点，指出市场经济是调节经济的手段，资本主义可以用，社会主义也可以用，社会主义也可以搞市场经济。社会主义市场经济以社会主义初级阶段的基本经济制度，即以公有制为主体、多种所有制经济共同发展为基础。作为公有制主要形式的国有企业同社会主义市场经济是有机结合在一起的。邓小平的社会主义经济理论，以及我们党后来对它的丰富和发展，是社会主义经济理论的重大突破，是认识上的一个飞跃。在这个理论指引下，我们积极探索国有企业所有权同经营权分离的种种途径，直至建立国家所有权同企业法人财产权相结合的现代企业产权制度，都是为了使国有企业成为自主经营、自负盈亏的经济实体和市场竞争的主体。实践证明，这条改革的路子是正确的，已经取得了明显的成效。公有制特别是国有制可以同市场经济相结合，已经成为人们的共识。其实，就连西方经济学家也不完全赞同公有制同市场经济不相容的观点。比如，美国著名经济学家萨缪尔逊认为，市场经济主体最基本的特征是自负盈亏，只要分清了企业的所有权和管理权，实现真正的自负盈亏，就可以形成一个正常的市场主体，而与所有制性质并无直接关系，公有与私有是没有区别的。西方产权理论权威科斯也认为，由于西方经济学的整个理论体系是以私有制度已经存在的假设为前提的，这就很容易推出私有制是市场经济唯一前提的结论。而我们现在能看到的市场经济制度只有私有制一种，但历史并没有对公有制为基础的市场经济证伪。所以，科斯认为，如果中国把公有制与市场经济结合起来，这才真正是中国特色。可是，时至今日，我国却又流行起公有制特别是国有制与市场经济不相容的陈腐观念，实在匪夷所思。

国有制与市场经济不相容的观点，也不符合资本主义市场经济的历史和现实。资本主义早期的自由竞争阶段，就有相当数量的国有企业，主要涉及基础设施和基础产业。进入垄断阶段特别是国家垄断资本主义阶段，国有企业有增无减，并扩展到国民经济的许多重要部门，特别是那些与国防工业以及尖端科技有关的关键部门，如原子能工业、宇航、导弹工业、电子工业等。第二次世界大战后，西欧资本主义各国甚至纷纷实行国有化，除由财政大量拨款直接兴办高新科技国有企业外，还用高价把一些传统产业的私营企业收归国有。到70年代中期，西欧各国的国有资本在全国资本构成中的比重，英国和法国超过30%，意大利稍低，西德为20%左右。据英国《经济学家周刊》（1978年年末至1979年年初）的统计，在西欧各国的一些重要经济部门中，国有化程度越来越高。在英国，全部国有化的包括铁路、电力、煤气、煤炭、造船等部门。另外，航空和冶金工业以及汽车工业的50%—75%，也属于国营企业。总起来看，国有企业的产量约占国内生产总值的10%，雇佣全国劳动力的7%—8%，每年的投资额相当于全部私有制造业的投资总和。法国国有化的程度同英国差不多。在法国的全部工业中，国营部门的产量占全国的20%左右。[①] 总之，战后几十年间，西欧各国掀起了一股国有化浪潮，资本主义国家的国有经济空前发展。直到80年代，才由英国带头掀起世界性的私有化浪潮。即使这样，现在包括美国、日本在内的西方发达资本主义国家的国有经济仍占有一定的比重。原因是，国有经济是科技进步、生产社会化的产物，那些需要巨额投资而私人资本力所不及的行业和领域，以及风险大、短期效益低的高科技骨干企业，私人资本无力或不愿进入，只能由国家来办。第二次世界大战中，资本主义各国经济遭到严重破坏，战后只能由国家来收拾残局，挽救受到重创的私人资本和资本主义制度。但是，资本主义市场经济以私有制为基础，私有企业包括以私人持股为基础的股份公司、跨国公司始终都是市场主体，国有和国家控股、参股企业的存在和发展，始终都只能局限于为私人资本的生存和发展创造条件的范围之内。当私人资本羽翼丰满，国有经济制约它们的发展空间时，资产阶级就掀起非国有化、私有化的浪潮。根据历史经验，当高新科技再度有突破性进展，生产社会化程度大幅度提高，或者当资本主义基本矛盾激化而再度陷入危机时，不能完全排除资本主义世界再次出现国有化浪潮的可能性。

　　社会主义国家的国有企业同样是科技进步、生产社会化的产物。它同资本主义国家的国有企业的差别在于，社会主义市场经济的基础是以公有制为主体，作为公有制主要形式的国有企业将始终是社会主义市场经济最重要的主体。国有经济是我国国家政权、我

---

① 以上资料引自《陶大镛文集》下册，北京师范大学出版社1992年版，第484—485页。

们党执政地位的基础,是全体人民共同富裕的根本保障。对国有经济布局和所有制结构进行战略性调整,对国有企业组织结构进行战略性改组,目的是增强国有经济的竞争力和控制力,更好地发展国有经济的主导作用,巩固和发展社会主义制度,而根本不是什么完全退出竞争性领域,更不要说退出国民经济命脉领域,搞什么非国有化、私有化了。

国有企业是否注定效率低、效益差,在市场竞争中要失败?这要具体分析。在某些基础设施和基础产业、主要原材料行业中,国有企业效益相对差一些;某些提供公共产品和服务的行业,干脆就是非营利性的,不能简单地把它们同竞争性的非国有企业相比。但它们对整个国民经济的发展起支撑作用,国家虽也要求它们按市场经济规律办事,但不能以利润最大化为唯一目的,而要服从国家宏观调控,发挥社会功能。在这方面,《决定》也有明确规定:"极少数必须由国家垄断经营的企业,在努力适应市场经济要求的同时,国家给予必要的支持,使其更好地发挥应有的功能。"

近些年来,国有企业经济效益下滑,发展速度较慢,相对来说,非公有制企业效益较好,速度较快。但也应当看到,这里存在不公平竞争。比如,国有企业历史包袱重,税负过重,资本金严重不足,债务沉重,非公有经济在这些方面都处于比较优越的地位,还受"三减两免"的优惠。以1995年为例,国有经济单位增加值占全国的39.1%,上缴的税负占国家财政收入的71.2%;非公有制经济单位相应的数字为33%和11.7%。也就是说,国有经济单位上缴的税负比其增加值高32.1个百分点,非公有制经济单位则相反,低21.3个百分点。1985年实行"拨改贷"后,国家预算内投资占全社会固定资产投资的比重大幅度下降,由1978年的62.2%降到1995年的3%;流动资金则几乎全部靠贷款。到90年代中期,国有经济单位的负债率高达80%—90%,远远高于非公有制单位(一般为60%)。由于税负过重,资本金严重不足,银行负债比例过高,导致国有经济单位财务状况严重恶化。可见,国有经济单位效益下降，同利润转移有很大关系。

当然，国有经济单位效率不高，效益下降，同国有经济布局过宽、企业组织结构不合理有关，也同企业经营机制和管理制度缺陷有关。国有经济在转轨过程中陷入暂时困难，原因是多方面的，解困需要综合治理。实际上，国家也已经采取了一系列配套改革措施，也取得了初步成效。总起来看，改革开放以来，国有经济的总体实力仍在不断增强，并涌现出一大批在国内外有竞争力、效益显著的国有企业和企业集团。我们坚信，通过深化改革，国有企业一定能重振雄风，决不能因为遇到暂时困难而丧失信心，对其一卖了之，一退了之。

三

国有经济退出竞争性领域的主张（以下简称"退出论"），实际上是以资本主义市场经济为蓝本，把我国的社会主义市场经济改造为资本主义市场经济。这不是简单的逻辑推论，更不是乱扣"大帽子"，而是"退出论"者自己明白宣布的。例如，最近有一篇文章说："我现在担心的是，中国将来的市场经济不是欧美式的现代市场经济，而是印度式的、官僚专制、腐败成风的市场经济，准市场经济。"还说："我们的市场经济要吸收人类一切文明成果，而不能借口中国特色、传统文化而把那些不民主、不科学的甚至封建的东西保留下来，融入市场经济之中。"文章认为，中国的国有制是"实质上的官僚所有制"。众所周知，欧美式的现代市场经济是以私有制为基础的市场经济。有中国特色的市场经济，是以公有制为主体、国有经济为主导的市场经济。按照作者的逻辑，坚持以国有经济为主导的市场经济，只能是"官僚专制、腐败成风的市场经济"。因此，必须对国有企业产权进行彻底改革。怎样改呢？作者主张，要"像东德那样，依法进行产权改革"。东德是怎样搞的呢？文章没有细说，倒是美国经济战略研究所副所长格雷尔·马斯泰作了一个扼要的注解。他于 1997 年 12 月 29 日在《华盛顿邮报》发表文章——《帮助中国解决国企问题的建议》——说:"中国讨论国企私有化的方式也有一些年代了。中国应当采取一项大胆的计划,出售适合在市场出售的国有企业。在这方面可以采用德国在将原来东德的国有企业私有化时采取的做法,即降低售价,但经营者必须保证以负责的态度使企业运转,在一个固定的时期内不得清理变现。"在他看来,这种做法可以避免国企私有化后突然停产,变成单纯的产权炒买炒卖,导致工人大批失业和社会动荡,是国企私有化较为稳妥的办法。

这些年来,我国的非国有化、私有化思潮几度泛滥,严重干扰我国体制改革特别是国企改革的进程。最突出的是,某一权威机构主办的《中国改革》月刊,1999 年秋天连续发表了三篇署名为"本刊评论员"的文章,鼓吹"非国有化是国企改革的根本出路"。并且宣称:"非国有化的实质就是将国有企业产权由归属全体社会成员缩小为归属一部分社会成员或单个社会成员。"在这些错误思潮的影响下,一些地方出卖企业之风屡禁不止,且有蔓延之势。最近,我看到一个地区介绍他们推行"动态股权制及其制度创新"的"经验"。其核心内容是,实行企业产权多元化,促进国有大型企业实行混合所有制经济(国家股、法人股、自然人股混合所有),中小企业实行股份合作制。并说"实施动态股份制,发展混合所有制经济和股份合作制经济,企业员工特别是关键人(指企业经营者、管理人员和技术骨干——引者)作为股东意义上的主人翁,责任感必然增强,企业的经营效率不断提高,员工个人股的比重(特别是关键人持股的比重)在企业股本中越来越大(因为每年都要分配贡献股),同时还可以采取一定方式鼓励员工买断岗位股和国有股。这样经过若干年的运作后,就可以使国有资本全部退出,实现国有国营到混有民营,再到民有民营的两次体制和机制的转换。"显而易见,这是渐近式的非国有化、私有化。但是,材料却说,这种做法不是"一退了之"。因为政府还"要探索市场经济条件下政府干预的新内容、新模式"。其实,在以私有制为基础的市场经济条件下,政府干预的内容和模式,并不是什么新鲜事物,人们早已有透彻了解。显然,按照上述"退出论"的主张进行改革,"使国有资本全部退出"了,国有经济也就一了百了了。

是否坚持以公有制为主体、国有经济为主导的方针,关系到是否坚持改革的社会主义方向这一原则问题。在这里,有必要重温马克思主义的公有制理论,以及我们党是如何坚持和发展这一理论,始终坚持维护改革的社会主义方向的。

公有制是社会主义制度的基础。这是马克思主义的基本原理。《共产党宣言》明确指出,"共产党人可以用一句话把自己的理论概括起来:消灭私有制"。[①] 代替资本主义私有制的将是全民所有制,即"把资本变为属于社会全体成员的公共财产"[②]。在存在国家的条件下,这种全民所有制将采取国家所有制的形式:"无产阶级将利用自己的政治统治,一步一步地夺取资产阶级的全部资本,把一切生产工具集中在国家即组织成为统治阶级的无产阶级手里,并且尽可能快地增加生产力的总量。"[③] 考虑到当时德、法等西方国家仍然存在大量的小农经济,生产力没有发达到一下子就可以实现全面的全民所有制的程度,恩格斯晚年提出公有制的另一种形式,即合作社的集体所有制。他说:"当我们掌握了国家权力的时候,我们绝不能用暴力去剥夺小农(不论有无报偿,都是一样),象我们将不得不如此对待大土地占有者那样。我们对于小农的任务,首先是把他们的私人生产和私人占有变为合作社的生产和占有,但不是采用暴力,而是通过示范和为此提供社会帮助。"[④] 可见,马克思和恩格斯认为,社会主义阶段的公有制有两种形式,即以国有制为代表的全民所有制和合作社的集体所有制,二者的共同点是劳动者共同

---

① 《马克思恩格斯选集》第一卷,人民出版社 1972 年版,第 265 页。
② 同上书,第 266 页。
③ 同上书,第 272 页。
④ 《马克思恩格斯选集》第四卷,人民出版社 1972 年版,第 310 页。

占有生产资料,消灭了私人占有和凭占有生产资料而剥削他人劳动成果的根源。二者的差别在于公有化的程度和范围不同。全民所有制是全体社会成员共同占有,集体所有制是部分劳动者共同占有。

我国的社会主义革命和社会主义建设,是遵循马克思主义公有制理论的。我国宪法和有关法律都明确规定,公有制即全民所有制和集体所有制是社会主义制度的基础;国有经济,即社会主义全民所有制,是国民经济的主导力量,国家保障国有经济的巩固和发展。邓小平同志也明确指出,"公有制包括全民所有制和集体所有制"。① 他又根据我国处于社会主义初级阶段的实际情况,提出以公有制为主体,多种所有制经济共同发展的方针:"我们允许个体经济发展,还允许中外合资经营和外资独营的企业发展,但是始终以社会主义公有制为主体。"② 他还一再强调,以公有制为主体是社会主义的根本原则,事关在改革中坚持社会主义方向,必须坚定不移。党的十五大进一步提出,"公有制为主体、多种所有制经济共同发展,是我国社会主义初级阶段的一项基本经济制度",公有制的实现形式可以而且应当多样化,等等。所有这些,都是坚持和发展了马克思主义的公有制理论。

还应指出,"退出论"曲解党的十五大提出的公有制的实现形式可以而且应当多样化的论断,把私人持股的股份制(包括资本主义国家的股份公司),把"关键人"持大股的"股份合作制"都称为公有制,并力主用这些形式改造全民所有制和集体所有制,这也是错误的。

首先,要把公有制的形式同公有制的实现形式区别开来。如前所述,社会主义公有制的形式是全民所有制和集体所有制,是社会主义制度的经济基础。公有制的实现形式是指公有制的经营方式和组织形式,二者不能混淆。党的十五大对这一问题的完整提法是:

---

① 《邓小平选集》第3卷,人民出版社1993年版,第138页。
② 同上书,第110页。

"公有制实现形式可以而且应当多样化。一切反映社会化生产规律的经营方式和组织形式都可以大胆利用。"股份制是现代企业的一种经营方式和组织形式,资本主义可以利用,社会主义也可以利用。过去,我们的公有制企业都是独资经营,国家和集体的主管部门直接管理企业。在社会主义市场经济条件下,可以采取股份制和股份合作制等形式,实现投资主体多元化、所有权同经营权分离,建立法人治理机构,等等。可见,股份制和股份合作制只是公有制采取的经营方式和组织形式,有别于过去单一的国有国营、公有公营的经营方式和组织形式,而不是取代公有制本身。

其次,股份制既然是一种经营方式和组织形式,其本身并不体现所有制性质。党的十五大指出,"不能笼统地说股份制是公有还是私有,关键看控制权掌握在谁手里。"在资本主义制度下,股份公司是私人资本为适应社会化生产而采取的经营方式和组织形式,它姓"私"而不姓"公"。第一,股份公司的资本是向众多的私人投资者募集,它的基础是私有制。第二,股份公司的股份分散,股东虽然可能成千上万,甚至几十万上百万,但股东持股数量差别悬殊,而且实行一股一票,公司的控制权操纵在大股东手中。例如,美国埃克森石油公司是世界最大的石油公司,拥有股民若干万,但却受五大股东控制。这五大股东合计拥有公司股票的 4.48%,却主宰着公司的一切重大事务,攫取公司最大部分的利润。① 早在一百多年前,马克思就精辟地剖析了资本主义股份公司的性质:"在股份制度内,已经存在着社会生产资料借以表现为个人财产的旧形式的对立面;但是,这种向股份形式的转化本身,还是局限在资本主义界限之内;因此,这种转化没有克服财富作为社会财富的性质和作为私人财富的性质之间的对立,而只是在新的形态上发展了这种对立。"② 总之,资本主义国家股份公司的基础仍然是私有制,

---

① 参见赵汇《股份分散化丝毫不改变资本主义性质》,《高校理论战线》1998 年第 1 期。
② 《马克思恩格斯全集》第 25 卷,人民出版社 1974 年版,第 497 页。

资本主义的基本矛盾——生产社会化与资本家私人占有的矛盾没有解决，只是矛盾的表现形式改变罢了。

在社会主义制度下，公有制采取股份制的经营方式和组织形式，国有和集体企业改组为有限责任公司或股份有限公司，是否会改变公有制的性质，关键也是看控制权操纵在谁手里。如果公司是公有制法人相互参股，其公有性不言而喻。在包括非公有制在内的混合所有制公司中，如果由国家或集体控股，则带有明显的公有性。股份合作制是劳动者的劳动合作和资本合作的有机结合，劳动合作是基础，资本合作是条件，职工共同劳动，共同使用生产资料，民主管理，集体决策，利益共享，风险共担。在股份合作制企业中，虽然没有职工个人股，但由于以按劳分配为主，而且实行一人一票的民主管理和集体决策，控制权掌握在集体而不是操纵在特大股的少数大股东手中，因而不失为集体所有制的一种实现形式，或者说是一种带有私有因素（私人股权）的低水平的集体经济组织。由此可见，公有制采取股份制和股份合作制的形式，不会改变公有制的性质，更不会变公有制为私有制。但是，如果把国有企业和集体企业都改造成为私人持股的股份公司、"关键人"持大股的"股份合作制"企业，那就真是搞非国有化、私有化了。

值得注意的是，有些人把"十五大精神"作为"退出论"的依据，刮起卖国有企业和集体企业的歪风。有人说，"十五大精神就是卖，就是快卖。"个别地方负责人甚至提出，要"差的送，好的卖"，"实行非公有化一步到位"，等等。这是十分荒谬和有害的言论。江泽民同志在纪念中国共产党成立七十八周年座谈会上的讲话中说："党的十五大提出要积极探索能够进一步解放生产力的公有制实现形式，允许搞股份制和股份合作制，国外有些人就以为中国要搞私有化了。而我们有的同志也产生了类似的错误认识，结果在一些地方的工作中出了某些偏差。经过中华人民共和国成立以来五十年的发展，我国国有资产已达八万多亿，这是属于全国人民的财产，是我国社会主义制度的重要经济基础。如果头脑不清醒，随意加以处理，比如不加区分、不加限制地把国有资产大量量化到个人，并最终集中到少数人手中，那样我国的国有资产就有被掏空的危险，我们的社会主义制度就会失去经济基础。那时，中国将会是一个什么样的局面？我们靠什么来坚持社会主义制度？靠什么来巩固人民政权？靠什么来保证实现全体人民的共同富裕？所以，正确认识以公有制为主体、多种所有制共同发展的基本经济制度，正确认识和处理公有制与非公有制的关系，既是一个重大的经济问题，也是关系党和国家前途命运的重大政治问题。"一句话，国有经济是社会主义制度赖以存在和发展最重要的基础、国家的命根子，没有国有经济就没有社会主义。"退出论"是错误的。

话又说回来，市场经济要不要区分姓"社"姓"资"？退出论认为，市场经济就是市场经济，根本就不应该区分什么姓"社"还是姓"资"；各种经济成分在国民经济中的地位和作用应该由市场竞争来决定，坚持以公有制为主体的主张，纯粹以意识形态为依据，是不可取的。这也是值得商榷的。不错，作为资源配置的手段，市场经济没有姓"社"姓"资"之分，资本主义可以利用，社会主义也可以利用。但是，市场经济不是空中楼阁，它从来都是植根于社会基本经济制度，不是同私有制相结合，就是同公有制相结合。坚持马克思科学社会主义的意识形态，坚持走社会主义道路，就只能搞以公有制为主体、国有经济为主导的社会主义市场经济。其实，"退出论"者也没有超越意识形态。他们主张搞"欧美式的现代市场经济"，恰恰是自觉或不自觉地以欧美的意识形态为指导，搞以私有制为基础的资本主义市场经济。所以，分歧不在于各种各样的改革方案受不受意识形态的影响，而在于受什么意识形态的影响，何者合乎科学和符合中国国情、符合中国最广大人民的根本利益。

（原载《中国社会科学院研究生院学报》2000 年第 5 期）

编选者手记

何建章先生在其40余年的学术生涯中，笔耕不辍、成果丰厚，对介绍、丰富、发展马克思主义政治经济学理论的中国化，探索新时期中国社会主义经济建设中的若干重大理论问题做出了重要贡献。限于篇幅，本书仅收录了先生在20世纪60年代以及改革开放时期20篇具有重要学术价值和政策影响的代表性成果。文集同时涵盖了先生在中国科学院经济研究所、国家计委、中国社会科学院社会学研究所及经济研究所等不同单位的工作履历。概而言之，入选论文大致可以归纳为关于社会主义计划经济下的企业利润与生产价格、社会主义市场经济中的所有制结构、国有企业改革、公有制与非公有制关系等研究主题。其中，有些内容具有鲜明的时代烙印，如计划经济管理；有些内容则至今仍具有重大的理论和现实意义，如所有制结构、国有企业改革、民营经济发展等。文章按发表时间排序。

此外需要指出的是，从入选的论文中不难看出，先生能够冲破当时的历史局限和意识形态上的束缚，对社会主义经济规律——特别包括资金利润、生产价格等——有许多真知灼见和颇具前瞻性的论断。尤其令人钦佩的是，先生不但学养深厚，更坚持真理，甚至不惜被批斗、下放劳动。这一点着实令我辈肃然起敬！

当然，编选此书既要反映何建章先生各时期的研究成果，也希望以此管窥中华人民共和国成立以来，老一辈中国经济学人对社会主义建设的理论探索和心路历程，以期启发后学晚辈。

李成　刘学良

2018年10月

《经济所人文库》第一辑总目(40种)

(按作者出生年月排序)

《陶孟和集》	《戴园晨集》
《陈翰笙集》	《董辅礽集》
《巫宝三集》	《吴敬琏集》
《许涤新集》	《孙尚清集》
《梁方仲集》	《黄范章集》
《骆耕漠集》	《乌家培集》
《孙冶方集》	《经君健集》
《严中平集》	《于祖尧集》
《李文治集》	《陈廷煊集》
《狄超白集》	《赵人伟集》
《杨坚白集》	《张卓元集》
《朱绍文集》	《桂世镛集》
《顾　准集》	《冒天启集》
《吴承明集》	《董志凯集》
《汪敬虞集》	《刘树成集》
《聂宝璋集》	《吴太昌集》
《刘国光集》	《朱　玲集》
《宓汝成集》	《樊　纲集》
《项启源集》	《裴长洪集》
《何建章集》	《高培勇集》